DACH
Band 18

Managerhaftung

DACH
Europäische Anwaltsvereinigung e.V.

Manager-haftung

25. Tagung der DACH in Salzburg
vom 20. bis 22. September 2001

Mit Beiträgen von

Rechtsanwalt Ulf-Jochen Romberg, München
Rechtsanwalt und Justitiar Dieter Schimmer, München
Rechtsanwalt Dr. Karl Hempel, Wien
Rechtsanwalt Dr. Norbert Seeger, Vaduz
Assessor Klaus Hütte, Winterthur
Rechtsanwalt Dr. Reto Thomas Ruoss, Zürich

2002

Verlag Dr. Otto Schmidt Köln

Schulthess

Die Deutsche Bibliothek – CIP-Einheitsaufnahme

Managerhaftung: vom 20. bis 22. September 2001 / DACH, Europäische Anwaltsvereinigung e.V. Mit Beitr. von Ulf-Jochen Romberg … – Köln: O. Schmidt; Zürich: Schulthess, 2002

(… Tagung / DACH, Europäische Anwaltsvereinigung e.V.; 25)
(DACH-Schriftenreihe; Bd. 18)

ISBN 3-504-65514-3 (O. Schmidt)
ISBN 3-7255-4415-8 (Schulthess)

Verlag Dr. Otto Schmidt KG
Unter den Ulmen 96–98, 50968 Köln
Tel.: 02 21/9 37 38-01, Fax: 02 21/9 37 38-9 21
e-mail: info@otto-schmidt.de
www.otto-schmidt.de

Das verwendete Papier ist aus chlorfrei gebleichten Rohstoffen hergestellt, holz- und säurefrei, alterungsbeständig und umweltfreundlich.

Umschlaggestaltung: Jan P. Lichtenford, Mettmann

Gesamtherstellung: ICS Communikations-Service GmbH, Bergisch Gladbach

Printed in Germany

Vorwort

Die stattliche DACH-Schriftenreihe wird mit dem vorliegenden Band um ein weiteres wichtiges Kapitel über Rechtsfragen der Managerhaftung erweitert. DACH will damit seinen Mitgliedern und Freunden eine Serviceleistung erbringen, die den Teilnehmern an der Salzburger Tagung eine Ergänzung zu ihren persönlichen Wahrnehmungen und Notizen bringt. Vor allem sind die hier publizierten Referate vielfach ausführlicher und mit genauen Zitaten wiedergegeben, da sich die Referenten aus Zeitgründen in ihrem mündlichen Vortrag kürzer halten mußten. Für die Kolleginnen und Kollegen, die nicht nach Salzburg kommen konnten, soll die Schrift eine Erweiterung ihrer Fachbibliothek bringen, aber auch Anregung und Einladung zum Besuch weiterer Tagungen sein, da der akustische Eindruck anders wirkt als das Nachlesen. Auch die Teilnahme an der lebhaften Fachdiskussion ist durch die beste Dokumentation nicht zu ersetzen.

Die 25. DACH-Tagung vom 20. bis 22. September 2001 in Salzburg bewies einmal mehr die Kontinuität der fachlichen und persönlichen Kontakte unserer Vereinigung. Rund 100 Teilnehmer aus Deutschland, der Schweiz, Liechtenstein und Österreich, darüber hinaus aber auch aus der Tschechischen Republik, den Niederlanden, Italien, Ungarn, Portugal, Frankreich, der Slowakei, Großbritannien und Kroatien, zeigten wieder einmal die Berechtigung der Bezeichnung „DACH Europäische Anwaltsvereinigung“.

Bei der Auswahl der Themen ist der Vorstand bemüht, das ganze Spektrum anwaltlicher Leistungen und Interessen abzudecken. Die Bandbreite der Titel unserer Schriftenreihe zeigt, daß die DACH-Tagungen nicht als Spezialistentreffen gedacht sind, wofür es genügend anwaltliche Seminare und „Spezialistenorganisationen“ gibt.

Wir wenden uns an den Allgemeinpraktiker mit vielfältigen Schwerpunkten. Er kann sowohl zusätzliche Kenntnisse für ein ihm schon aus seiner Praxis vertrautes Fachgebiet erhalten, aber auch die Anregung, sich neuen Aufgaben zuzuwenden, die zur Interessenlage seiner Klientel passen oder sogar zu einer Erweiterung seines Kundenkreises führen. Vor allem ist das Spezifikum der DACH-Tagungen, vergleichend die

Rechtssysteme der mitteleuropäischen Kernländer kennzulernen und persönliche Kontakte zu den international weit verstreuten Mitgliedern zu finden, die im immer häufiger werdenden grenzüberschreitenden Rechtsverkehr eine seriöse und kompetente Anlaufstelle sein können.

Mit dem aufrichtigen Dank an die Referenten und Autoren dieses Bandes sowie die um die Drucklegung bemühten Mitarbeiter des Verlages legen wir mit gewissem Stolz diesen Band Nr. 18 der Schriftenreihe vor und wünschen unseren Mitgliedern und den Lesern dieser Monographie Wissensbereicherung und Lesevergnügen.

Wien, im März 2002 Dr. Peter Wrabetz

Inhalt

Die Haftung des GmbH-Geschäftsführers in Deutschland

Ulf-Jochen Romberg
Rechtsanwalt, München

Inhaltsübersicht

A. Haftungsgrundlagen

Die GmbH ist eine juristische Person. Sie hat eigene Rechte und Pflichten, kann Eigentum an Grundstücken erwerben und vor Gericht klagen und verklagt werden, § 13 GmbHG.

Sie entsteht mit der Eintragung in das Handelsregister. Vorher existiert sie nicht. Der für die Vorgesellschaft Handelnde haftet persönlich, unmitttelbar und unbeschränkt, § 11 GmbHG.

Der Geschäftsführer ist das gesetzliche Handlungs- und Vertretungsorgan der GmbH. Seine Tätigkeit und Funktion erfolgt immer für sie und in ihrem Interesse. Er betreut ihr Vermögen treuhänderisch.

Haftung beruht auf

- gesetzlichen Bestimmungen,
- vertraglichen Vereinbarungen,
- Delikten.

In den Angelegenheiten der Gesellschaft, insbesondere der Führung ihrer Geschäfte wird von einem Geschäftsführer immer die Sorgfalt eines ordentlichen Geschäftsmannes gefordert, § 43 Abs. 1 GmbHG. Jede schuldhafte, vorsätzliche oder fahrlässige Verletzung von Obliegenheiten ist haftungsbegründend, § 43 Abs. 2 GmbHG.

Die Beurteilung erfolgt nach einem objektiven Maßstab, der darin liegt, was andere gewissenhafte Geschäftsleute in einer vergleichbaren Lage unternommen hätten. Daraus folgt die Verpflichtung zum jederzeit recht-, gesetz- und satzungsmäßigen Handeln. Abweichungen oder Verstöße sind nicht gerechtfertigt. Subjektive Umstände wie Überforderung oder fehlende Kenntnisse entlasten nicht.

Weisungen der Gesellschafter muss der Geschäftsführer grundsätzlich befolgen. In diesem Fall ist sein Haftungsrisiko beschränkt, weil ihn die Weisung zur Befolgung bindet. Eine rechts- oder gesetzwidrige Weisung ist nichtig und nicht zu befolgen.

Die Beschlussanfechtung durch einen Gesellschafter begründet grundsätzlich ein Ausführungsverbot bis zur endgültigen Entscheidung. Ausnahmen sind jedoch im Einzelfall möglich.

Die Delegation von Geschäftsführungsaufgaben an Dritte zur selbständigen und verantwortlichen Ausführung entlastet, wenn der Delegierte sorgfältig ausgewählt, bestellt und überwacht ist.

Mehrere Geschäftsführer haften gesamtschuldnerisch, § 43 Abs. 2 GmbHG. Durch eine von den Gesellschaftern durchgeführte Aufgabenteilung kann eine Haftungsbeschränkung erfolgen.

B. Haftung gegenüber der Gesellschaft

1. Verschwiegenheitspflicht

Der Geschäftsführer hat über vertrauliche Angelegenheiten der GmbH, insbesondere über know how oder Geschäfts- und Betriebsgeheimnisse Stillschweigen zu wahren. In diesen Fällen entscheidet er selbständig und eigenverantwortlich. Daneben können die Gesellschafter im Einzelfall Verschwiegenheitspflicht anordnen. Arbeitnehmer, denen aus betrieblicher Notwendigkeit vertrauliche Angelegenheiten bekannt werden, sind zur Verschwiegenheit zu verpflichten.

Keine Verschwiegenheitspflicht besteht im Fall der Verfolgung von eigenen Interessen des Geschäftsführers.

Die Verschwiegenheitspflicht besteht über die Amtszeit fort.

2. Treuepflicht

Die Treuepflicht ist die Verpflichtung zur Wahrung der Vermögensinteressen der Gesellschaft. Zum Vermögen gehören alle materiellen und immateriellen aktiven und passiven Werte.

Dem Geschäftsführer ist die Verwendung des Gesellschaftsvermögens für eigene oder fremde Zwecke nicht erlaubt.

Verstöße gegen die Treuepflicht sind zum Beispiel:

- Provisionszahlung an den Geschäftsführer aus einem Geschäft der GmbH.
- Schmiergeldzahlung an den Geschäftsführer oder an nahe Verwandte.
- Vornahme oder Unterstützung von eigenen und fremden Geschäften zum Nachteil der GmbH.
- Inanspruchnahme von Leistungen der Gesellschaft ohne angemessene Gegenleistung.
- Missbräuchliche Verwendung der Firmenkreditkarte für eigene Interessen.

Kein Verstoß gegen die Treuepflicht besteht, wenn alle Gesellschafter zuvor zugestimmt haben.

Die Treuepflicht besteht über die Amtszeit fort.

3. Pflichten zum Schutz und zur Erhaltung des Haftungskapitals

Nach der GmbH-Novelle vom 4.7.1980 ist ein Geschäftsführer zum besonderen Schutz und zur Erhaltung des Haftungskapitals verpflichtet. Im Wesentlichen handelt es sich um Folgendes:

a) Falsche Angaben zum Zweck der Errichtung der Gesellschaft lösen die gesamtschuldnerische Haftung von Gesellschaftern und Geschäftsführern für fehlende Einzahlungen, für Vergütungen, die nicht unter den Gründungsaufwand aufgenommen worden sind und für den sonst entstehenden Schaden aus (§ 9a GmbHG).

b) Die Anmeldung zur Eintragung der GmbH in das Handelsregister darf erst erfolgen, wenn auf jede Stammeinlage ein Viertel eingezahlt worden ist und, soweit es sich um Sacheinlagen handelt, diese vor der Anmeldung der Gesellschaft zur Eintragung in das Handelsregister zur freien Verfügung der Geschäftsführer stehen. Die eingezahlten Geldeinlagen zuzüglich eventueller Sacheinlagen müssen mindestens 12.500,– Euro erreichen. Bei der Anmeldung ist die Versicherung abzugeben, dass die Leistungen auf die Stammeinlagen bewirkt sind und endgültig in der freien Verfügung der Geschäftsführer stehen (§ 8 Abs. 2 GmbHG).

c) Das zur Erhaltung des Stammkapitals erforderliche Vermögen der Gesellschaft darf nicht an die Gesellschafter ausgezahlt werden, § 30 Abs. 1 GmbHG.

   Dem Geschäftsführer, einem Prokuristen oder einem zum Geschäftsbetrieb ermächtigten Handlungsbevollmächtigten darf kein Kredit aus dem zur Erhaltung des Stammkapitals erforderlichen Vermögen der Gesellschaft gewährt werden, § 43a GmbHG.

d) Die Gesellschaft kann eigene Geschäftsanteile, auf welche die Einlage nicht vollständig geleistet ist, nicht erwerben oder als Pfand nehmen, § 33 Abs. 1 GmbHG. Dasselbe gilt, sofern der Erwerb oder die Inpfandnahme mit Vermögen finanziert wird, das der Erhaltung des Stammkapitals dient, § 33 Abs. 2 GmbHG.

e) Der Geschäftsführer hat bei der Anmeldung einer beschlossenen Kapitalerhöhung zu versichern, dass das erhöhte Kapital durch Übernahme von Stammeinlagen gedeckt ist und die Stammeinlagen geleistet sind, § 57 GmbHG.

f) Bei Insolvenzreife – Zahlungsunfähigkeit oder Überschuldung – hat der Geschäftsführer unverzüglich, spätestens innerhalb von 3 Wochen ab Eintritt der Zahlungsunfähigkeit die Eröffnung des Insolvenzverfahrens zu beantragen, § 64 Abs. 1 GmbHG.

Alle Zahlungen, welche zwischen dem Eintritt der Insolvenzreife und der Antragsstellung auf Eröffnung des Insolvenzverfahrens geleistet werden, lösen die persönliche Haftung des Geschäftsführers aus, es sei denn, sie sind mit der Sorgfalt eines ordentlichen Geschäftsmannes vereinbar, § 64 Abs. 2 GmbHG.

g) Ein Verzicht der Gesellschaft auf Ersatzansprüche oder ein Vergleich über diese Ansprüche ist unwirksam, soweit der Ersatz zur Befriedigung der Gläubiger der Gesellschaft erforderlich ist, § 9b GmbHG.

h) Die Verjährung dieser Ansprüche beträgt 5 Jahre, § 9b Abs. 2 GmHG.

C. Haftung gegenüber Gesellschaftern

Die Haftung des Geschäftsführers gegenüber Gesellschaftern besteht in folgenden Fällen:

1. Haftung gemäß § 9a GmbHG

Macht der Geschäftsführer bei der Anmeldung zur Eintragung der GmbH in das Handelsregister in seiner Versicherung falsche Angaben, haften er und die Gesellschafter solidarisch auf Schadensersatz, § 9a GmbHG. Gesellschafter können Rückgriff bei dem Geschäftsführer nehmen.

Dasselbe gilt bei der Versicherung von falschen Angaben im Zusammenhang mit einer Kapitalerhöhung, § 57 GmbHG.

2. Haftung gemäß § 31 Abs. 1 GmbHG

Werden gemäß § 30 GmbHG Auszahlungen aus dem Vermögen der Gesellschaft an einen Gesellschafter geleistet, hat der begünstigte Gesellschafter gemäß § 31 Abs. 1 GmbHG die Zahlung zurückzuerstatten. Kann er nicht zurückzahlen, haften dafür nach § 31 Abs. 3 GmbHG die übrigen Gesellschafter anteilig. Sie können nach § 31 Abs. 6 GmbHG bei dem Geschäftsführer Rückgriff nehmen, wenn dieser die Auszahlung schuldhaft vorgenommen hat.

3. Deliktische Haftung

Ein Haftungsanspruch der Gesellschafter gegen den Geschäftsführer ist bei Verletzung des Mitgliedschaftsrechtes an der GmbH aus unerlaubter Handlung gemäß § 823 Abs. 1 BGB begründet. Es ist als absolutes Recht besonders geschützt.

Ein Haftungsanspruch der Gesellschafter gegen den Geschäftsführer besteht aus dem Verstoß gegen ein Schutzgesetz, das zu ihren Gunsten wirkt, § 823 Abs. 2 BGB.

§ 266 StGB (Untreue des Geschäftsführers) ist z. B. ein Schutzgesetz zugunsten der Gesellschafter.

D. Haftung gegenüber Dritten und Gesellschaftsgläubigern

Der Geschäftsführer haftet gegenüber Gesellschaftsgläubigern aus einem Verstoß gegen ein zu ihren Gunsten wirkendes Schutzgesetz, § 823 Abs. 2 BGB, oder im Fall vorsätzlicher, sittenwidriger Schädigung.

Die unverzügliche Beantragung des Insolvenzverfahrens nach § 64 Abs. 1 GmbHG schützt zum Beispiel Gläubiger.

E. Strafbestimmungen

Durch die GmbH-Novelle vom 4.7.1980 sind mehrere besondere Strafbestimmungen für den Geschäftsführer normiert worden, wie z. B.

- die Versicherung von falschen Angaben anlässlich der Gründung einer GmbH, § 82 GmbHG;
- die Versicherung von falschen Angaben bei der Kapitalerhöhung oder Kapitalherabsetzung, § 82 GmbHG;
- die nicht fristgerechte Anmeldung des Insolvenzverfahrens, § 84 Abs. 1 Nr. 2 GmbHG;
- die Nicht-Anzeige des Verlustes der Hälfte des Stammkapitals, § 84 Abs. 1 Nr. 1 GmbHG und
- die Verletzung der Geheimhaltungspflicht, § 85 GmbHG.

Der Geschäftsführer wird nach allgemeinen Strafvorschriften bestraft, wenn er in Ausführung seiner Tätigkeit Straftaten zum eigenen Vorteil, wie z. B. Untreue nach § 266 StGB, oder zum Vorteil der GmbH, wie z. B. Steuerhinterziehung nach § 370 AO, begeht. In jedem Fall ist der Geschäftsführer immer Täter, § 14 Abs. 1 Nr. 1 StGB.

F. Ordnungswidrigkeiten

Ordnungswidrigkeiten, die der Geschäftsführer in Ausübung seines Geschäftsführeramtes begeht, begründen immer seine persönliche Verantwortung. Für das Bußgeld haftet er als Betroffener, § 9 Abs. 1 Nr. 1 OWiG.

Gegen die GmbH kann ein eigenes Bußgeld in erheblicher Höhe verhängt werden, das der Gewinnabschöpfung aus der beanstandeten Handlung dient, § 30 OWiG.

D & O-Versicherung und Managerhaftung in Deutschland

Dieter Schimmer
Rechtsanwalt und Justitiar, München

Inhaltsübersicht

A. Einführung

I. Allgemeines

Hinter der Kurzform D & O-Versicherung verbirgt sich die Directors' and Officers' Liability Insurance. Die deutsche Bezeichnung für diesen Versicherungstyp lautet Vermögensschaden-Haftpflichtversicherung für die Organe juristischer Personen. Es handelt sich um eine Berufshaftpflichtversicherung für Vorstandsmitglieder, Geschäftsführer und Mitglieder von Aufsichtsräten. Sie bietet Schutz vor den finanziellen Folgen im Falle der Inanspruchnahme aufgrund fehlerhafter bzw. vermeintlich fehlerhafter unternehmerischer Entscheidungen.

II. Historie[1]

Dem Namen nach zu urteilen ist man geneigt den Ursprung der D & O in den USA bzw. Großbritannien zu vermuten. Interessanterweise gab es jedoch schon erste Ansätze in Deutschland zwischen 1895 und 1906 zu dieser Sparte. Im Zusammenhang mit den sog. Jahrhundertgesetzen, dem Aktien- (1884), dem Genossenschafts- (1889) und dem GmbH-Gesetz (1892) gab es erste Überlegungen, eine Haftpflichtversicherung für Aufsichtsräte anzubieten. 1905 erfolgte die Vorlage einer solchen Haftpflichtversicherung für Aufsichtsräte an das Kaiserliche Amt für Privatversicherungen. In der Diskussion wurde sogar von einer „unmoralischen" Versicherung gesprochen. Zu einer Einführung der D & O-Versicherung ist es damals nicht gekommen[2].

Die Entwicklung der D & O-Versicherung in ihrer heutigen Ausprägung begann letztlich mit dem Kurssturz am 25.10.1929 an der Wall Street, dem berühmten „Schwarzen Freitag". Als Folge dieser Börsenentwicklung wurden der „Securities Act of 1933" und der „Securities Exchange Act of 1934" erlassen. Mit diesen Gesetzen wurde die Kontrolle bei der Ausgabe und dem Handel mit Wertpapieren zum Schutze der Anleger verbessert. Ebenso wurde eine verschärfte Haftung der „directors" und „officers" normiert. Darauf hin boten Lloyds-Syndikate die ersten D & O-Policen im angloamerikanischen Wirtschaftsraum an[3]. Gegen Ende der 60er Jahre nahm die Verbreitung der D & O-Versicherung in den USA stark zu[4].

Ausgehend von den USA fand die D & O-Versicherung seit Ende der 70er Jahre zunehmende Verbreitung in den Ländern des angloamerikanischen Rechtskreises und auch in Europa[5].

1 S. zur gesamten Thematik auch *Ihlas*, Organhaftung und Haftpflichtversicherung, Berlin 1997, S. 35 ff.

2 *Ihlas* a.a.O. (Fn. 1) S. 47.

3 *Wollny*, Die directors' and officers' liability insurance in den Vereinigten Staaten von Amerika (D & O-Versicherung) – Vorbild für eine Aufsichtsratshaftpflichtversicherung in Deutschland (Diss.), Frankfurt 1993, S. 150.

4 *Scheifele*, Die Vermögensschaden-Haftpflichtversicherung für Manager in den Vereinigten Staaten von Amerika (Diss.), Karlsruhe 1993, S. 112.

5 *Schneider/Ihlas* in DB 1994, 1123, 1125.

In Deutschland wurden erstmals im April 1986 (allerdings nicht von deutschen Versicherern) D & O-Versicherungen angeboten[6]. Das BAV[7] hatte zu diesem Zeitpunkt noch erheblichen Einfluss auf die Gestaltung der Bedingungen. Insbesondere verfügte es die Aufnahme des Ausschlusses von Ansprüchen im Zusammenhang mit „unternehmerischen Fehlentscheidungen“[8]. Nachvollziehbarerweise war dem Produkt D & O-Versicherung mit einem solchen Ausschluss kein großer Erfolg beschieden[9].

Die ersten D & O-Versicherungen von deutschen Anbietern, mit der Allianz Versicherungs-AG als einer der ersten Gesellschaften, wurden dann im Jahre 1995 am Markt angeboten[10].

III. Markt

1. Volumen

Das derzeitige Marktvolumen in Deutschland an Beitragseinnahmen für die D & O-Versicherung wird auf 200 – 230 Mio. DM (100 – 115 Mio. Euro) geschätzt. Nach Auffassung des Verfassers ist eher die letztgenannte Zahl als zutreffend anzusehen.

Das Marktpotential innerhalb der nächsten 5 Jahre wird auf 750 Mio. – 1 Mrd. DM (375 Mio. – 500 Mio. Euro) an Beitragseinnahmen veranschlagt.

2. Entwicklung

Die erste Zeit nach der Einführung der D & O-Versicherung durch deutsche Versicherer war von einem sog. „hard-market“[11] gekennzeichnet. Das heißt, dass in den am Markt üblichen Bedingungen eine Vielzahl von Aus-

6 *Ihlas*, a.a.O. (Fn. 1), S. 54.
7 Bundesaufsichtsamt für das Versicherungswesen.
8 § 4 II d) AVBU 1986.
9 Zu den möglichen Auslegungsmöglichkeiten des Ausschlusses, s. *Ihlas* a.a.O. (Fn. 1), S. 282.
10 Infolge der Deregulierung vom 1.7.1994 hatte das BAV keinen Einfluss mehr auf die Gestaltung der Bedingungen.
11 Man versteht hierunter einen Markt mit engem Deckungsumfang und einem hohen Prämienniveau.

schlüssen enthalten war[12]. Auch waren die Regelungen im Hinblick auf die Rückwirkung sowie die Nachhaftung[13] relativ restriktiv ausgestaltet.

In der Folge war festzustellen, dass immer häufiger Policen am Markt angeboten wurden, in denen ein Teil der Ausschlüsse gestrichen wurde als auch großzügige Regelungen für die Rückwirkung bzw. die Nachhaftung angeboten wurden. Es erfolgte eine Entwicklung zu einem sog. „soft-market“[14].

Seit einigen Monaten ist eine gegenläufige Tendenz am Markt festzustellen und es sind Anzeichen eines sich wieder verhärteten Marktes zu erkennen. Auslöser hierfür sind u. a. einige spektakuläre Fälle im D & O-Bereich, so z. B. Daimler-Chrysler, Deutsche Bank und Holzmann[15], um nur einige zu nennen[16].

B. Gegenstand und Umfang der D & O-Versicherung

I. Gegenstand

Die D & O-Versicherung bietet Versicherungsschutz für die ehemaligen, gegenwärtigen und zukünftigen Mitglieder von Organen (Vorstand, Geschäftsführung und Aufsichtsrat) von Kapitalgesellschaften im Falle der Inanspruchnahme aufgrund gesetzlicher Haftpflichtvorschriften[17]. Sie

---

12 Vgl. hierzu die Musterbedingungen des GDV (Gesamtverband der Deutschen Versicherungswirtschaft e.V.) AVB-AVG, dort Ziff. 5.

13 S. hierzu B II 3 a) und b).

14 Dieser Begriff beschreibt einen Markt mit umfangreichem Deckungsinhalt und einem nach unten tendierendem Beitrag.

15 S. SZ vom 9.11.2001. Die ehemaligen Vorstände in Verbindung mit der dahinterstehenden D & O-Versicherung und das Unternehmen haben sich inzwischen darauf geeinigt, dass seitens der Organmitglieder 38 Mio. DM (rund 19 Mio. Euro) an das Unternehmen gezahlt werden. Es handelt sich damit um den ersten Fall in Deutschland bei dem in größerem Umfang auch mittels der Leistung einer Versicherung Zahlungen erbracht worden sind.

16 S. ausführlich hierzu Loss und Litigation Report, Managerhaftung im Spiegel der Presse, der GeneralCologneRe vom März 2001.

17 Anfänglich erfolgte hier häufig eine Einschränkung auf „. . . privatrechtlichen Inhalts“. In der heutigen Marktsituation ist diese Einschränkung kaum noch zu finden.

kann somit als Berufshaftpflichtversicherung für Manager bezeichnet werden. Versicherungsnehmerin (wobei dies lediglich Kapitalgesellschaften werden können und nicht Personengesellschaften wie z. B. die OHG, KG oder BGB-Gesellschaft) ist jedoch das Unternehmen selbst (dies bedeutet auch, dass die Prämie zur D & O-Versicherung vom Unternehmen bezahlt wird), während versicherte Personen die Organmitglieder sind. Nur diese haben Anspruch auf die Versicherungsleistung[18]. Es handelt sich damit um eine Versicherung für fremde Rechnung im Sinne der §§ 74 ff. VVG, um eine sogenannte Zugunsten-Versicherung. Versichert werden kann ausschließlich das Organ als Ganzes. Eine Versicherung nur für einzelne Organmitglieder ist nicht möglich.

II. Umfang

1. Vermögensschaden

Versicherungsschutz wird geboten für Vermögensschäden. Als solche werden allgemein definiert Schäden, die weder Personen- noch Sachschäden sind noch sich aus solchen herleiten.

2. Allgemeiner Umfang

Wie jede Haftpflichtversicherung bietet auch die D & O-Versicherung

- Prüfung der Ansprüche,
- Abwehr unberechtigter Forderungen,
- Erfüllung berechtigter Forderungen.

3. Versicherungsfall

Als Versicherungsfall wird die Anspruchserhebung angesehen[19]. Im Gegensatz zur Berufshaftpflichtversicherung, z. B. für Anwälte, in

18 Besonderheiten gelten im Fall von sog. „company reimbursement“ – Regelungen. Hierbei besteht zwischen der Gesellschaft und den Organmitgliedern eine Freistellungserklärung seitens der Gesellschaft. In diesen Fällen enthalten D & O-Verträge häufig eine Regelung, dass dann auch die Gesellschaft berechtigt sein soll, Ansprüche aus dem Versicherungsvertrag geltend zu machen (dies gilt allerdings nur im Falle von Außenanprüchen, s. hierzu auch B. III.).

19 Sog. „claims-made-Prinzip“.

Deutschland ist Versicherungsfall also nicht der vom Versicherungsnehmer begangene Verstoß (die anwaltliche Pflichtverletzung), sondern der Versicherungsfall ist eingetreten, wenn und sobald Ansprüche gegen ein versichertes Organmitglied geltend gemacht werden.

a) Rückwirkung

Wenn keine Regelung im Vertrag getroffen wird, sind bei einer reinen „claims-made-Deckung" sämtliche Pflichtverletzungen – auch solche die schon vor Abschluss des Versicherungsvertrages erfolgt sind – aufgrund derer die Anspruchserhebung während der Vertragslaufzeit (bzw. einer vereinbarten Nachhaftung) erfolgt, vom Versicherungsschutz umfasst (dies gilt naturgemäß nicht für bei Vertragsabschluss bereits bekannte Pflichtverletzungen). In der oben beschriebenen anfänglichen harten Phase des Marktes war in vielen Policen die Rückwirkung derart gestaltet, dass sowohl die Pflichtverletzung als auch die Anspruchserhebung innerhalb der Laufzeit der Police erfolgt sein mussten.

Mit dem Einsetzen des „soft market" wurde diese strikte Regelung langsam aufgeweicht und es wurden Rückwirkungen von ein bis drei Jahren am Markt angeboten. In Deutschland ist heute praktisch Marktstandard, dass bei D & O-Verträgen eine zeitlich unbegrenzte Rückwirkung angeboten wird.

b) Nachhaftung

Bei einer reinen „claims-made-Police" würde für nach Ablauf des Vertrages gemeldete Schadensfälle keinerlei Versicherungsschutz bestehen. Sollte also der Versicherungsvertrag zum 31.12. eines Jahres ablaufen, würde für am 1.1. des Folgejahres gemeldete Schäden keine Deckung mehr bestehen. Diese Regelung wurde als relativ hart empfunden, insbesondere auch vor dem Hintergrund, dass es bei der Suche nach einem Nachversicherer zu zeitlichen Verzögerungen kommen kann.

In der Folge wurden am Markt verschiedene Modelle für eine Nachhaftung angeboten. Zum Teil wurde für die Vereinbarung einer Nachhaftung verlangt, dass die Kündigung des Versicherungsvertrages vom Versicherer veranlasst sein musste; zum anderen wurden sog. „Ansparmodelle"[20]

20 Pro Jahr der Laufzeit des Versicherungsvertrages wird ein bestimmter Zeitraum, z. B. drei Monate, an Nachhaftungszeit gewährt, der dann kumuliert

angeboten. Heute ist eine Nachhaftungszeit von drei Jahren – unabhängig von der Art der Beendigung des Versicherungsvertrages – als Marktstandard in Deutschland anzusehen[21].

III. Innen-/Außenansprüche[22]

Anfänglich wurden Policen mit einer Beschränkung auf Außenansprüche z. T. am Markt angeboten[23]. Heutiger Marktstandard sind Policen, die sowohl Versicherungsschutz gegen die Inanspruchnahme bei Innen- als auch bei Außenansprüchen bieten.

Die unter I. geschilderte Konstellation – Versicherungsnehmerin ist die Gesellschaft, versicherte Personen sind die Organmitglieder – hat die Frage aufgeworfen, ob im Abschluss einer D & O-Versicherung, die auch Innenansprüche mit abdeckt, nicht ein Verstoß gegen § 93 Abs. 4 S. 3 AktG zu erblicken ist. Die ganz herrschende Meinung in der Literatur verneint einen Verstoß gegen § 93 Abs. 4 S. 3 AktG, da im Abschluss einer D & O-Versicherung keine Haftungsfreistellung und kein Anspruchsverzicht zu sehen sei[24]. Die Zulässigkeit des Abschlusses einer D & O-Versicherung wird heute ganz allgemein bejaht und nicht mehr in Frage gestellt[25].

IV. Ausschlüsse[26]

Wie in allen Versicherungssparten üblich, sind auch bei einer D & O-Versicherung einige Sachverhaltsgestaltungen vom Versicherungsschutz

wird. Im Regelfall sind diese Modelle auf eine maximale Nachhaftungszeit limitiert.

21 Die zur Anspruchserhebung führende Pflichtverletzung muss sich allerdings bis zum Ablauf des Vertrages – also nicht in der Nachhaftungszeit – ereignet haben.

22 Innenansprüche sind solche Ansprüche, die von der Versicherungsnehmerin selbst gegen die versicherte Personen geltend gemacht werden. Außenansprüche sind Ansprüche, die von Kunden, Aktionären oder sonstigen Dritten geltend gemacht werden.

23 In den Vereinigten Staaten von Amerika ist die Beschränkung auf Drittansprüche Marktstandard.

24 *Ihlas*, a.a.O. (Fn. 1), S. 59 m.w.N.

25 Wie eben.

26 Die nachgenannten Ausschlüsse stellen keinesfalls eine abschließende Aufzählung dar, sondern sind gedacht als Überblick im Hinblick auf Aus-

ausgenommen. Aufgrund derzeit marktüblicher Ausschlüsse besteht kein Versicherungsschutz

- bei vorsätzlicher Schadensverursachung oder durch wissentliches Abweichen von Gesetz, Vorschrift, Beschluss, Vollmacht oder Weisung oder sonstige wissentliche Pflichtverletzung;
- wegen Vertragsstrafen, Bußen und Entschädigungen mit Strafcharakter (z. B. punitive oder exemplary damages);
- wegen Ansprüchen, die in den Vereinigten Staaten von Amerika oder Kanada oder in den sonstigen Staaten mit Geltung des Common Law geltend gemacht werden[27];
- wegen Schäden die aus mangelhaften Produkten resultieren;
- im Zusammenhang mit Umweltschäden;
- wegen unzureichendem Versicherungsschutz.

Ebenso besteht in der Regel kein Versicherungsschutz für den Teil des Schadensersatzanspruches, welcher der Quote einer etwaigen Beteiligung der versicherten Person an der Versicherungsnehmerin entspricht. Andernfalls würde man im Ergebnis den Eigenschaden der versicherten Personen mit abdecken, dies kann aus naheliegenden Gründen nicht Inhalt einer Haftpflichtversicherung sein.

V. Schadenssituation

Wurden früher tatsächliche oder vermeintliche Managementfehler häufig mit dem sog. „golden handshake“ erledigt, so ist heute eine deutlich gestiegene Anspruchsmentalität festzustellen[28].

In diesem Rahmen ist auch eine deutliche Steigerung der gemeldeten Schadensfälle festzustellen. Ihlas geht sogar davon aus, dass allein aus den

schlüsse, wie sie – mit unterschiedlichen Wordings – in Policen für in Deutschland belegene Unternehmen häufig am Markt zu finden sind.

27 Im Falle von großen international tätigen Unternehmen mit Tochterunternehmen z. B. in den Vereinigten Staaten von Amerika gibt es hierzu Sonderregelungen, die dort geltend gemachte Ansprüche – mit speziellen Einschränkungen – einem Versicherungsschutz zugänglich machen.

28 S. hierzu ausführlich „Die Haftung des Vorstandes und Aufsichtsrates in der Aktiengesellschaft in Deutschland“ in diesem Buch, S. 23, 25 ff.

im Jahr 2001 anhängigen Verfahren Schadenszahlungen von 500 Mio. DM (rund 256 Mio. Euro) zu leisten sein werden[29]. Auch diese Einschätzung macht ganz deutlich, dass heute das Risiko für Manager in die Haftung genommen zu werden deutlich höher ist als noch vor einigen Jahren[30].

C. Sonstiges

Zwei Punkte hinsichtlich der D & O-Versicherung, die derzeit umfänglich und kontrovers, diskutiert werden, seien noch erwähnt.

I. Steuerliche Behandlung der Prämie

Hauptdiskussionspunkt ist hierbei, ob die vom Unternehmen bezahlte Prämie als zu versteuernder geldwerter Vorteil bei den Organmitgliedern anzusehen ist[31, 32].

Die Spitzenverbände der deutschen Wirtschaft unter Führung des GDV[33] haben sich am 8.8.2001 in einer Eingabe an das BMF[34] gewandt, um Klarheit über die künftige Handhabung zu erlangen und eine praktikable Lösung zu erreichen.

Im folgenden seien einige der in der erwähnten Eingabe aufgeführten Punkte genannt, die eindeutig für eine Nichtsteuerbarkeit der Prämie bei den einzelnen Organmitgliedern sprechen:

- Starkes eigenbetriebliches Interesse der Unternehmen an D & O-Versicherungen; Stichwort: Bilanzschutz.
- Die Bestimmung des Einzelrisikos und damit einer individuellen Prämie pro Organmitglied ist nicht möglich; Stichwort: Besteuerung nach der Leistungsfähigkeit.

---

29 *Ihlas*, Börsenzeitung vom 12.9.2001.

30 Einen instruktiven Überblick gibt der Loss und Litigation Report, Managerhaftung im Spiegel der Presse, GeneralCologneRe vom März 2001, s. auch schon Fn. 14.

31 Die Tatsache, dass die Prämie für das Unternehmen selbst eine abziehbare betriebliche veranlasste Ausgabe darstellt, ist unstreitig.

32 S. zum Meinungsstand: *Kästner*, DStR 2001, 195 ff. bzw. *Dreher*, DB 2001, 996 ff. jeweils m.w.N.

33 Gesamtverband der Deutschen Versicherungswirtschaft e.V.

34 Bundesministerium der Finanzen.

- Keine Marktgängigkeit der Absicherung einzelner Personen im Bereich der D & O-Versicherung, was als Indiz für einen geldwerten Vorteil jedoch Voraussetzung wäre.
- Vorliegen einer aufgedrängten Bereicherung. Nach der Rechtsprechung des BFH[35] liegt diese dann vor, falls der Arbeitgeber dem Arbeitnehmer einen geldwerten Vorteil derart aufdrängt, dass dieser sich dem nicht ohne Inkaufnahme von Nachteilen entziehen kann. Da bei der D & O-Versicherung, wie oben geschildert, nur das Organ als Ganzes versichert werden kann, ist dies regelmäßig der Fall.
- Keine Besteuerung der vergleichbaren Staatshaftung für Beamte und Angestellte des öffentlichen Dienstes; Stichwort: steuerliche Ungleichbehandlung.
- Kaum fiskalische Effekte einer Besteuerung. Da bei dem betroffenen Personenkreis in aller Regel der Werbungskosten-Pauschbetrag überschritten sein wird, würden die fiskalischen Effekte der Besteuerung des Prämienanteils durch den Werbungskostenabzug wieder aufgehoben; Stichwort: Nullsummen-Effekt.
- Keine Besteuerung der Prämien für D & O-Versicherungen im Ausland; so ist z. B. in Großbritannien und den Vereinigten Staaten von Amerika, in denen die D & O-Versicherung bereits weite Verbreitung gefunden hat, die Steuerfreiheit der Beiträge gegeben und z. T. sogar gesetzlich geregelt[36, 37].

---

35 BFH-Urteil vom 17.9.1982, VI R 75/79 und Urteil vom 2.2.1990, VI R 15/86.

36 Rev. Rul. 69-491, 1969 2 CB 22 (Jan 01, 1969).

37 Mit Schreiben vom 24.1.2002 (Az. IV C 5-S 2332-8/02) hat inzwischen das BMF zu der Eingabe Stellung genommen. Die obersten Finanzbehörden des Bundes und der Länder haben entschieden, dass die Beiträge zur D & O-Versicherung – bei der Erfüllung bestimmten Kriterien – für die Organmitglieder keinen geldwerten Vorteil darstellen und daher weder bei Vorstandsmitgliedern/Geschäftsführern noch bei Aufsichtsratsmitgliedern der Lohn- bzw. Einkommensteuer unterliegen. Im Ergebnis schließt sich das BMF somit der Eingabe an.

II. Zustimmungserfordernis der Hauptversammlung nach § 113 AktG[38]

Im Kern geht es um die Frage, ob eine von der Gesellschaft bezahlte D & O-Versicherung eine Vergütung für das Aufsichtsrats (im Folgenden AR) Mitglied darstellt und damit von der Hauptversammlung (im Folgenden HV) zu genehmigen ist (bzw. in der Satzung der Gesellschaft verankert sein muss). Als Rechtsfolge einer ohne einen erforderlichen HV-Beschluss gewährten Vergütung wird die Nichtigkeit gemäß § 134 BGB angesehen[39], teilweise die schwebende Unwirksamkeit[40].

Für die Tatsache, dass eine Vergütung vorliegt, werden als Argumente vorgebracht:

- Wortlaut des § 87 AktG, der ausdrücklich als Gesamtbezüge auch Versicherungsentgelte nennt[41];
- der systematische Zusammenhang zwischen §§ 113 und 87 AktG unterstützte eine weite Auslegung des Vergütungsbegriffes[42];
- der Begriff Vergütung soll alle Vermögensvorteile erfassen, die eine Gegenleistung für die Tätigkeit als AR darstellen[43].

Die Gegenansicht bringt vor, dass

- der Abschluss einer D & O-Versicherung im Rahmen der Verwaltung in Bezug auf die Ausgestaltung und den Umfang des dienstlichen Fürsorgeaufwandes für die Verwaltungsmitglieder von Rechts wegen anzuerkennen sei, so dass Leistungen, die diesem Zweck dienen und den Ermessensspielraum der Verwaltung nicht überschreiten, auch keine Vergütungen im Sinne von § 113 AktG darstellten[44];
- praktische Unmöglichkeit, die Prämie, die das Unternehmen bezahlt hat, individuell auf das einzelne Organmitglied umzulegen. Insofern

38 Einen guten Überblick über den Meinungsstand gibt *Lange*, ZIP 2001, 1524 ff., insbesondere S. 1525, Fn. 2-5; s. auch *Dreher*, DB 2001, 999.

39 *Hüffer*, AktG, 4. Auflage, § 113 Rz. 5.

40 *Lange*, ZIP 2001, 1529.

41 S. zu den Begriffen „Gesamtbezüge" und „Vergütung" *Lange*, ZIP 2001, 1524 ff.

42 *Kästner*, AG 2000, 116.

43 *Kästner*, ebenda.

44 *Mertens*, AG 2000, 450.

bestehe keine Möglichkeit der Bezifferung der Höhe eines möglichen individuellen Vorteils des einzelnen Organmitglieds[45];

- eine quasi aufgedrängte Bereicherung für das einzelne Organmitglied, da dieses keinen Einfluss auf die Aufnahme in den Versicherungsschutz hat[46];
- der Begriff des Versicherungsentgeltes könne auch bei einer Zugrundelegung eines weiten Vergütungsbegriffes nicht pauschal auf sämtliche Versicherungen bezogen werden. Unter § 87 AktG fielen solche Versicherungen, die zweifelsfrei der privaten Lebenssphäre des einzelnen Organmitglieds zuzuordnen seien[47]. Dies sei bei einer D & O-Versicherung eindeutig nicht der Fall[48];
- im Hinblick auf die Prämie zur D & O-Versicherung fehle es an der Vergütungsabsicht für die Tätigkeit der Mitglieder des AR. Diese erbringen ihre Tätigkeit im AR im Austausch gegen Zahlung der in der Satzung festgelegten oder durch die Hauptversammlung bewilligten AR-Vergütung. Die Gesellschaft verspreche jedoch den in Aussicht genommenen Personen nicht den Abschluss der D & O-Versicherung als Gegenleistung dafür, dass diese ihre Bereitschaft zur Mitarbeit im AR erklären[49].

Bei Abwägung aller Gesichtspunkte stellt die D & O-Versicherung keine Gegenleistung der Gesellschaft für die Tätigkeit des AR-Mitgliedes dar, sondern ist Bestandteil der rechtlichen und wirtschaftlichen Grundlagen für die Übernahme des Mandates und eine Maßnahme, die die Gesellschaft im (vorrangig) eigenen Interesse im Rahmen eines vorausschauenden und verantwortlichen Risiko-Managements durchführt[50].

Ein Punkt, der in der bisherigen Diskussion bisher, jedenfalls soweit ersichtlich, noch nicht ausreichend erörtert worden ist, stellt die Dreiecksbeziehung der beteiligten Parteien, mit den sich daraus ergebenden Rechtsfolgen dar. Selbst wenn man davon ausgeht, dass der Tatbestand

45 *Mertens*, AG 2000, 452.
46 *Mertens*, ebenda.
47 *Vetter*, AG 2000, 456.
48 S. insoweit auch schon oben, zur steuerlichen Behandlung.
49 *Vetter*, AG 2000, 456.
50 *Vetter*, AG 2000, 458; im Ergebnis ebenso *Mertens*, AG 2000, 452, *Lange*, ZIP 2001, 1529 und *Dreher*, DB 2001, 999.

einer Vergütung hinsichtlich des AR erfüllt ist, so kann dies keine Auswirkung auf die rechtliche Beziehungen zwischen der Gesellschaft und Dritten haben[51]. Man denke nur an ein Szenario, bei dem ein Unternehmen, welches einen Leasingvertrag über mehrere hundert Fahrzeuge abschließt und AR-Mitgliedern solche Fahrzeuge überlässt. Wollte man nun quasi ein Übergreifen der möglichen Nichtigkeit des Vertrages zwischen dem Unternehmen und dem AR-Mitglied auch auf den Vertrag zwischen dem Unternehmen und dem Leasingunternehmen zulassen, so würde das unabsehbare Folgen haben. Die Rechtssicherheit wäre in erheblichem Maße beeinträchtigt, da jedem Vertragspartner eines Unternehmens die Nichtigkeit des Vertrages entgegengehalten werden könnte aufgrund von Tatsachen, die sich seiner Einflusssphäre völlig entziehen.

Im Hinblick auf die mögliche Nichtigkeit einer solchen Sondervergütung spricht Hüffer von der Nichtigkeit der „vertraglichen Zusage“[52]. Hieraus wird deutlich, dass selbst im Falle einer Nichtigkeit nur das Rechtsverhältnis zwischen dem Unternehmen und dem AR-Mitglied betroffen ist.

Auch der Begriff Rechtsgeschäft im Sinne von § 134 BGB bezieht sich jeweils nur auf das gegen ein gesetzliches Verbot verstoßende Rechtsgeschäft, hier also den Vertrag zwischen Unternehmen und AR-Mitglied[53].

Als Fazit bleibt festzuhalten, dass selbst wenn man davon ausgeht, dass die Beiträge zur D & O-Versicherung als Vergütung anzusehen sind – was, wie oben ausführlich erörtert, nicht der Fall ist – im Falle einer Nichtigkeit bzw. schwebenden Unwirksamkeit dieser Zusage (zwischen Unternehmen und AR-Mitglied) das Vertragsverhältnis, sprich der Versicherungsvertrag zwischen dem Unternehmen und der Versicherungsgesellschaft hiervon völlig unberührt bleibt[54].

---

51 Eine Ausnahme mag bei kollusivem Zusammenwirken der Parteien möglich sein; von einem solchen wird hier nicht ausgegangen.

52 *Hüffer*, a.a.O. (Fn. 37) § 113 Rz. 5

53 *Jauernig*, 9. Aufl., § 134 Rz. 10 (s. a. *Jauernig*, wie hier, vor § 104 Rz. 2); Münchener Kommentar/Mayer/*Maly*, 3. Aufl. § 134 Rz. 23.

54 Die vom BMF vorgenommene Klarstellung (s. Fn. 37) hat zwar keine direkte präjudizielle Wirkung hinsichtlich der gesellschaftsrechtlichen Frage im Sinne von § 113 AktG. Die steuerlichen Ermäßigungen sprechen aber für die Richtigkeit der hier vertretenen Auffassung; so auch *Schüppen/Sanna*, ZIP 2002, 551.

Die Haftung des Vorstandes und des Aufsichtsrates der Aktiengesellschaft in Deutschland

Dieter Schimmer
Rechtsanwalt und Justitiar, München

Inhaltsübersicht

A. Einführung

Wiedemann[1] vertrat 1980 noch die Ansicht, dass die Vorschriften der §§ 93, 116 AktG kein „lebendes Recht" verkörpern. Das Managermagazin spricht im Heft 8/00 vom „Ende der Schonzeit"[2, 3]. Was ist in diesen 20 Jahren passiert? Die Zeiten in denen bei Fehlern des Managements allenfalls die Position auf dem Spiel stand und häufig derartige Szenarien mit dem sog. „golden handshake" erledigt wurden, sind offenbar endgültig vorbei. Die Managerhaftung ist nun auch in Deutschland aus ihrem Dornröschenschlaf erwacht.

So kann man heute fast nicht mehr den Wirtschaftsteil einer großen überregionalen Zeitung aufschlagen, um nicht mit Fällen von Managerhaftung konfrontiert zu werden; s. z. B. nur folgende aktuelle Beispiele:

1 *Wiedemann*, Gesellschaftsrecht, Band I, 1980, S. 624.
2 Manager-Magazin, Ausgabe 8/2000, S. 92 ff.
3 Ähnlich auch *Schilling*, Versicherungswirtschaft 2000, 788.

- Em.TV[4]
- Infomatec[5, 6]
- Holzmann[7]

B. Managerhaftung im Focus

Was sind die Hintergründe der verstärkten Fokussierung auf das Thema Managerhaftung?

I. Veränderte Anspruchsmentalität

Diese betrifft letztlich alle Fälle der Vermögensschadenhaftung, im Bereich der Berufshaftpflicht. Verwiesen werden darf auf die Ausführungen von *Prof. Schuppich* im Vorwort zur Schriftenreihe der 15. Tagung der DACH vom September 1996[8].

Gründe für diese veränderte Anspruchsmentalität insbesondere im Bereich der Managerhaftung sind auszumachen in

4 AG München, DB 2001, 2336. Das AG München hat eine Haftung des Vorstandes wegen Kursverfalls der Aktien abgelehnt.

5 Urteil des LG München vom 28.6.2001, Az. 12 O 10157/01. Das LG München war der Auffassung, dass wegen § 15 VI WpHG keine Haftung besteht; weiter, dass § 15 WpHG kein Schutzgesetz im Sinne von § 823 Abs. 2 BGB darstellt. Eine Haftung über § 823 Abs. 2 BGB in Verbindung mit strafrechtlichen Vorschriften wurde abgelehnt.

6 Urteil des LG Augsburg vom 24.9.2001 in DB 2001, 2334. Im Gegensatz zum LG München, verurteilte das LG Augsburg die ehemaligen Vorstände zur Zahlung eines Schadenersatzes von rd. 100.000 DM. Das LG Augsburg stützt die Verurteilung auf § 88 BörsG und hat auch § 826 BGB hilfsweise herangezogen; s. a. die Anmerkung von *Thümmel*, DB 2001, 2331 ff. Im Gegensatz zur 3. Zivilkammer, hat am 9.1.2002 die sechste Zivilkammer des LG Augsburg eine Schadensersatzklage gegen Vorstandsmitglieder der Gesellschaft abgewiesen; LG Augsburg, WM 2002, 594.

7 S. SZ vom 9.11.2001. Die ehemaligen Vorstände in Verbindung mit der dahinterstehenden D & O-Versicherung (s. hierzu ausführlich „D & O-Versicherung und Managerhaftung", in diesem Heft) und das Unternehmen haben sich inzwischen darauf geeinigt, dass seitens der Organmitglieder 38 Mio DM (rund 19 Mio. Euro) an das Unternehmen gezahlt werden. Es handelt sich damit um den ersten Fall in Deutschland, bei dem in größerem Umfang auch mittels der Leistung einer Versicherung Zahlungen erbracht worden sind.

8 DACH Schriftenreihe, Heft Nr. 8, Die Haftung des Rechtsanwaltes von *Dr. Brigitte Borgmann* (Vorwort von *Prof. Schuppich*).

1. Einer zunehmend verbreiterten Diskussion von Haftungsfällen oder möglichen Haftungsfällen in der Öffentlichkeit

Spektakuläre Zusammenbrüche oder Beinahe-Zusammenbrüche/Schieflagen von Großunternehmen, verursacht durch angebliche Managementfehler, haben zu einer breiten Sensibilisierung für das Thema Managerhaftung geführt.

2. Einer festzustellenden Amerikanisierung bzw. Globalisierung des Umfeldes

Die gestiegene Anspruchsmentalität wird unterstützt durch ausländische, insbesondere US-amerikanische Einflüsse, Stichwort „shareholder value". Schadensersatzforderungen gegen Unternehmensleiter sind dort tägliche Praxis. Mit der zunehmenden Inanspruchnahme des internationalen Kapitalmarktes ist hierzulande nicht nur das Wissen über andere Rechtskulturen und Verhaltensmuster gewachsen, sondern auch das Risiko, von ausländischen Investoren in Anspruch genommen zu werden.

Exkurs: Gerichtsstand in den USA

Erwähnt seien in diesem Zusammenhang die bisher nicht gekannten Versuche, Ansprüche, denen Sachverhalte zugrunde liegen, die sich ausschließlich in Europa abspielen, in den USA geltend zu machen (z. B. Kaprun). Passend hierzu ein Ausspruch von *Lord Denning*, der ausführte: ‚As a moth is drawn to the light, so is a litigant drawn to the United States'[9].

3. Der Entwicklungen an den Börsen, insbesondere am neuen Markt

In den letzten Jahren ist das allgemeine Interesse an der Geldanlage in Aktien im Gegensatz zu früher erheblich gestiegen. Damit einhergehend wird das Geschehen an den Börsen von einer wesentlich größeren Personenanzahl als früher intensiv und auch kritisch beobachtet. Bei einer negativen Kursentwicklung steigt die Bereitschaft, hierfür einen Verantwortlichen zu suchen, in den Personen der Organmitglieder zu finden oder finden zu glauben und diese dann haftbar zu machen[10].

9 *Lord Denning*, M.R., Court of Appeal (England), Smith Kline & French Laboratories Ltd. and others v. Bloch (1983) 1 W.L.R. 730 (733 f.).

10 Ein Beispiel dieser Entwicklung sind die in Fn. 4–6 aufgeführten Verfahren.

II. Judikative

1. „Milupa-Urteil" des BGH aus dem Jahr 2000[11]

Der BGH räumt in dieser Entscheidung ausdrücklich die Möglichkeit ein, Organmitglieder als auch leitende Angestellte für Schäden, verursacht durch fehlerhafte Produkte eines Unternehmens, in die Haftung zu nehmen. Von der Rechtsprechung wurde teilweise auch schon bisher die deliktische Haftung von Organmitgliedern (bzw. leitenden Angestellten), wenn auch eher in Ausnahmefällen, anerkannt[12].

Der BGH legt weiter dar, dass für Ansprüche im Bereich einer möglichen gesamtschuldnerischen Haftung jeweils selbständige Verjährungsfristen gelten[13].

Die besondere Relevanz dieser Entscheidung zeigt sich bei der Verjährung. Der BGH stellt hier sehr hohe Anforderungen hinsichtlich des Zeitpunktes, ab dem die Verjährungsfristen zu laufen beginnen. Der BGH verlangt hierfür die erforderliche Kenntnis des Anspruchstellers hinsichtlich der Person des möglichen Ersatzpflichtigen, das heißt insbesondere dessen Namen, Anschrift und Aufgabenstellung im Betrieb[14]. Aufgrund dieser Überlegungen hat der BGH im entschiedenen Fall auch den Eintritt der Verjährung abgelehnt[15].

Relativiert wird diese Entscheidung durch einen Nichtannahmebeschluss ebenfalls des 6. Zivilsenats des BGH vom 20.3.2001[16]. Der BGH hat in diesem Beschluss die Annahme der Revision gegen ein Urteil des OLG Frankfurt[17] abgelehnt. In diesem Urteil hat das OLG Frankfurt ausgeführt, dass „die Anspruchsteller die Namen der Vorstandsmitglieder aus dem Handelsregister hätten erfahren können. Die Frage der Zumutbarkeit einer Auskunftseinholung richtet sich nicht nach einem individuellen, sondern nach einem auf allgemeine Verkehrsbedürfnisse ausgerich-

---

11 BGH, ZIP 2001, 379 ff.

12 BGHZ 109, 297 (Baustoffentscheidung); BGH, ZIP 1996, 786 (Lamborghini-Entscheidung) und BGHZ 116, 104 (Hochzeitsessenentscheidung).

13 Aus juristischer Sicht an sich nichts Neues.

14 BGH, ZIP 2001, 381.

15 Die Vorinstanzen waren von einer Verjährung der Ansprüche ausgegangen.

16 Beschluss des BGH vom 20.3.2001, Az. VI ZR 205/00.

17 Urteil des OLG Frankfurt vom 22.3.2000, Az. 19 U 68/99.

teten objektiven Sorgfaltsmaßstab." Sogar die Einschaltung eines Rechtsanwaltes zur Erhebung einer zustellungsfähigen Klage wird für zumutbar erachtet[18].

2. „ARAG-Urteil" des BGH aus dem Jahr 1997[19]

Das Urteil ist aus zwei Gesichtspunkten hoch interessant. Zum einen wurde dem Aufsichtsrat (im Folgenden AR) die Pflicht auferlegt, den Vorstand unter gewissen Umständen in die Haftung zu nehmen. Der BGH führt hierzu aus: „Wenn der Aufsichtsrat zu dem Ergebnis kommt, dass sich der Vorstand schadensersatzpflichtig gemacht hat, muss er aufgrund einer sorgfältigen . . . Prozessrisikoanalyse abschätzen, ob und in welchem Umfang die gerichtliche Geltendmachung zu einem Ausgleich des entstandenen Schadens führt. . . . hat der AR diese Ansprüche grundsätzlich zu verfolgen"[20].

Zum anderen nimmt der BGH Stellung zum sog. „unternehmerischen Ermessensspielraum". Insoweit darf auf die Ausführungen zu C I 1 verwiesen werden.

3. „Balsam/Procedo-Urteil" des LG Bielefeld aus dem Jahr 1999[21]

Ein AR-Mitglied wurde hier in erster Instanz zur Zahlung von 5 Mio. DM verurteilt (geklagt hatte der Insolvenzverwalter). Das verurteilte AR-Mitglied hatte trotz höchstpersönlicher Informationen über existenzgefährdende Geschäftspraktiken des Vorstandes nicht gehandelt und viel zu sehr und zu lange den pauschalen Beschwichtigungen des Vorstandes Glauben geschenkt (der Rechtsstreit endete in der zweiten Instanz mit einem Vergleich).

III. Gesetz zur Kontrolle und Transparenz im Unternehmensbereich vom 1.5.1998[22] (KonTraG)

Dieses Gesetz enthält eine Reihe von Neuregelungen für verschiedene Bundesgesetze, so z. B. das Aktiengesetz und das Handelsgesetz-

18 Wie eben.
19 BGH, WM 1997, 970 ff.
20 BGH, WM 1997, 973.
21 LG Bielefeld, WM 1999, 2457 ff.
22 BGBl I 1998, 786.

buch[23]. Mit dieser Reform des Aktien- und Handelsrechts sind weitere/neue direkte Anspruchsnormen nicht gesetzlich normiert worden. Eine Verschärfung der Haftung ergibt sich jedoch mittelbar durch die Festschreibung von Informationspflichten (z. B. § 91 Abs. 3 AktG), einer Umwandlung von „Soll-“ in „Ist-Vorschriften“ (z. B. § 289 HGB) und einer Steigerung der Überwachungsintensität.

Als wesentliche Änderung mit der Einführung des KonTraG sind zu nennen:

- Errichtung bzw. Unterhaltung eines „Risk-Management-Systems“, § 91 Abs. 2 AktG;
- Erteilung des Prüfungsauftrages an den Abschlussprüfer durch den AR, § 290 HGB;
- der Abschlussprüfer hat an den Verhandlungen des AR über den Jahresabschluss teilzunehmen und über die wesentlichen Ergebnisse zu berichten, § 171 Abs. 1 AktG;
- Reduzierung des Quorums gem. § 147 Abs. 3 AktG auf 5 % des Grundkapitals (oder Nennbeteiligung auf 500.000 Euro), falls Tatsachen vorliegen, die den dringenden Verdacht rechtfertigen, dass die Gesellschaft durch Unredlichkeit oder grobe Verletzung des Gesetzes oder der Satzung Schaden zugefügt wurde;
- die Einberufung des AR soll einmal bzw. bei börsennotierten Aktiengesellschaften (im folgenden AG) zweimal im Kalenderhalbjahr erfolgen, § 110 Abs. 3 AktG.

IV. Corporate Governance/Transparenz- und Publizitätsgesetz (TransPuG)

1. Corporate Governance[24]

a) Corporate Governance Kommission

Im Mai 2000 hat der Bundeskanzler die Regierungskommission „Corporate Governance – Unternehmensführung – Unternehmenskontrolle –

23 S. allg. zum KonTraG, *Zimmer*, NJW 1998, 3521 ff.

24 Man versteht hierunter den rechtlichen und faktischen Ordnungsrahmen für die Leitung und Überwachung von Unternehmen; s. zur Begriffsdefinition Berliner Initiativkreis German Code of Corporate Governance, DB 2000, 1573 ff.

Modernisierung des Aktienrechts“ eingesetzt. Die Kommission unter Führung von *Prof. Baums* hatte den Auftrag, sich mit möglichen Defiziten des deutschen Systems der Unternehmensführung und -kontrolle zu befassen. Die Kommission legte im Juli 2001 ihren Abschlussbericht vor[25]. Dieser beschäftigt sich in den Rz. 70–76 ausdrücklich mit der Haftung von Leitungsorganen (ebenso mit der D & O-Versicherung); so spricht sich die Kommission z. B. ausdrücklich gegen eine gesetzliche Deckelung der Organhaftung bei einfacher Fahrlässigkeit aus[26], ebenso gegen die Möglichkeit einer vertraglichen Freistellung von der Fahrlässigkeitshaftung[27].

b) Regierungskommission „Deutscher Corporate Governance Kodex“[28]

Im September 2001 wurde vom Bundesministerium der Justiz die Kommission „Deutscher Corporate Governance Kodex“ unter der Leitung von *Dr. Cromme* eingesetzt. Zielsetzung ist es, der deutschen Wirtschaft eine Möglichkeit zu geben, in einem Akt der Selbstorganisation einen Corporate Governance Kodex zu entwickeln, der

- wesentliche gesetzliche Vorschriften zu Unternehmensleitung und -überwachung börsennotierter Gesellschaften zusammenfasst;
- in Form von Empfehlungen international und national anerkannte Verhaltenstandards berücksichtigt;
- den einzelnen Gesellschaften auch Anregungen für eine gute und verantwortungsvolle Unternehmensführung und -überwachung gibt.

Der Abschlussbericht dieser Kommission wird für Anfang 2002 erwartet[29].

2. TransPuG

Gleichzeitig wird die Bundesregierung einen Entwurf für ein „Transparenz- und Publizitätsgesetz“ erarbeiten, in dem börsennotierte Gesell-

25 *Baums* (Hrsg.) Bericht der Regierungskommission Corporate Governance, 2001.
26 Wie eben, Rz. 71.
27 Wie eben.
28 S. insgesamt hierzu www.corporate-governance-code.de.
29 Am 26.2.2002 wurde inzwischen der Deutsche Corporate Governance Kodex vorgelegt, abrufbar unter www.corporate-governance-code.de; s. hierzu auch *Seibert*, BB 2002, 581 ff.

schaften grundsätzlich zur Anwendung des Corporate Governance Kodex verpflichtet werden sollen[30, 31].

Exkurs: Unvereinbarkeit von Mandat und AR-Tätigkeit[32]

Zurzeit wird die Frage der Unvereinbarkeit von Mandat und AR-Tätigkeit intensiv diskutiert. Hintergrund dieser Diskussion ist die Situation bei der Bankgesellschaft Berlin. Der dortige Vorsitzende des AR ist zugleich auch Seniorpartner der beratenden Kanzlei. Es wird gefordert, die Unvereinbarkeit von Mandat und AR-Tätigkeit verbindlich festzulegen. Diese soll sich nicht auf den einzelnen Rechtsanwalt, der auch gleichzeitig eine Organfunktion innehat, beziehen, sondern soll für die ganze Kanzlei gelten[33]. Sollte dies so umgesetzt werden, würde es insbesondere für Großkanzleien mit mehreren innerdeutschen Standorten erhebliche Auswirkungen haben.

C. Vorstände

I. Aufgaben/Pflichten

Der Vorstand ist das geschäftsführende Organ der AG. Bestimmte, aus der Funktion des Organs folgende, Pflichten der Vorstandsmitglieder

30 Handelsblatt vom 10.7.2001. Mit dem In-Kraft-Treten des Gesetzes wird Mitte des Jahres 2002 gerechnet.

31 Am 6.2.2002 wurde zwischenzeitlich der Regierungsentwurf zum TransPuG vorgelegt, abrufbar unter www.bmj.bund.de. Der Entwurf greift zum einen eine ganze Reihe von Empfehlungen des Abschlussberichtes der Corporate Governance Kommisionen auf (s. auch *Hucke/Ammann*, DStR 2002, 696), wobei die Regelungsschwerpunkte vor allem im Bereich der Hauptversammlung, der Information der Aktionäre, der Rechnungslegung und Abschlussprüfung als auch im Konzernbilanzrecht liegen. Zum anderen soll über § 161 AktG-E im Wege einer Entsprechenserklärung eine Verpflichtung zur Beachtung des Corporate Governance Kodex geschaffen werden (§ 161 AktG-E lautet: *„Vorstand und Aufsichtsrat einer börsennotierten Gesellschaft erklären jährlich, dass den im Bundesanzeiger elektronisch bekannt gemachten Verhaltensregeln der Kodex-Kommission zur Unternehmensleitung und -überwachung entsprochen wurde und wird oder welche Verhaltensregeln nicht angewendet werden. Die Erklärung ist den Aktionären zugänglich zu machen.“*).

32 Handelsblatt vom 30.7 2001.

33 Handelsblatt vom 30.7 2001.

werden in einer Reihe gesetzlicher Bestimmungen konkret genannt. Zu erwähnen ist vor allem der Katalog in § 93 Abs. 3 AktG. Beispielsweise seien folgenden Pflichten aufgeführt:

- die Pflicht zur Kapitalerhaltung,
- das Verbot der Einlagenrückgewähr an Aktionäre,
- das Verbot auf Einlagen Zinsen zu gewähren,
- das Zahlungsverbot nach Konkursreife.

Weiter sind zu nennen, die

- Verpflichtung zur ordnungsgemäßen Buchführung (§ 91 AktG),
- Berichtspflichten (§ 90 Abs. 1 AktG),
- Buchführungspflichten (§ 289 HGB),
- Organisationspflichten (§ 91 Abs. 2 AktG),
- Konkursantragspflicht (§ 92 Abs. 2 AktG).

Über bzw. neben diesen Einzelpflichten steht die allgemeine Pflicht der Vorstandsmitglieder zur Geschäftsführung gemäß § 77 Abs. 1 AktG. Diese umfasst jedwede tatsächliche oder rechtsgeschäftliche Tätigkeit, die sowohl die Leitungsmaßnahmen (§ 76 AktG) als einen herausgehobenen Teilbereich als auch jede Einzelmaßnahme umfasst, die der Vorstand im Innenverhältnis gegenüber der AG oder im Außenverhältnis gegenüber Dritten ausführt[34].

Zwei zentrale Pflichtenkreise lassen sich herausschälen:

1. Pflicht zur ordnungsgemäßen Geschäftsführung

Hierbei zu berücksichtigen ist die aus dem US-amerikanischen Raum stammende sog. „business jugdement rule“[35]. Der Unternehmensleiter

34 *Hüffer*, AktG, 4. Aufl., § 77 Rz. 3 und § 76 Rz. 9.

35 American Law Institute, Principles of Corporate Governance, Analysis and Recommandations, 1994, § 401: „A director or officer who makes a business judgement in good faith fulfills the duty under this section if the director or officer
(1) is not interested in the subject of the business judgement,
(2) is informed with respect of the subject of the business judgement to the extent the director or officer reasonably believes to be appropriate under the circumstance, and
(3) rationally believes that the business judgement is in the best interests of the corporation.“

hat bei seinen unternehmerischen Entscheidungen einen wirtschaftlichen Gestaltungsspielraum (und ein solcher muss ihm im Sinne einer funktionierenden Volkswirtschaft auch zugestanden werden), welcher Chance und Risiko birgt und dessen Nutzung haftungsfrei ist. Dieser Gestaltungsspielraum ist dann überschritten, wenn klare Gesetzesverstöße begangen werden oder gegen betriebswirtschaftliche Grundregeln verstoßen wird.

Der BGH führt hierzu im bereits o. g. ARAG-Urteil[36] – nicht zuletzt in Anlehnung an die „business-judgement-rule“ – aus, dass eine Ersatzpflicht des Vorstandes erst dann in Betracht kommen, wenn

- die Grenzen eines verantwortungsbewussten, sorgfältigen und am Unternehmenswohl orientierten unternehmerischen Handelns deutliche überschritten sind,
- die Bereitschaft, unternehmerische Risiken einzugehen, in unverantwortlicher Weise überspannt ist oder
- das Verhalten des Vorstandes aus anderen Gründen als pflichtwidrig angesehen werden muss[37].

2. Organschaftliche Treuepflicht

Die Treuepflicht des Vorstandes verlangt von ihm den loyalen Einsatz für die Gesellschaft. Ihm ist das Vermögen der Gesellschaft treuhänderisch anvertraut und daraus ergeben sich besondere Schutz- und Fürsorgepflichten, wie z. B.:

- das Wettbewerbsverbot,
- das Verbot des Einsatzes und der Ausnutzung der Organstellung zum eigenen Nutzen,
- das Verbot, Geschäftschancen der Gesellschaft an sich zu ziehen (Corporate Opportunity),
- das Verbot, Geschäfte mit der Gesellschaft, außer wie mit einem unbeteiligten Dritten, zu tätigen und
- die Verschwiegenheitspflicht.

36 BGH, WM 1997, 970 ff.
37 BGH, WM 1997, 973.

II. Haftung

Hinsichtlich der erforderlichen Voraussetzungen einer zivilrechtlichen Haftung von Vorstandsmitgliedern sind gegenüber den allgemeinen Regeln vom Grundsatz her keine Besonderheiten gegeben. Vorliegen müssen:

- Pflichtverletzung,
- Verschulden,
- Kausalität und
- Schaden.

Bei der Haftung von Vorstandsmitgliedern unterscheidet man, je nach der Richtung, aus der die Inanspruchnahme erfolgt, wie folgt:

1. Innenhaftung

Sie bezeichnet die Haftung des Vorstandes gegenüber dem eigenen Unternehmen. Die zentrale Norm, die diese Haftung festlegt, findet sich in § 93 Abs. 2 AktG. Den Vorstandsmitgliedern wird hier auferlegt, „bei der Geschäftsführung die Sorgfalt eines ordentlichen und gewissenhaften Geschäftsleiters anzuwenden".

a) Haftungsbeginn

Die Mitglieder des Vorstandes haften von dem Zeitpunkt an, in dem sie bestellt worden sind und das Amt angenommen haben[38]. Einer Eintragung der Bestellung in das Handelsregister[39] oder des Abschlusses eines Anstellungsvertrages bedarf es nicht[40].

b) Kollegialorgan und gesamtschuldnerische Haftung

Im Gegensatz zu GmbH-Geschäftsführern ist man bei AGen in der Regel mit einem Kollegialorgan konfrontiert. § 77 Abs. 1 AktG legt in solchen Fällen die Gesamtgeschäftsführung fest. Gemäß § 93 Abs. 2 S. 1 AktG haften die Vorstandsmitglieder gegenüber der Gesellschaft gesamtschuldnerisch.

---

38 BGH, ZIP 1987, 1050 (für die GmbH).

39 BGH, NJW 1994, 2024 (für die GmbH) und BGHZ 47, 341, 343 (für die AG).

40 BGHZ 41, 282; 65, 190 ff. (jeweils für die AG).

Voraussetzung für diese gesamtschuldnerische Haftung ist aber in jedem Falle, dass das betroffene Vorstandsmitglied eine eigene Pflichtverletzung begangen hat[41] und ihm ein persönliches Verschulden zur Last gelegt werden kann[42].

Die Frage stellt sich nun, ob und ggf. wie eine Abweichung von der Gesamtgeschäftsführung – in der Praxis praktisch der Regelfall – durch Ressortzuweisung/-verteilung Einfluss auf die gesamtschuldnerische Haftung der Vorstandsmitglieder hat. Hierbei sind folgende Fallgruppen zu unterscheiden:

– Entscheidung durch das Gesamtorgan
  In diesem Fall zeichnet das einzelne Organmitglied in einer Weise verantwortlich, als hätte es die Entscheidung als Einzelgeschäftsführer getroffen. Fehlende Spezialkenntnis bewirkt keine Exkulpation[43].

– Entscheidung durch einen Ressortleiter
  Mangels Haftung als Handelnder trifft die übrigen Organmitglieder per se keine Verantwortlichkeit. Zu berücksichtigen ist jedoch das Prinzip der Gesamtverantwortung aller Vorstandsmitglieder. Eine Haftung kann die weiteren Vorstandsmitglieder dergestalt treffen, dass sie die übrigen Geschäftsbereiche und Ressorts zu überwachen und einer Kontrolle zu unterwerfen haben[44]. Ergeben sich Anhaltspunkte dafür, dass das zuständige Vorstandsmitglied die Geschäfte nicht ordnungsgemäß führt, sind sie dazu sogar gezwungen, um der eigenen Haftung zu entgehen[45]. Die Rechtssprechung hat bisher allerdings noch keine Hinweise dafür gegeben, wie eine solches Eingreifen konkret auszusehen hat.

c) Beweislast, § 93 Abs. 2 S. 2 AktG[46]

Die Vorschrift lautet: „Ist streitig, ob sie (die Geschäftsleiter) die Sorgfalt eines ordentlichen und gewissenhaften Geschäftsleiters angewandt

---

41 *Heimbach/Boll*, VersR 2001, 806.

42 Wie eben, S. 805.

43 *Henze* in Henze/Krieger (Hrsg.), RWS-Seminar, Organhaftung in der Kapitalgesellschaftsrecht 2001, dort S. 16.

44 *Thümmel*, Persönliche Haftung von Managern und Aufsichtsräten, 2. Aufl., Rz. 147.

45 BGH, NJW 1997, 130 für die GmbH; *Thümmel*, a.a.O. (Fn. 44) Rz. 147.

46 S. zur gesamten Thematik auch *Henze*, a.a.O. (Fn. 43) S. 37 f.

haben, so trifft sie die Beweislast". Im Schrifttum ist umstritten, wie weit die Umkehr der Beweislast reicht. Teilweise wird die Ansicht vertreten, die Gesellschaft brauche nur zu beweisen, dass sie

- einen Schaden erlitten hat und
- dieser Schaden durch Handlungen oder Unterlassungen des Organmitglieds verursacht worden ist.

Hingegen sei es Sache des Organmitglieds darzulegen, dass es sich pflichtgemäß oder nicht schuldhaft verhalten habe[47].

Gegen diese Ansicht wird eingewandt, dass auf ihrer Grundlage eine Gesellschaft fast auf jeden Verlust eine schlüssige Schadensersatzklage stützen könne. Darauf beruht wohl letztlich auch die Gegenansicht, die von der Gesellschaft auch den Beweis für ein pflichtwidriges Verhalten des Organmitglieds verlangt und die Beweislastumkehr auf die subjektive Vorwerfbarkeit beschränkt[48]. Zu dieser Ansicht tendiert im Ergebnis auch der BGH[49].

In neuester Zeit folgt – unter Rückbesinnung auf die Rechtsprechung des RG[50], die der Gesetzgeber der Beweislastregelung zugrunde gelegt hat[51] – die Auslegung der Haftungsregelungen zunehmend folgenden Kriterien: Die Gesellschaft ist beweis- und darlegungspflichtig für

- die Pflichten des betroffenen Organmitglieds innerhalb des Geschäftsbereiches, in dem der Schaden angeblich entstanden war und
- den ursächlichen Zusammenhang dieses Pflichtenkreises mit dem behaupteten Schaden.

Hingegen ist es Sache des Organmitgliedes,

- die Erfüllung seiner Sorgfaltspflicht nachzuweisen oder
- Umstände darzutun, die ihm diese Erfüllung unmöglich gemacht haben[52].

---

47 *Hopt*, Großkommentar AktG, 4. Aufl., § 93 Rz. 285; Kölner Kommentar (im folgenden KK)/*Mertens*, AktG, 2. Aufl., § 93 Rz. 102.

48 *Lutter/Hommelhoff*, GmbHG, 14. Aufl., § 43 Rz. 21.

49 S. z. B. BGH, WM 1962, 1286 f.; BGH, ZIP 1992, 108 f.

50 RGZ 13, 43 und 46.

51 *Schubert/Hommelhoff*, Hundert Jahre modernes Aktienrecht, ZGR-SH. 4, 1985, 461 f.

52 Wie Fn. 46, S. 38.

d) Pflichten aus dem Anstellungsvertrag

In der Literatur wird diskutiert, ob neben der Verletzung von Organpflichten auch eine Haftung aus positiver Vertragsverletzung des Anstellungsvertrages in Betracht kommt[53]. Der BGH hat in ständiger Rechtsprechung dieser Auffassung eine Absage erteilt. Die vertragliche Grundlage und die aus ihr resultierenden Pflichten werden quasi von den normierten Organpflichten absorbiert. Es kommt einzig eine Haftung aus der Verletzung der Organpflichten in Betracht[54].

e) Verschuldensmaßstab

Verschuldensmaßstab bei der Verletzung von Organpflichten ist die Sorgfalt eines ordentlichen und gewissenhaften Geschäftsleiters. Es handelt sich hierbei um einen streng objektiven Maßstab von normativer Natur. Dies bedeutet im Ergebnis, dass bei jedem Organmitglied Mindestkenntnisse und Mindestfähigkeiten vorhanden sein sollen, die ihn in die Lage versetzen der übernommenen Aufgabe gerecht zu werden[55]. Ist dies nicht der Fall, muss es die Übernahme des Mandates ablehnen[56].

f) Schaden

Grundsätzlich richtet sich die Bemessung des Schadens nach den dafür maßgeblichen Vorschriften des bürgerlichen Rechts[57]. Es wird die Ansicht vertreten, als Schaden komme nur eine Vermögensminderung in Betracht, die den Zwecken des Vermögensinhabers nicht entspreche[58]. Damit werden vor allem Aufwendungen für soziale, politische und kulturelle Aufgaben aus dem Vermögensbegriff ausgeblendet.

Nur erwähnt werden kann hier die Problematik des Reflexschadens bei einer Konzernstruktur[59].

---

53 *Scholz/Schneider*, GmbHG, 9. Aufl., § 43 Rz. 108.

54 BGH, ZIP 1989, 1390, 1392 (für die GmbH); BGH, ZIP 1997, 199 f.; ebenso *Hopt*, a.a.O. (Fn. 47) § 93 Rz. 226 ff.

55 *Hüffer*, a.a.O. (Fn. 34) § 93 Rz. 14; KK/*Mertens*, a.a.O. (Fn. 47) § 93 Rz. 98.

56 BGH, ZIP 1983, 824 f. (für die GmbH).

57 §§ 249 ff. BGB; *Hüffer*, a.a.O. (Fn. 34) § 93 Rz. 15.

58 KK/*Mertens*, a.a.O. (Fn. 47) § 93 Rz. 15.

59 Hierunter versteht man Fälle, bei denen z. B. ein Vorstandsmitglied der Mutter in den Vorstand/AR der Tochter entsandt wird und dort einen Schaden

Im Ergebnis ist als Schaden jede dem Unternehmenszweck widersprechende Beeinträchtigung des Gesellschaftsvermögens anzusehen[60].

2. *Haftungsbegrenzung, Verzicht und Verjährung*

a) Betrieblich veranlasste Tätigkeit (gefahrgeneigte Arbeit)

Nach diesem Grundsatz wird bekanntermaßen die Haftung von Arbeitnehmern gegenüber dem Arbeitgeber aufgrund einer einzelfallbezogenen Abwägung, in erster Linie hinsichtlich des Grades der Fahrlässigkeit beschränkt. Im Ergebnis wird die Übertragung dieser Grundsätze auf Vorstandsmitglieder abgelehnt[61]. Im Gegensatz zu der durch Rechtsfortbildung entwickelten Regelung der Arbeitnehmerhaftung bestehen bei der Organhaftung spezialgesetzliche Vorschriften, die eine abschließende Regelung darstellen und keinen Raum für die richterliche Rechtsfortentwicklung lassen[62]. Ebenso steht die einheitliche und umfassenden Pflichtenbindung der Organmitglieder entgegen, die eine Herauslösung bestimmter Pflichten aus diesem Kreis nicht zulässt[63].

b) Haftungsfreizeichnungsklauseln

Eine Beschränkung der Haftung von Vorstandsmitgliedern mittels einer Haftungsfreizeichnungsklausel in einem Anstellungsvertrag ist nicht möglich. Eine solche Klausel wäre unwirksam[64].

c) Billigung/Zustimmung durch AR

Die Billigung einer Entscheidung durch den AR hat keine haftungsbefreiende Wirkung (§ 93 Abs. 4 S. 2 AktG).

---

verursacht, der sich bei der Mutter mittelbar durch Entwertung ihrer Anteile auswirkt. Dieser mittelbare Schaden wird jedoch dann zu einem unmittelbaren, wenn die Mutter den Schaden bei der Tochter ausgleicht.

60 *Wiesner* in Münchener Handbuch des Gesellschaftsrechts Band 4, 2. Aufl., § 24; ebenso *Heimbach/Boll*, VersR 2001, 806.

61 *Hopt*, a.a.O. (Fn. 47) § 93 Rz. 342; KK/*Mertens*, a.a.O. (Fn. 47) § 93 Rz. 4.

62 *Krieger* in Henze/Timm/Westermann (Hrsg.), RWS-Forum Gesellschaftsrecht 1995, dort S. 165.

63 *Hopt*, a.a.O. (Fn. 47) § 93 Rz. 343.

64 *Hüffer*, a.a.O. (Fn. 34) § 93 Rz. 28; KK/*Mertens*, a.a.O. (Fn. 47) § 93 Rz. 127.

d) Entlastung durch die Hauptversammlung (im Folgenden HV)

Eine haftungsbefreiende Wirkung hat auch nicht die Entlastung durch die HV, § 120 Abs. 2 S. 2 AktG. Die häufig nachzulesenden „Kämpfe“ um die Entlastung, Teilentlastung bzw. verschobene Entlastung des Vorstandes haben daher eher wohl psychologische Gründe. Im Hinblick auf eine mögliche Geltendmachung von Schadensersatzansprüchen haben sie keinerlei Bedeutung.

e) Tätigkeit aufgrund Beschlusses der HV

Haftungsbefreiende Wirkung tritt allerdings dann ein, wenn die Handlung auf einem gesetzmäßigen Beschluss der HV beruht (§ 93 Abs. 4 S. 1 AktG), der auf Verlangen des Vorstandes zustande kam (§ 119 Abs. 2 AktG).

f) Verzicht

Ein Verzicht auf Ansprüche gegenüber Vorstandsmitgliedern ist erst drei Jahre nach Entstehung des Anspruchs wirksam, wenn die HV zustimmt und nicht 10 % der Aktionäre widersprechen (§ 93 Abs. 4 S. 3 AktG).

g) Verjährung

Die Verjährungsfrist für Ansprüche gegenüber Vorstandsmitgliedern beträgt fünf Jahre und beginnt mit der Entstehung des Anspruchs (§ 93 Abs. 6 AktG).

3. Geltendmachung von Schadensersatzansprüchen gegenüber dem Vorstand

Grundsätzlich zuständig und verantwortlich hierfür ist der AR, § 112 AktG. Soweit der AR von sich aus alleine nicht gewillt ist, die Ansprüche geltend zu machen, kann die HV ihn mittels Beschluss hierzu auffordern oder notfalls einen besonderen Vertreter bestellen (§ 147 AktG).

Kommt eine HV-Mehrheit nicht zustande, kann auch eine 10 %-ige Minderheit der Aktionäre die Geltendmachung von Ansprüchen und die Bestellung eines besonderen Vertreters für die Gesellschaft verlangen, unter bestimmten Voraussetzungen genügt auch eine 5 %ige Minderheit[65].

4. *Außenhaftung*

a) Allgemeines

Die Außenhaftung bezeichnet die Haftung gegenüber Dritten. Als Dritte einzustufen sind Gläubiger der Gesellschaft, die Aktionäre und sonstige Dritte, wie z. B. Kunden.

Eine in sich geschlossene gesetzliche Regelung – wie bei der Innenhaftung – ist nicht vorhanden.

Die Pflicht zur ordnungsgemäßen Geschäftsführung gemäß § 93 AktG obliegt den Vorstandsmitgliedern nur und ausschließlich gegenüber der Gesellschaft, nicht jedoch gegenüber Dritten. Die Rechtsprechung und die ganz herrschende Meinung verneinen insbesondere den Charakter des § 93 Abs. 2 und Abs. 3 AktG als Schutzgesetz zugunsten Dritter im Sinne von § 823 Abs. 2 BGB[66].

b) Anspruchsgrundlagen

aa) Deliktische Haftung

Bei der Außenhaftung handelt es sich im wesentlichen um die deliktische Haftung gegenüber Dritten im Sinne von § 823 Abs. 1 und Abs. 2 BGB. Als Schutzgesetz im Sinne des § 823 Abs. 2 BGB kommt hier z. B. die Verletzung der Konkursantragspflicht im Sinne von § 92 Abs. 2 AktG in Betracht, ebenso die Vorschriften der §§ 400 und 401 AktG.

Zu erwähnen ist in diesem Zusammenhang die „Holzmüller-Entscheidung" des BGH[67] aus dem Jahr 1982. In dieser Entscheidung hat der BGH die Mitgliedschaftsrechte der Aktionäre als absolut geschützte Rechte im Sinne des § 823 BGB anerkannt. Hintergrund der Entscheidung war die

65 § 147 Abs. 3 AktG; es müssen Tatsachen vorliegen, die den dringenden Verdacht rechtfertigen, dass der Gesellschaft durch Unredlichkeiten oder grobe Verletzungen des Gesetzes oder der Satzung Schaden zugefügt wurde.

66 Statt aller *Ihlas*, Organhaftung und Haftpflichtversicherung, Berlin 1997, S. 137 m.w.N.

67 BGHZ 83, 122 ff.

Ausgliederung bedeutsamer Betriebsteile, die als wesentliche Strukturänderung nicht ohne einen entsprechenden HV-Beschluß hätte durchgeführt werden dürfen (Stichwort: Ungeschriebene HV-Kompetenzen).

Zur direkten deliktischen Inanspruchnahme darf auch auf das bereits oben erwähnte „Milupa-Urteil" verwiesen werden.

bb) C.i.c.

Als weitere Anspruchsgrundlage ist an eine Haftung aus c.i.c. zu denken. Für eine solche wird im Allgemeinen verlangt, dass das Vorstandsmitglied besonderes Vertrauen des Vertragspartners in Anspruch genommen hat und hierdurch die Vertragsverhandlungen maßgeblich beeinflusst wurden[68].

cc) „Baustoff-Urteil" des BGH[69]

In Schrifttum und Rechtsprechung ist umstritten, ob dem Organmitglied im Verhältnis zu Dritten eine Organisationspflicht obliegt, bei deren schuldhafter Verletzung er diesen gegenüber schadensersatzpflichtig ist.

Der BGH hat in der erwähnten Entscheidung zwar anerkannt, dass die Pflichten aus der Organstellung nur gegenüber der Gesellschaft bestehen. Anders sei es jedoch, wenn mit den Pflichten aus der Organstellung Pflichten einhergingen, die das Organmitglied persönlich gegenüber dem Dritten träfen. Dies könne im deliktischen Bereich wegen einer dem Organmitglied als Aufgabe zugewiesenen Garantenstellung zum Schutz fremder Rechtsgüter der Fall sein[70].

dd) Prospekthaftung, insbesondere die börsenrechtliche gem. §§ 45 ff. BörsG

Die §§ 45 ff. BörsG regeln die Vollständigkeit und Richtigkeit von Börsenzulassungsprospekten. Sie begründen eine gesetzliche Haftung der Inhaltsverantwortlichen des Prospekts. Dies sind alle Personen, die als Urheber in Erscheinung treten oder ein persönliches Interesse an dem Prospektinhalt haben (auch AR; s. hierzu D III 3. a)).

68 *Wojtek/Mitzkus* (Hrsg.). AG-Handbuch, Teil 6/5.3, S. 3.
69 BGHZ 109, 297.
70 BGHZ 109, 297; s. hierzu auch *Thümmel* a.a.O. (Fn. 44) Rz. 310.

Ist der Prospekt unrichtig oder unvollständig – insbesondere auch im Hinblick auf die Darstellung der aktuellen und künftigen Situation des Unternehmens – kann der Erwerber an die Prospektverantwortlichen Ansprüche (Übernahme Papiere gegen Kaufpreis bzw. Schadensersatz) stellen.

Der Anspruch entfällt, wenn die Unrichtigkeit ohne Folgen geblieben ist, z. B. wenn die Wertpapiere nicht aufgrund des Prospektes gekauft wurden (§ 46 Abs. 2 BörsG). Die Verantwortlichen können sich gemäß § 46 Abs. 1 BörsG exkulpieren, wenn sie die Unrichtigkeit nicht kannten[71].

c) Steuer

Den Organmitgliedern obliegt die Erfüllung der steuerlichen Pflichten; sie haben für Entrichtung der Steuern aus den verwalteten Mitteln Sorge zu tragen (§§ 34 und 69 AO). Auch die hierzu erforderlichen Handlungen haben sie durchzuführen: z. B. Abgabe und Berichtigung der Steuererklärungen (§§ 149–153 AO) etc. Gemäß § 69 AO in Verbindung mit § 34 AO sind die Organmitglieder für die Erfüllung der steuerlichen Pflichten des Unternehmens persönlich verantwortlich und damit auch persönlich haftbar.

d) Sozialversicherungsbeiträge

Nach ganz überwiegender Meinung im Schrifttum[72] und in der Rechtsprechung[73] haften die Organmitglieder für die Vorenthaltung der Arbeitnehmerbeiträge dem Sozialversicherungsträger gegenüber persönlich. Diese Haftung betrifft allerdings nur den Arbeitnehmeranteil, der Teil des vom Arbeitgeber treuhänderisch verwalteten Arbeitslohnes ist (§ 28e SGB IV), nicht jedoch den Arbeitgeberanteil, der eine eigene Schuld des Arbeitgebers darstellt (§ 20 SGB IV).

71 S. zur gesamten Thematik, *Wojtek/Mitzkus*, a.a.O. (Fn. 68) Teil 6/9.

72 *Hopt*, a.a.O. (Fn. 47) § 93 Rz. 511; KK/*Mertens*, a.a.O. (Fn. 47) § 93 Rz. 188; *Lutter/Hommelhoff*, a.a.O. (Fn. 48) § 43 Rz. 51.

73 BGHZ 133, 370; 134, 304, 307; BGH, ZIP 1998, 398; BGH in DB 2001, 528.

D. Aufsichtsrat

I. Einrichtung eines Aufsichtsrates

Bei der Aktiengesellschaft ist der AR als Gesellschaftsorgan zwingend vorgeschrieben[74]. Er ist dort unabhängig von der Größe oder Art der Gesellschaft einzurichten. Seine Besetzung hingegen ist in erster Linie abhängig von der Zahl der Mitarbeiter und einigen anderen Faktoren. Er ist grundsätzlich zu einem Drittel mit Arbeitnehmer-Vertretern zu besetzen (§ 76 BetrVG 1952). Eine Ausnahme bilden Gesellschaften, die ein Tendenzunternehmen darstellen, bzw. Unternehmen einer Religionsgemeinschaft oder Familienunternehmen. Im letztgenannten Fall bilden 500 Mitarbeiter die Grenze für die Pflicht einer drittelparitätischen Beteiligung (§ 76 BetrVG 1952).

Bei einer Aktiengesellschaft mit mehr als 2.000 Mitarbeitern, ist der AR paritätisch mit Arbeitnehmer- und Anteilseignervertretern zu besetzen (§ 1 I MitbG). Bei Unternehmen der Montanindustrie beginnt die paritätische Besetzung bereits im Falle von mehr als 1.000 Mitarbeitern (§§ 1, 4 MontanMitbG).

II. Aufgaben/Pflichten

1. Überwachung

Die Hauptpflicht liegt in der Kontrolle und Überwachung der Geschäftsleitung (§ 111 I AktG). Sie bezieht sich insgesamt auf die Rechtmäßigkeit, Ordnungsmäßigkeit, Wirtschaftlichkeit und Zweckmäßigkeit der Unternehmensführung[75].

Die Überwachungspflicht bedeutet allerdings auch in einer kritischen Phase des Unternehmens nicht, dass der AR – quasi als Ersatzvorstand – eigene Sanierungsvorschläge entwickeln muss, sog. „Girmes Entscheidung" des LG Düsseldorf[76].

Der AR muss ein wachsamer Begleiter des Vorstandes sein, der neben einer rückschauenden Kontrolle auch auf die künftige Geschäftspolitik

74 *Thümmel*, a.a.O. (Fn. 44) Rz. 195.
75 *Wojtek/Mitzkus*, a.a.O. (Fn. 68) Teil 9/2.
76 LG Düsseldorf, AG 1991, 70.

durch Beratung mit dem Vorstand Einfluss nimmt[77]. Der BGH spricht von der Notwendigkeit einer „in die Zukunft gerichteten Kontrolle“[78]. Diese Zukunftsgerichtetheit wird durch § 90 Abs. 1 Nr. 1 AktG n. F. unterstrichen, indem die Unternehmensplanung ausdrücklich zum Gegenstand der Berichtspflicht des Vorstandes gemacht wird.

2. Personalkompetenz

Gemäß § 84 AktG liegt die Personalkompetenz im Hinblick auf den Vorstand beim AR. Diese umfasst

- die Bestellung und Abberufung des Vorstandes,
- Abschluss und Kündigung der Anstellungsverträge mit Vorstandsmitgliedern und
- sonstige Vertretung der Gesellschaft gegenüber Vorstandsmitgliedern.

Die HV ist nur insoweit beteiligt, als sie dem Vorstand das Vertrauen entziehen und damit eine Grundlage für die Abberufung durch den AR schaffen kann, § 84 Abs. 2 S. 2 AktG.

3. Aufgaben im Hinblick auf den Jahresabschluss

Es darf auf die Ausführungen zum KonTraG verwiesen werden. Nachfolgend erfolgt nochmals der Hinweis auf die wesentlichen den AR betreffenden Vorschriften:

- Gemäss §§ 111 Abs. 1 S. 3 AktG und 318 Abs. 7 S. 5 HGB erfolgt die Bestellung des Abschlussprüfers nunmehr durch den AR,
- zwingend vorgeschriebene Pflicht der Teilnahme des Abschlussprüfers an der Jahresabschlussbesprechung,
- Prüfung und Feststellung des Jahresabschlusses (§§ 171 und 172 AktG) und Berichterstattung an die HV.

---

77 *Hüffer*, a.a.O. (Fn. 34) § 111 Rz. 5.

78 BGHZ 114, 127, 130.

4. Weitere Aufgaben/Pflichten

a) Einberufung der HV

Nach § 113 Abs. 3 AktG hat der AR eine HV einzuberufen, wenn das Wohl der Gesellschaft es erfordert. Die Möglichkeit hierzu hat nur das Organ insgesamt und nicht das einzelne Mitglied[79].

b) Organschaftliche Treuepflicht

Vergleichbar dem Vorstand, hat auch der AR eine Treuepflicht gegenüber dem Unternehmen. Ein beim AR diskutierter Punkt ist hier die Verschwiegenheitspflicht. Nach h. M. unterliegt dieser auch der AR in vollem Umfange[80]. Sie ist gegenüber der Verschwiegenheitspflicht des Vorstandes nicht abgeschwächt und nicht abschwächbar. Sie ist insbesondere auch nicht in dem Sinne teilbar, dass sie für bestimmte AR-Mitglieder (z. B. Arbeitnehmervertreter) nur in begrenztem Umfange gilt[81].

c) Zustimmungsvorbehalte

Gemäss § 111 Abs. 4 S. 1 AktG ist der AR grundsätzlich von der Geschäftsführungskompetenz ausgeschlossen, da diese allein beim Vorstand liegt. Eine Lockerung dieses Grundsatzes besteht allerdings darin, dass durch die Satzung bzw. den AR selbst Zustimmungsvorbehalte für bestimmte Arten von Geschäften begründet werden können. Die Folge ist, dass solche Geschäfte vom Vorstand nur noch nach Zustimmung durch den AR vorgenommen werden dürfen. Hierin liegt ein Instrumentarium, mit dem der AR u. U. erheblichen Einfluss auf den Vorstand nehmen kann (Stichwort: Disziplinierung).

Sollte der Vorstand ein zustimmungspflichtiges Geschäft ohne die erforderliche Zustimmung ausführen, so bleibt dieses Dritten gegenüber wirksam, wiewohl sich der Vorstand einer Pflichtverletzung schuldig gemacht hat[82].

---

79 *Thümmel*, a.a.O. (Fn. 44) Rz. 209.
80 *Thümmel*, a.a.O. (Fn. 44) Rz. 224.
81 *Thümmel*, wie eben.
82 *Thümmel* a.a.O. (Fn. 44) Rz. 213.

III. Haftung

Auch beim AR wird zwischen einer Innen- und Außenhaftung unterschieden.

1. Innenhaftung

a) § 116 AktG

§ 116 AktG verweist vollumfänglich auf § 93 AktG[83]. Die dort erläuterten Grundsätze gelten daher im Kern auch für den AR, wobei der naturgemäß eigenständige Pflichtenkreis des AR den Maßstab für eine mögliche Inanspruchnahme im Wege der Innenhaftung darstellt. Alle AR-Mitglieder trifft das Haftungsrisiko gleichermaßen, dies gilt sowohl für die Vertreter der Anteilseigner als auch für die Arbeitnehmervertreter[84].

b) Interessenkollision

Nicht selten sind Mitglieder eines AR hochrangige Exponenten (Vorstandsmitglieder) eines anderen Unternehmens. Diese Konstellation kann der Auslöser für Interessenkollisionen sein, insbesondere dann, wenn die Unternehmen im Wettbewerb stehen. Es ist in der Regel nicht zu beanstanden, wenn das AR-Mitglied die Interessen der Gesellschaft, in der es Vorstand ist, gegenüber dem beaufsichtigten Unternehmen durchsetzt. Die Frage ist dann nur, wann ein Pflichtenverstoß beginnt. Grundsätzlich wird man von jedem AR-Mitglied verlangen müssen, dass es bei Tätigkeiten, die es in seiner Organfunktion wahrnimmt, namentlich zur Überwachung und Kontrolle des Vorstandes sowie bei Beschlussfassung über wichtige Geschäfte nach § 111 Abs. 4 S. 2 AktG, den Interessen des beaufsichtigten Unternehmens den Vorrang einräumt[85]. Ein AR-Mitglied darf keinesfalls seine Stellung dazu verwenden, um bei der zu beaufsichtigenden Gesellschaft Geschäfte durchzusetzen, die allein im Interesse der Gesellschaft liegen, mit der es

---

83 Der Wortlaut des § 93 AktG ist hinsichtlich der Haftung des AR im Sinne der „Sorgfalt eines ordentlichen und gewissenhaften Überwachers" zu lesen; vgl. *Wojtek/Mitzkus*, a.a.O. (Fn. 65) Teil 10/3.2.

84 *Wojtek/Mitzkus* a.a.O. (Fn. 68) Teil 10/3.2.

85 *Wojtek/Mitzkus*, a.a.O. (Fn. 68) 10/3.2, S. 18.

kapitalmäßig oder in sonstiger Weise verbunden ist, z. B. Einkauf von Waren zu überteuerten Preisen[86, 87].

c) Verschuldensmaßstab

Ein kontrovers diskutierter Punkt bei der Haftung des AR ist der Verschuldensmaßstab. Es gibt Stimmen in der Literatur, die bei der Haftung des AR im Rahmen des Verschuldensmaßstabes Raum für Differenzierungen lassen wollen[88]. Danach soll eine nicht personenbezogene, aber funktionsbezogene Differenzierung möglich sein. AR-Mitglieder sollen sich weit mehr auf die Fachkenntnisse von Kollegen verlassen dürfen als Vorstände[89].

Nach heute h. M. besteht für eine differenzierte Betrachtung hinsichtlich des Verschuldensmaßstabes bei AR-Mitgliedern kein Raum. Die §§ 116 in Verbindung mit 93 AktG sind zwingendes Recht und lassen keinen Spielraum für eine Differenzierung[90].

2. Geltendmachung von Schadensersatzansprüchen gegenüber dem AR

Die Geltendmachung gegenüber dem AR erfolgt durch den Vorstand.

3. Außenhaftung

Im Ergebnis kann auf die Ausführungen zum Vorstand verwiesen werden. Eine Haftung von AR-Mitgliedern gegenüber Dritten kommt praktisch nur aus deliktsrechtlichen Tatbeständen in Betracht[91].

a) Prospekthaftung, insbesondere die börsenrechtliche gem. §§ 45 ff. BörsG

Grundsätzlich darf auf die Ausführungen zum Vorstand (C II 4) b) dd)) verwiesen werden. Werden mit Zustimmung des AR unrichtige (od.

86 Wie eben.
87 S. hierzu auch BGH, NJW 1980, 1629 (sog. „Schaffgotsch-Entscheidung“).
88 *Thümmel*, a.a.O. (Fn. 44) Rz. 238.
89 Wie eben.
90 *Hüffer* a.a.O. (Fn. 34) § 116 Rz. 2 m.w.N.; *Wojtek/Mitzkus*, a.a.O. (Fn. 68) Teil 10/3.2.
91 *Wojtek/Mitzkus*, a.a.O. (Fn. 68) Teil 10/6, S. 1.

sogar manipulierte) Prospekte in den Verkehr gebracht und erleiden Kunden hierdurch einen Schaden, so ist der AR für den Schaden verantwortlich[92].

b) § 117 AktG

Ein Direktanspruch gegen AR-Mitglieder kann sich aus der Sondervorschrift des § 117 Abs. 1 S. 2 und Abs. 2 AktG ergeben. In einem vom BGH entschiedenen Fall hatte ein AR-Mitglied den Vorstand dazu gedrängt, auf die Rückforderung von zu Unrecht an verschiedene Aktionäre ausgezahlten Beträge, die zur Sicherstellung der Zahlungsfähigkeit notwendig waren, zu verzichten[93].

c) „Holzmüller-Entscheidung" des BGH

Seitdem der BGH das Mitgliedschaftsrecht der Aktionäre als absolutes Recht im Sinne von § 823 Abs. 1 BGB anerkannt hat[94], kommen für die Aktionäre auch Ansprüche aus § 823 Abs. 1 BGB in Betracht. Voraussetzung für den Anspruch ist, dass in das Mitgliedschaftsrecht des Aktionärs mit Duldung und Billigung des AR eingegriffen worden ist (im entschiedenen Fall durch die Ausgliederung wesentlicher Betriebsteile[95]).

---

92 s. hierzu *Wojtek/Mitzkus*, a.a.O. (Fn. 68) Teil 10/6.1; *Thümmel*, a.a.O. (Fn. 44) Rz. 313.

93 BGH, NJW 1985, 1777.

94 BGHZ 83, 122, 133 (Holzmüller-Entscheidung).

95 Ebenda.

Managerhaftung
Organhaftung in österreichischen Kapitalgesellschaften

Dr. Karl Hempel
Rechtsanwalt, Wien

Inhaltsübersicht

1. Corporate Governance: Strukturen der Leitung von Kapitalgesellschaften

Der Begriff „Corporate Governance" wird in aller Welt in der gesellschaftsrechtlichen Diskussion unübersetzt verwendet. Governance enthält das altgriechische Wort für Steuermann, Corporate steht für die Körperschaft. Corporate Governance umschließt zwei Elemente: Es handelt sich einerseits um die „**Spitzenverfassung**“ der Gesellschaft, also die sachgerechte Zuteilung der Aufgaben und die zweckmäßige Strukturierung der obersten Leitungsorgane, andererseits aber auch um das **Verhältnis** dieser Organe **zu den Aktionären** und **zum Kapitalmarkt**. *Corporate Governance* ist verantwortliche, auf langfristige Wertschöpfung ausgerichtete *Unternehmensleitung und Unternehmenskontrolle*.

In den Begriff eingebunden sind daher nicht nur die Grundsätze der guten Unternehmensführung, sondern auch die Bezugskreise der **shareholder**, der Aktionäre, und der „**stakeholder**“, das sind die (neben den Gesellschaftern) weiteren Anspruchsberechtigten gegenüber dem Unternehmen, die Gläubiger, insbesondere die Fremdkapitalgeber, die Arbeitnehmer und die Öffentlichkeit.

Die oberste Leitung des Unternehmens, ihre Zuteilung an bestimmte Organe und deren Rechte und Pflichten gegenüber den anderen Organen der Gesellschaft machen den Hauptgehalt der Corporate Governance aus. Sie umfaßt die Aspekte eines funktionell ausgewogenen Zusammenspiels von Struktur, Kompetenzen und Kontrolle.

Das Thema hat in den letzten Jahren Resonanz in der wirtschaftlich interessierten Öffentlichkeit und in der Politik gefunden: Die besondere Beachtung gilt nicht nur dem *Leitungsorgan*, dem Geschäftsführer/Vorstand, sondern auch dessen **Kontrolle** durch *Aufsichtsrat, General- und Hauptversammlung*. Forderungen nach Corporate Governance-Grundsätzen für börsennotierte Unternehmen wurden in jüngster Zeit auch in Deutschland und Österreich vorgetragen; es geht dabei auch um eine Stärkung der Stellung der Unternehmen im Wettbewerb um die Kapitalgeber. Wie sich aus einer Untersuchung der OECD über die Auswirkungen ihrer „Grundsätze der Corporate Governance“ im Mai 1999 ergab, weisen Unternehmen mit guter Corporate Governance in der Regel höhere Kurse aus und haben daher niedrigere Eigenkapitalkosten. In Deutschland hat der „Berliner Initiativkreis“ auf den OECD-Prinzipien aufbauend Governance-Regeln als Mindeststandards erarbeitet (Code of Best Practice für börsennotierte Gesellschaften). Die Kommission „Corporate Governance“ hat Vorschläge zur Aktienrechtsreform vorgelegt. Darin werden u.a. die Sorgfaltspflichten gemäß § 93 d AktG schärfer definiert und Regeln aufgestellt, um nach Art einer qualifizierten Geschäftsordnung Gesellschaft und Organmitglieder zu binden. Die

Qualität und Transparenz der Führung deutscher Unternehmen soll mit betriebswirtschaftlicher Ausrichtung gestärkt werden. Die Kodex-Kommission arbeitet seit September 2001 an einem Verhaltenskodex für börsennotierte Unternehmen; durch Verhaltensstandards und Offenlegungspflichten soll das Vertrauen in den Finanzplatz Deutschland erhöht werden.

Es gibt kein global einheitliches Modell für beste Corporate Governance. Entscheidend für die in den einzelnen Staaten getroffenen Lösungen sind die rechtlichen Rahmenbedingungen, das institutionelle Umfeld, die Praxis der Kapitalmärkte und die Wirtschafts- und Unternehmenskultur. Während in Österreich, in Deutschland, in den Niederlanden und in einigen nordeuropäischen Ländern Geschäftsführung einerseits und Kontrolle und Aufsicht über die Geschäftsführung andererseits strikt personell und sachlich getrennten Organen (**„dualistisches" System**) zugewiesen werden, was eine effektive Mitbestimmung der Arbeitnehmer im Aufsichtsrat ermöglicht, herrscht in den angloamerikanischen Ländern und in der Schweiz das „**monistische**" *Board-Verwaltungsrats-System*: **Ein** Verwaltungsorgan trägt gebündelte Leitungs- und Kontrollfunktion und delegiert die Managementaufgaben an eine Geschäftsführung. Das deutsche und österreichische Aktienrecht ist durch zwingende Regeln zum Schutz der Aktionäre und der Gläubiger gekennzeichnet. Dazu gehört auch eine bindend vorgegebene Entscheidungsorganisation. Das deutsche und das österreichische Börsezulassungsrecht stellen keine weitergehenden Anforderungen an die Struktur der Gesellschaften, deren Papiere an der Börse gehandelt werden sollen.

Ganz anders ist die Lage in den *USA*. Das Gesellschaftsrecht ist in jedem Bundesstaat verschieden. Das vielen US-Staaten als Vorbild dienende Recht von Delaware, aber auch das englische Gesellschaftsrecht (Common Law und Companies Act 1985, 1989) gibt den Aktionären weitgehende Gestaltungsfreiheit, da es die Organisationsstruktur und die Aufgaben der Organe nicht festlegt. Die Corporate Governance amerikanischer (und englischer) Unternehmen wird daher vor allem durch das Kapitalmarktrecht, die Börsenzulassungbestimmungen und das Steuerrecht bestimmt. Die weitgehenden Offenlegungspflichten bieten Aktionären die Möglichkeit, die Stellung der Unternehmen im Markt besser zu bewerten (Cadbury-Report; Hampel-Report, Blue Ribbon-Report; Expertenausschuß der New York Stock Exchange; Combined Code on

Corporate Governance der UK Listing Authority: Listing Rules). Börsennotierte Gesellschaften sind nicht verpflichtet, die im Combined Code vorgeschlagenen Maßnahmen umzusetzen; sie müssen aber im Jahresbericht darüber informieren[1]. Die Länder, die Kapitalgesellschaften nach dem Single-Board-System organisiert haben, setzen daher auf **freiwillige Empfehlungen** *an die Unternehmen* im Hinblick auf die Selbstregulierungswirkung von Börse und Markt. Betont wird die Ausschußarbeit und die persönliche Verantwortung der Organe gegenüber den Gesellschaftern.

Die größten Unternehmungen der Welt unterstehen dem einheitlichen Board-System. Weltweit werden die **Vorteile** *und* **Nachteile** beider Systeme gegeneinander abgewogen; dabei wird ins Treffen geführt, daß die funktionelle Trennung zwischen Vorstand und Aufsichtsrat zu einer Erstarrung der Organisationsregeln führen kann. Dem gegenüber sehen englische und amerikanische Vorschläge die Bestellung von unabhängigen Direktoren (outside directors) vor, die die managing directors überwachen und unterstützen. Im monistischen System gibt es kein Organ (Aufsichtsrat), das die Interessen der Aktionäre gegenüber dem Vorstand vertritt; das ist auch für die Regelung der Vorstandsbezüge von Bedeutung. Die Bemühungen der Vertreter des dualistischen Systems, Schwächen zu beseitigen, gehen vor allem in Richtung besserer Kontrolle des Vorstandes durch den Aufsichtsrat, insbesondere auch als Mittel zur Insolvenzprophylaxe. Hier wird vor allem der Gesetzgeber aufgerufen, durch laufende Novellierungen die Kontrolle über die Geschäftsführung zu verbessern.

Während in der Vergangenheit schädigendes Verhalten von Organmitgliedern nicht vor Gericht ausgetragen wurde – meist mit dem Argument, ein öffentliches Verfahren würde das Unternehmen neuerlich nachteilig treffen –, zeigt sich in letzter Zeit zunehmend die *Tendenz*, Vorstands- und Aufsichtsratsmitglieder wegen unternehmensschädigenden Verhaltens doch *zur Haftung heranzuziehen*. Hiefür ist vor allem die wachsende Zahl von Großinsolvenzen, aber auch der zunehmende Einfluß angloamerikanischen Rechtsdenkens verantwortlich. Diese Entwicklung wird auch durch das deutsche Gesetz zur Kontrolle und Transparenz im Unternehmensbereich (**KonTraG**, dBGBl I 1998, 786) verdeutlicht.

1 *Micheler*, GesRZ 2001, 88; *G. Schima*, GesRZ 2001, 19.

Dieses Gesetz rüttelt nicht am in Deutschland (und in Österreich) geltenden Modell der Trennung zwischen Geschäftsführung und Aufsicht: Dafür ist auch maßgeblich, daß der Aufsichtsrat Plattform für die paritätische Mitbestimmung der Arbeitnehmer ist; das „Andocken“ der gewerkschaftlichen Einflußnahme ist nur auf dieser Ebene möglich.

Das **KontraG** hat die Flexibilisierung der Aufsichtsratstätigkeit und einen Auftrag zur Selbstgestaltung zum Inhalt; es geht um die Verbesserung der Berichtspflichten, die Strukturierung des Aufsichtsrates in Unterausschüssen, um verschärfte Anforderungen an die Kandidaten und um bessere Abgrenzung zur Abschlußprüfung. Der Vorstand hat (§ 91 d AktG, § 238 HGB) das Rechnungswesen angemessen zu organisieren und für ein Controlling zu sorgen; das setzt Mindestanforderungen an die Qualität der Aufbau- und Ablaufdokumentation und verpflichtet zu laufender kritischer Mitverfolgung der Unternehmensereignisse als steuernde Geschäftsleitungsfunktion. Dem Abschlußprüfer erlegt das Gesetz eine stärker problemorientierte Revisionstätigkeit mit der Verpflichtung auf, zum Lagebericht eigenständig Stellung zu nehmen.

Das österreichische **Insolvenzrechtsänderungsgesetz** (IRÄG 1997) ging denselben Weg. Es brachte folgende neue Bestimmungen:

- **Erweiterte Berichterstattung** (Quartalsberichte, Jahresberichte inklusive Vorschaurechnung, Sonderberichte und Anforderungsberichte).
- **Beiziehung der Abschlußprüfer** bei Feststellung des Jahresabschlusses.
- **Ausschuß** zur Prüfung und Vorbereitung des Jahresabschlusses bei mehr als fünf Mitgliedern im Aufsichtsrat.
- **Mindestens vier Sitzungen des Aufsichtsrates**, und zwar je eine pro Kalenderquartal.
- **Höchstbegrenzung der Zahl der Aufsichtsratsmandate**.

Das Gesetz eröffnet die Diskussion über die Professionalisierung des Aufsichtsrates, dessen Aufgaben etwa durch die Verpflichtung zu laufender begleitender Beratung des Vorstandes erweitert werden könnten; das hätte Auswirkungen auch auf die Haftung, die vom Aufgabenumfang bestimmt wird, und auf die Vergütung von Aufsichtsratsmitgliedern.

2. Die Organe der AG und der GmbH und ihre Aufgabenstellung

2.1 Organisation der österreichischen AG und GmbH

Die Organisation der Gesellschaften wird – wie in Deutschland – beherrscht durch folgende Grundsätze:

2.1.1 Drittorganschaft

Die Mitglieder des Aufsichtsrates und des Vorstandes müssen nicht Gesellschafter sein.

2.1.2 Die Organisation der Organe ist mehrgliedrig

Organe sind der Aufsichtsrat (in der AG stets zwingend, in der GmbH kraft Gesellschaftsgröße), der Vorstand (Geschäftsführung), die Hauptversammlung (Generalversammlung) und der Abschlußprüfer (in der GmbH kraft Gesellschaftsgröße).

2.1.3 Strenge Aufgabenteilung unter den Gesellschaftsorganen

Die Aufgaben werden durch zwingende Normen einzelnen Organen zugeordnet; sie sind nicht durch Gesellschaftsvertrag oder Geschäftsordnung zwischen den Organen „verschiebbar“ und nicht durch Organwalter an andere Organe delegierbar. Daher ist dem AG-Vorstand untersagt, Geschäftsführungsmaßnahmen auf den Aufsichtsrat zu übertragen.

2.1.4 Das Verhältnis der Organe zueinander

ist in der Aktiengesellschaft nicht durch Über- und Unterordnung, sondern durch Selbständigkeit bei wechselseitiger Abhängigkeit gekennzeichnet; in der GmbH ist die Geschäftsführung der Generalversammlung klar untergeordnet.

2.2 Bestellung und Abberufung

2.2.1 Geschäftsführer der GmbH

Bestellung und **Abberufung** – auch ohne Angabe von Gründen und ohne Einhaltung einer Frist – erfolgen mit sofortiger Wirksamkeit durch Beschluß der Gesellschafter. Eine Ausnahme gilt nur für Gesellschafter, die im Gesellschaftsvertrag zu Geschäftsführern bestellt werden, sofern ihre Abberufung an einen wichtigen Grund gebunden wird.

Gesellschafter-Geschäftsführer können aus wichtigem Grunde durch Urteil gemäß § 16 (2) GmbHG abberufen werden. Die Klage ist gegen jene Gesellschafter zu erheben, die gegen die Abberufung gestimmt und sie damit verhindert haben. Dem Geschäftsführer ist der Streit zu verkünden. Diese Bestimmung ist analog anwendbar auf Fremdgeschäftsführer, die von der Mehrheit trotz Vorliegens wichtiger Gründe gestützt werden. Durch Einstweilige Verfügung kann bei drohendem unwiederbringlichen Nachteil für die Gesellschaft die Geschäftsführungstätigkeit untersagt werden.

Geschäftsführer können jederzeit **zurücktreten,** aus wichtigem Grund mit sofortiger Wirkung, sonst mit Ablauf von 14 Tagen. Der abberufene oder zurückgetretene Geschäftsführer kann selbst die Löschung im Firmenbuch anmelden (§ 16a GmbHG).

Den „Notgeschäftsführer" regelt § 15a GmbHG.

2.2.2 Vorstand der AG

Der **Aufsichtsrat** *bestellt* die Vorstandsmitglieder auf höchstens fünf Jahre; Bestellungen auf unbestimmte oder längere Zeit enden automatisch nach fünf Jahren. Die Zahl der Mitglieder hat die Satzung ziffernmäßig festzulegen. Vorstandsmitglieder müssen physische Personen sein; sie dürfen nicht zugleich Aufsichtsratsmitglieder sein (§ 90 AktG).

Abberufung durch den Aufsichtsrat ist bloß **aus wichtigen Gründen** zulässig. Das Gesetz nennt grobe Pflichtverletzung, Unfähigkeit zur ordnungsgemäßen Geschäftsführung und die (auch unbegründete) Entziehung des Vertrauens durch die Hauptversammlung durch Mißtrauensvotum (**demonstrative** Aufzählung in § 75 (4) AktG). Auffassungsunterschiede in Führungsfragen zwischen dem Aufsichtsratsvorsitzenden und einem Vorstandsmitglied allein sind kein tauglicher Abberufungsgrund. Der Abberufungsbeschluß ist eine bedingungsfeindliche Willenserklärung: Eine auf Entzug des Vertrauens durch die Hauptversammlung gestützte Abberufung kann vom Aufsichtsrat nicht bedingt für eine spätere Beschlußfassung der Hauptversammlung ausgesprochen werden. Es ist jedoch zulässig, Abberufungsgründe „nachzuschieben", also Gründe geltendzumachen, die aus der Zeit der Innehabung der Vorstandsfunktion stammen und nach der Abberufung zur Kenntnis des Aufsichtsrates gelangen.

Der Widerruf ist wirksam, solange über die Unwirksamkeit nicht entschieden ist.

Die Klage auf Unwirksamkeitserklärung der Abberufung ist eine Rechtsgestaltungsklage.

Vorstandsmitglieder können jederzeit vorzeitig ihr Amt niederlegen; diese Erklärung ist – mit oder ohne Angabe von Gründen – sofort wirksam.

2.3 Der Anstellungsvertrag

Auch das AktG trennt die körperschaftsrechtliche Funktion kraft Organbestellung vom schuldrechtlichen Verhältnis („**Anstellungsvertrag**" in § 75 (1) AktG). In einer Organbestellung kann deshalb kein konkludenter Abschluß eines Anstellungsvertrages gesehen werden („Trennungstheorie")[2].

Der Abschluß des **Anstellungsvertrages** mit der GmbH erfolgt durch **Gesellschafter(beschluß)**, außer die Gesellschafter ermächtigen einen Dritten (Aufsichtsrat, Syndikus u. a.) dazu. Das Anstellungsverhältnis des Geschäftsführers zur GmbH ist **echter Dienstvertrag** im Sinne des ABGB (§§ 1151 ff.) bzw. des AngG (bei persönlicher und wirtschaftlicher Abhängigkeit)[3], soferne der Geschäftsführer keinen beherrschenden Einfluß auf die Gesellschaft ausübt, oder „freier" Dienstvertrag oder Werkvertrag oder Auftragsverhältnis. Beherrschender Einfluß, der die Dienstnehmereigenschaft ausschließt, ist anzunehmen, wenn der Geschäftsführer Beschlüsse der Generalversammlung bewirken oder zumindest verhindern kann („Sperrminorität"). Der Abschluß des Anstellungsvertrages mit der Aktiengesellschaft erfolgt nach **Aufsichtsratsbeschluß** über den Vertragsinhalt durch den **Aufsichtsrat** als gesetzlichem Vertreter der Gesellschaft; der Aufsichtsrat kann auch ein einzelnes Mitglied, häufig den Aufsichtsratsvorsitzenden, dazu ermächtigen.

2 OGH, NotZ 2000, 95; OLG Schleswig, NZG 2001, 275.
3 ArbSlg 10.196.

Mit Rücksicht darauf, daß das Vorstandsmitglied fortlaufende Dienste leistet, kommen für das Vorstandsmitglied, das *keine „Sperrminorität"* hält, primär der *echte* oder der *freie Dienstvertrag* in Betracht. Der Unterschied zwischen diesen beiden Vertragstypen liegt hauptsächlich in der persönlichen Abhängigkeit des Vorstandsmitglieds, die nur beim echten Dienstvertrag besteht. Ob das Vorstandsmitglied seine ganze Arbeitskraft oder nur einen Teil zur Verfügung stellt, ist nicht maßgeblich.

Beim *echten Dienstvertrag* sind Angestelltengesetz oder ABGB und weitere arbeitsrechtliche Normen die gesetzliche Grundlage.

Beim *freien Dienstvertrag* kommt vorsichtige Analogie arbeitsrechtlicher Gesetze in Frage. Der freie Dienstvertrag begründet ein Dauerschuldverhältnis zur Dienstleistung ohne Abhängigkeit. „Arbeitnehmerähnlichkeit" begründet Zuständigkeit des ASGG und Anwendung diverser dienstrechtlicher Nebengesetze wie DNHG und Ausländerbeschäftigungsgesetz.

Die strenge Ansicht des OGH,[4] ein Vorstandsmitglied könne *nicht* zugleich sein *„eigener Chef"* sein, schließt grundsätzlich die „Eigenschaft" von Vorstandsmitgliedern als Arbeitnehmer aus. Gemäß § 4 Abs. 1 Z 6 ASVG unterliegen Vorstandsmitglieder dennoch der Pflichtversicherung nach ASVG.

Vorstandsmitglieder sind auch nicht „arbeitnehmerähnlich"; für Streitigkeiten aus der Vorstandstätigkeit sind die Arbeits- und Sozialgerichte nicht zuständig. Kollektivverträge sind auf Vorstandsmitglieder nicht anwendbar. Das AktG gestattet, daß der Aufsichtsrat für die Gesellschaft mit dem Vorstandsmitglied dessen persönliche Abhängigkeit vereinbart, obwohl der Vorstand die Geschäfte der Gesellschaft unter eigener Verantwortung weisungsfrei führt. Deshalb ist eine *Dienstvertragsklausel* zulässig, wonach das Rechtsverhältnis zur Gesellschaft den Bestimmungen des Angestelltengesetzes unterliegen soll; sie ist so zu deuten, daß das AngG zum Inhalt des Anstellungsvertrages gemacht wird, soweit zwingendes Recht dem nicht entgegensteht[5]. Es können aber auch vom AngG abweichende Regelungen gültig vereinbart werden, etwa eine

4 SZ 48/79, zuletzt OGH, JBl 1997, 77.
5 „Lex contractus": ArbSlg 10.406.

Konkurrenzklausel, die länger bindet als 1 Jahr, oder der Entfall eines Abfertigungsanspruches.

Auch *Werkverträge* und *Auftragsverhältnisse* – wie beispielsweise bei vorübergehender Bestellung eines nebenberuflichen Vorstandsmitgliedes für eine Auffanggesellschaft – sind zulässig.

Vorstandsmitgliedern dürfen auch dividenden-, cash-flow- oder umsatzbezogene Tantiemen gewährt werden. Im Rahmen der Angemessenheitsprüfungspflicht des Aufsichtsrates muß allerdings verhindert werden, daß der Vorstand sein Einkommen beliebig durch Auflösung von Gewinnrücklagen erhöht[6].

2.4 Zusammenwirken der Organe

2.4.1 Aktiengesellschaft

Die Hauptversammlung wählt den *Aufsichtsrat*, der als Gremium der „Vertrauensmänner" der Aktionäre und der Belegschaft zu verstehen ist. Dieser *bestellt* den *Vorstand*, dessen Mitglieder nur aus wichtigen Gründen und nur von ihm abberufen werden können; beruft der Aufsichtsrat diesfalls den Vorstand nicht ab, läuft er selbst Gefahr, von der Hauptversammlung abberufen zu werden.

Eine stillschweigende Beschlußfassung des Aufsichtsrates über den Anstellungsvertrag ist nicht zulässig.

Der *Vorstand* führt die *Geschäfte unter eigener Verantwortung* (Geschäftsführungs- und Vertretungspflicht); er unterliegt *keinen Weisungen*, weder solchen der Hauptversammlung noch solchen des Aufsichtsrats. Selbst der durch Hauptversammlung und Aufsichtsrat ausgedrückte Wille der Gesellschafter berührt nicht die Haftung der Mitglieder des Vorstandes als ordentliche Geschäftsleiter.

Bestimmte Geschäfte bedürfen der *Zustimmung des Aufsichtsrates* (Katalog in § 95 AktG) bzw der Hauptversammlung (Judikatur „Holzmüller", siehe Punkt 3.3). Vorstand und Aufsichtsrat können bestimmte Geschäftsfälle an die Hauptversammlung herantragen (§ 103 AktG); folgen die Organe dem Beschluß der Hauptversammlung, so entfällt die Organhaftung gegenüber der Gesellschaft.

6 BGH, DB 2000, 1805.

Die Führung des *Rechnungswesens* gehört zu den *Vorstandspflichten*. Der vom Vorstand aufgestellte Jahresabschluß ist dem Abschlußprüfer vorzulegen; erteilt dieser den Bestätigungsvermerk, so stellt der Aufsichtsrat den Jahresabschluß fest. Die Hauptversammlung beschließt nur über die Gewinnverwendung.

2.4.2 GmbH

Die *Organisation* ist wesentlich *einfacher* als die der Aktiengesellschaft:

Die GmbH hat *zwingend nur zwei Organe*: Generalversammlung (Gesellschafterversammlung) und Geschäftsführer.

Aufsichtsrat und Abschlußprüfer sind nur für GmbHs zwingend vorgeschrieben, die bestimmte Größenkriterien erreichen.

Die Geschäftsführer werden durch die Generalversammlung bestellt; diese ist berechtigt, sie jederzeit – auch ohne Angabe von Gründen – abzuberufen.

Die Geschäftsführung unterliegt in allen Maßnahmen der Weisung der Generalversammlung. Daher haftet die Geschäftsführung nicht (mit der Sorgfalt eines ordentlichen Geschäftsführers) für der Gesellschaft zugefügten Schaden, wenn die Maßnahme über Weisung der Generalversammlung erfolgt ist.

Der Jahresabschluß wird von der Geschäftsführung aufgestellt und von den Gesellschaftern beschlossen.

3. Das „Wohl des Unternehmens" als Ziel des Geschäftsführungshandelns in AG und GmbH

3.1 Die Geschäftsführung in der GmbH

In der Gesellschaft m.b.H. obliegt die Geschäftsführung den Geschäftsführern; Beschränkungen im Innenverhältnis (Weisungen der Generalversammlung, Gesellschaftsvertrag, Aufsichtsrat) sind zulässig, wirken aber nicht nach außen, also nicht gegenüber Dritten.

Bindende Weisungen der Generalversammlung (nicht aber von einzelnen Gesellschaftern) und – im Zusammenhang mit Kontrollaufgaben oder auf Grund gesellschaftsvertraglicher Ermächtigung – des Aufsichtsrates (§ 20 GmbHG) sind *zulässig* und von den Geschäftsführern zu befolgen.

Geschäftsführungsmaßnahmen sind den Gesellschaftern vorzulegen, „wenn es das Interesse der Gesellschaft erfordert" (§ 36 GmbHG). Die *Unternehmenspolitik* legt der Geschäftsführer fest, außer der Gesellschaftsvertrag oder ein Gesellschafterbeschluß enthält eine abweichende Regelung.

Das Gesetz begründet Zuständigkeit des *Aufsichtsrates* zur Genehmigung bestimmter Geschäfte. § 30j GmbHG enthält einen neun Punkte umfassenden Katalog; für Investitionen und für Darlehen und Kredite sind Betragsgrenzen zu bestimmen.

Mehrere Geschäftsführer führen die Geschäfte grundsätzlich *kollektiv*, sofern der Gesellschaftsvertrag oder ein Gesellschafterbeschluß nichts anderes bestimmen; ein Geschäftsführer setzt berechtigt allein Maßnahmen nur bei Gefahr im Verzug (§ 21 (1) GmbHG). Kollektivgeschäftsführung bedeutet das Erfordernis *einstimmiger Beschlüsse*, außer der Gesellschaftsvertrag sieht anderes vor.

Eine Ressortverteilung durch Gesellschafter- oder Geschäftsführerbeschluß ist zulässig auch ohne „Deckung" im Gesellschaftsvertrag. Die *Geschäftsordnung* erläßt in der GmbH die Gesellschafterversammlung.

3.2 Die Geschäftsführung in der Aktiengesellschaft

Der Vorstand hat das „*Verwaltungsmonopol*". Weder Aufsichtsrat noch Hauptversammlung haben ein Weisungsrecht. Die *Unabhängigkeit des Vorstandes* von anderen Organen ist ein „Wesenszug des Aktienrechts"[7].

Dem Aufsichtsrat sind bestimmte Geschäfte (Betragsgrenzen: wie GmbH) zur Zustimmung vorzulegen (§ 95 AktG). Satzung und eine vom Aufsichtsrat erlassene Geschäftsordnung des Vorstandes können den gesetzlichen 9-Punkte-Katalog erweitern.

Der *Gesamtvorstand* besorgt als Kollegium die Geschäftsführung; kein Vorstandsmitglied darf von der Geschäftsführung völlig ausgeschlossen werden[8].

7 OGH, SZ 48/79.
8 OGH, GesRZ 1984, 36.

Das *Dirimierungsrecht* des zum Vorsitzenden ernannten Vorstandsmitgliedes (§ 70 (2) AktG) ist durch die Satzung abdingbar.

Das Gesetz (§ 103 AktG) räumt dem Vorstand und dem Aufsichtsrat das Recht ein zu verlangen, in einer Geschäftsführungsfrage möge die *Hauptversammlung entscheiden*:

- Nicht einzelnen Organmitgliedern, nur dem jeweiligen Kollegialorgan steht das Anrufungsrecht zu.
- Es besteht keine Verpflichtung anzurufen, sofern kein Fall vorliegt, der der Judikaturlinie „Holzmüller" zuzuordnen ist (Punkt 3.3).
- Nur hinsichtlich Maßnahmen, die Vorstand oder Aufsichtsrat allein entscheiden könnten, darf die Hauptversammlung angerufen werden.
- Nur hinsichtlich des Handelns des anrufenden, nicht eines anderen Organs soll die Hauptversammlung entscheiden.
- Die Hauptversammlung ist zur Entscheidung nicht verpflichtet.
- Die Hauptversammlungs-Entscheidung bindet alle Organe der Gesellschaft. Sie bewirkt Haftungsbefreiung des anrufenden Organs.

3.3 Das „Wohl der Gesellschaft"

§ 70 (1) AktG trägt auf, unter eigener Verantwortung die Geschäfte so zu leiten, wie das *Wohl des Unternehmens* es erfordert; bei der Verwirklichung dieses Hauptziels hat der Vorstand die Interessen der Aktionäre, der Belegschaft und öffentliche Interessen gleichrangig zu berücksichtigen.

Dieser Maßstab *gilt für alle Gesellschaftsorgane*, daher auch für den Aufsichtsrat und die Hauptversammlung, sofern sie (in seltenen Ausnahmefällen) an der Geschäftsführung mitwirken. Er gilt – ohne daß das GmbH-Gesetz dies ausdrücklich sagt – auch für die GmbH.

Die Geschäftsführung muß dem *Unternehmensziel* dienen, das *Unternehmensinteresse berücksichtigen* und den *Grundsätzen* der Ordnungsmäßigkeit, Rechtmäßigkeit, Wirtschaftlichkeit und Zweckmäßigkeit entsprechen.

Unternehmensziel ist (mangels anderer Satzungsbestimmungen) die substantielle Kapitalerhaltung und die Erwirtschaftung eines angemessenen Gewinns.

Unternehmensinteresse ist das Ergebnis des Ausgleichs zwischen den Interessen (und Aufgaben) der Kräfte, die die „persönliche Substanz" des Unternehmens bilden: Aktionäre, Arbeitnehmer, Führungsorgane (vgl. § 70 AktG). *Gläubigerinteressen* sind *keine* Unternehmensinteressen. Das *öffentliche Interesse* ist zu beachten, sofern es *rechtlich* geboten ist; es steht diesfalls *nicht* zur Disposition.

Die *Bindung des Vorstandes* (Geschäftsführers) an *gesetzliche* Vorschriften geht allerdings Überlegungen zur Mehrung des Unternehmenswohls *vor*; deshalb sind (auch) Gesetzesverletzungen, die Unternehmensinteressen fördern, *rechtswidrig* (z. B. Strafen für Kartellgesetzverstöße, die dem Unternehmen Gewinne brachten).

Ob tiefgreifende, die Substanz einer Kapitalgesellschaft nachhaltig beeinflussende Geschäftsführungsmaßnahmen der *Zustimmung der Hauptversammlung* (Generalversammlung) bedürfen, ist unterschiedlich zu beurteilen. In der *GmbH* fallen außergewöhnliche Maßnahmen in die Gesellschafterzuständigkeit. Anders ist die Rechtslage in der *Aktiengesellschaft*: In **Deutschland** ist herrschende Judikatur, daß der AG-Vorstand Maßnahmen nicht selbst zu entscheiden, sondern der Hauptversammlung zur Entscheidung vorzulegen hat, die so tiefgreifend sind, daß er „vernünftigerweise" erkennen muß, sie ausschließlich in eigener Verantwortung nicht treffen zu dürfen[9]. Das ist etwa der Fall, wenn der wertvollste Betriebszweig in eine 100-prozentige Tochtergesellschaft ausgegliedert werden soll. Die deutsche Lehre leitet das vom „Wohl der Gesellschaft" ab und zieht eine Grenze bei etwa 25 % der Bilanzaktiven. Aktionäre der Obergesellschaft sind intern an allen wichtigen Entscheidungen der Tochtergesellschaft zu beteiligen. Die Aktionärsklage gegen die Gesellschaft auf Unterlassung und Wiederherstellung der früheren Rechtslage wird für zulässig erkannt.

Bei Einholung eines Hauptversammlungsbeschlusses sind die Aktionäre erschöpfend über die Auswirkungen der geplanten Maßnahme zu informieren[10]; sie unterliegen bei ihrer Beschlußfassung auch einer Treuepflicht gegenüber der Gesellschaft, die sie nicht willkürlich schädigen dürfen.

9 „Holzmüller"-Entscheidung des Bundesgerichtshofes BGHZ 83, 122 = NJW 1982, 1703; zuletzt OLG Celle, BB 2001, 745.

10 BGH, AG 2001, 261 ff., „Altana-Milupa-Fall".

Der HV-Beschluß entfaltet keine Außenwirkung; Nicht-Beachtung führt daher nicht zu Unwirksamkeit der Maßnahme gegenüber Dritten.

Der Vorstand haftet der Gesellschaft für dieser durch die nicht durch HV-Beschluß „gedeckte" Maßnahme zugefügten Vermögensnachteile.

Es gibt noch *keine* eindeutige *österreichische Judikatur* zu dieser Frage. Der OGH hat – in einem Provisorialverfahren – angedeutet, daß die Hauptversammlung angerufen werden muß, wenn eine Veräußerung aller wesentlichen Beteiligungen bedeutet, daß die Gesellschaft mit dem verbleibenden Vermögen ihre satzungsgemäßen Ziele nicht mehr selbst verfolgen kann[11]. Dann kann indirekt auch eine Änderung des Unternehmensgegenstandes vorliegen, die in der GmbH eines einstimmigen Generalversammlungsbeschlusses, in der AG eines zustimmenden Hauptversammlungsbeschlusses mit ¾-Mehrheit bedürfte. Die Zulässigkeit der Unterlassungsklage eines Aktionärs wird vom OGH nicht bezweifelt.

4. Die Haftung der Vorstände/Geschäftsführer

Gesellschafter haften der **Gesellschaft** grundsätzlich **nicht**, d. h. nur mit ihrer Stammeinlage. In Ausnahmsfällen kann es zur Haftung („Durchgriffshaftung") kommen; so etwa bei Erteilung verbotener Weisungen, qualifizierter Unterkapitalisierung, im Konzern bei Quasi-Geschäftsführung der Muttergesellschaft und bei Verletzung der Einzahlungs- oder Nachschußpflicht.

Geschäftsführer haften denen, die ihr Kapital ihrer Obsorge und Führung anvertraut haben, den **Gesellschaftern**, fast immer **nur indirekt** – über die Gesellschaft (Näheres dazu in Punkt 4.8.1). Hingegen haften Geschäftsführer **der Gesellschaft für Verletzung der geschuldeten Sorgfalt.** Der geschäftsführende Alleingesellschafter einer GmbH haftet dieser grundsätzlich nicht für die von ihm durch eine Pflichtverletzung verursachte Belastung des Gesellschaftsvermögens, und zwar auch dann nicht, wenn es dadurch zur Insolvenz der Gesellschaft kommt[12].

11 OGH, ecolex 1996, 865.

12 BGH vom 31.1.2000, ZIP 11/2000, 493.

Für geschädigte Gläubiger ist die – mögliche – persönliche Haftung des Geschäftsführers oft die letzte Hoffnung, einem endgültigen Forderungsausfall zu entgehen. Von **Außenstehenden**, meist **Gläubigern**, können Geschäftsführer allerdings nur in Ausnahmefällen in Anspruch genommen werden. Eine solche Haftung besteht auf quasi-vertraglicher (sog. *culpa in contrahendo*) Grundlage wegen der hohen Hürden, die die Rechtsprechung aufgebaut hat, kaum. Die *deliktische* Verantwortlichkeit ist nur in Ausnahmefällen gegeben. Ihre Grundlage findet sich nicht im Aktien- und GmbH-Gesetz, das bloß im Innenverhältnis zur Gesellschaft eine Haftung vorsieht. Die Haftung für deliktisches Handeln richtet sich nach den allgemeinen bürgerlich-rechtlichen Normen: Sie vermögen Haftung gegenüber außenstehenden Dritten für Schaden zu begründen, der ihnen unmittelbar durch rechtswidriges deliktisches Geschäftsführerverhalten zugefügt wurde (dazu Näheres in Punkt 4.8.1).

Schutzgesetzverletzungen: Geschäftsführer haften Geschädigten nach außen persönlich, wenn sie gegen eine Ge- oder Verbotsnorm verstoßen, die dem Individualschutz dient, auch wenn sie dabei als Geschäftsführer handeln. Schutzgesetze sind Normen, die Verhaltensweisen befehlen oder untersagen, die abstrakt gefährlich sind. Derartige Gebote und Verbote sind nicht in einem Katalog enthalten; sie sind auch nicht etikettiert. Das *Aktien- und das GmbH-Gesetz*, aber auch viele andere Gesetze enthalten solche Normen. Nicht schon die objektive Verletzung des Schutzgesetzes reicht aus; neben der Rechtswidrigkeit ist auch ein Sorgfaltsverstoß („Verhaltensunrecht") Voraussetzung, etwa daß die geschuldete Aufmerksamkeit nicht aufgewendet wurde[13].

Organmitglieder haften für verursachte Schäden, die die verletzte Schutznorm nach ihrem Schutzzweck gerade verhindern sollte, denen gegenüber, die geschützt werden sollen. Schutzgesetze zugunsten der Gläubiger sind insbesondere § 67 KO und § 159 StGB. Auch *Verletzungen der Bestimmungen der § 255 AktG und 122 GmbHG* – es handelt sich um Vorsatzdelikte – gelten als Schutzgesetzverletzungen; sie betreffen die Strafbarkeit von Organmitgliedern, die durch falsche Angaben ein unrichtiges Bild über die Vermögenslage der Gesellschaft herbeiführen. Nach jüngerer Judikatur sind auch firmenrechtliche Vorschriften Schutzgesetze[14].

13 OGH, ecolex 2000, 42 ff. mit kritischer Glosse von Wilhelm.

14 OGH, ecolex 2000, 428 („Sparkassen"-Erkenntnis); OGH, ecolex 2001, 106.

Haftet ein Geschäftsführer für Abgabenverbindlichkeiten gemäß § 9 BAO oder für Sozialversicherungsbeiträge gemäß § 67 ASVG, so kommt ihm die durch den Ausgleich der Gesellschaft bewirkte Befreiung von diesen Verbindlichkeiten nicht zugute: Der Ausgleich des Primärschuldners, der Gesellschaft, stellt keinen Grund für die Befreiung des haftenden Geschäftsführers dar[15].

4.1 Die Haftung gegenüber der Gesellschaft (Innenhaftung)

Den **Geschäftsführer** verpflichtet **§ 25 (1) GmbHG**, bei der Geschäftsführung die „Sorgfalt eines ordentlichen Geschäftsmannes" anzuwenden (zwingendes Recht): Es handelt sich um die Sorgfalt, die gemäß der Kenntnisse und Fähigkeiten geschuldet wird, die von einem Geschäftsführer im betreffenden Geschäftszweig erwartet werden können.

Der bloß „formale" Geschäftsführer haftet dann *nicht*, wenn der Alleingesellschafter tatsächlich die Geschäfte führt[16] und als „faktischer" Geschäftsführer haftet.

Über den **Vorstand** bestimmt **§ 84 (1) AktG**, daß die Vorstandsmitglieder einer AG bei der Geschäftsführung „die Sorgfalt eines ordentlichen und gewissenhaften Geschäftsleiters" anzuwenden haben (zwingendes Recht).

Lehre und Rechtsprechung interpretieren *beide Haftungsregelungen (§ 25 GmbHG, § 84 AktG) als ident. Sorgfaltsverletzung* ist somit die Verletzung größen-, branchen- und situationsangemessener Verhaltens- oder Unterlassungspflichten und die Verletzung anzuwendender Gesetze, Verordnungen und Bescheide[17].

Da die gesetzlichen Haftungsvorschriften *zwingend* sind, können sie durch Satzung, Gesellschaftsvertrag oder sonstigen Vertrag nicht gemildert werden.

Die gesetzliche *Einziehungsermächtigung* zugunsten von Gläubigern zur selbständigen und unmittelbaren Verfolgung von Ersatzansprüchen kennt allerdings *nur das AktG,* nicht jedoch das GmbH-Gesetz; § 84 Abs 5 AktG

15 VwGH, RdW 1999, 745.
16 OGH, ecolex 1990, 419.
17 OGH, ecolex 1998, 774.

erspart die Exekutionsführung auf der Ersatzanspruch der Gesellschaft gegen Organmitglieder bei „gröblicher" Sorgfaltsverletzung – ausgenommen die Fälle des Abs. 3, in denen auch schlichte Fahrlässigkeit genügt. Gläubiger eines GmbH-Geschäftsführers können nur mit *Pfändung* und *Überweisung* des Ersatzanspruches gegen ihn vorgehen.

Der für Geschäftsführer/Vorstandsmitglieder geltende **Sorgfaltsmaßstab** gilt gemäß § 99 AktG und § 33 GmbHG **auch** für die **Aufsichtsratsmitglieder**; von ihnen ist ein „größeres Maß an Wissen und Erfahrung als ein durchschnittlicher Kaufmann **und** die Fähigkeit, schwierige rechtliche und wirtschaftliche Zusammenhänge zu erkennen und ihre Auswirkungen auf die Gesellschaft zu beurteilen" zu erwarten[18].

Es gelten folgende Grundsätze:

- Die Haftung der Aufsichtsratsmitglieder ist **zwingend**, also vertraglich nicht ausschließbar und beschränkbar.
- Es handelt sich um **Verschuldens-, nicht** um **Erfolgshaftung**.
- Auch Aufsichtsratsmitglieder haften für jeden Verschuldensgrad, also auch für leichte **Fahrlässgkeit**[19].
- Das Dienstnehmer-Haftpflichtgesetz gilt auch für Aufsichtsratsmitglieder nicht.
- Die Sorgfaltspflichten treffen **Kapital-** und **Arbeitnehmervertreter** im Aufsichtsrat in **gleichem Umfang**.
- Die Vorstands- und die Aufsichtsratsmitglieder haften der Gesellschaft (und in Ausnahmsfällen auch Dritten) **solidarisch**.

Es gelten 4 objektive **Haftungsvoraussetzungen** für Organmitglieder:

- *Rechtswidrigkeit* des Handelns (Unterlassens) des Geschäftsführers, also insbesondere Verletzung der gesetzlichen Pflichten (AktG, GmbHG) oder der Pflichten aus dem Anstellungsvertrag, deliktisches Handeln oder Verletzung eines Schutzgesetzes. Reine „Formalverletzungen" bleiben außer Ansatz (z. B. Organmandat wegen Schnellfahrens mit Dienstfahrzeug zulasten der Gesellschaft).

18 OGH, EvBl 1978/4, Fall Allgemeine Wirtschaftsbank.
19 OGH, SZ 46/113.

- *Verschulden* des Geschäftsführers wegen mangelnder Sorgfalt; es wird – bei Schadenseintritt – *vermutet*[20]. *Leichte Fahrlässigkeit* genügt[21]; grobe Fahrlässigkeit ist allerdings Voraussetzung für den Sonderfall gemäß § 84 (5) Satz 2 AktG. Der Vorstand haftet auch für Schaden aus Gesetzesverletzungen, mit denen er Gesellschaftsinteressen fördern wollte.
- *Kausalität* des schuldhaften Verhaltens für den Eintritt des Schadens.
- *Schadenseintritt* als Folge des Vorstandsverhaltens.

  Es geht in der Regel um Unternehmensverluste, oft auch um „frustrierte Aufwendungen"; stets ist auch entgangener Gewinn zu ersetzen. Die Berufung darauf, der Schaden wäre jedenfalls (auch bei „rechtmäßigem Alternativverhalten") eingetreten, ist zulässig.

Es gilt ein *objektiver Sorgfaltsmaßstab* – allerdings mit einer *subjektiven Komponente*: Wissens- und Erfahrungsmanko verantworten Vorstandsmitglieder als Übernahms- und Einlassungsfahrlässigkeit[22]. Daher sind Kriterien persönlicher Eignung für bestimmte Aufgaben[23] relevant. Es gibt keinen objektiv bestimmbaren Typ eines ordentlichen und gewissenhaften Geschäftsleiters oder Aufsichtsrates[24]. Es kommt daher auf die *besonderen Verhältnisse* der Gesellschaft an; die Sorgfaltsanforderungen bestimmen sich nach der übernommenen Aufgabe, nicht nach den individuellen Fähigkeiten des Organmitgliedes.

Zwischen Sorgfaltsverletzung und Fehlschlägen und vertretbaren Irrtümern ist abzugrenzen: Das österreichische Recht bestimmt *kein Einstehenmüssen für den Erfolg (Erfolgshaftung)*: Geschuldet wird (nur) die *Sorgfalt* des *selbständigen treuhändischen Verwaltens* eben der fremden Vermögensinteressen. Ob rechtswirksam Erfolgshaftung *vereinbart* werden kann, ist strittig[25].

Somit bestimmt das Gesetz keine Haftung für Sorgfalt quam in rebus suis (wie in eigenen Angelegenheiten); früher hatte der OGH[26] mit dem

20 OGH, GesRZ 1978, 36.
21 OGH, EvBl 1978/83.
22 OGH, GesRZ 1982, 56.
23 OGH, EvBl 1978/4 i. S. Allgemeine Wirtschaftsbank, Aufsichtsrat.
24 *G. Frotz*, GesRZ 1982, 104.
25 *Strasser* in Schiemer u. a., AktG^3, 560.
26 EvBl 1974/83.

Hinweis auf den „ordentlichen und gewissenhaften Mann, der auf eigene Rechnung ein Unternehmen dieser Art zu leiten pflegt“, entschieden.

Die im „ARAG-Erkenntnis“ des (deutschen) Bundesgerichtshofs[27] geäußerten Rechtsansichten zur Organhaftung sind auch für das österreichische Recht relevant[28]:

Dem Vorstand steht bei der Leitung der Geschäfte des Unternehmens ein weiter Handlungsspielraum zu, ohne den eine unternehmerische Tätigkeit schlechterdings nicht denkbar ist. Dazu gehört neben dem bewußten Eingehen geschäftlicher Risiken grundsätzlich auch die Gefahr von Fehlbeurteilungen und Fehleinschätzungen, der jeder Unternehmensleiter, mag er auch noch so verantwortungsbewußt handeln, ausgesetzt ist. Gewinnt der Aufsichtsrat den Eindruck, daß dem Vorstand das nötige Gespür für eine erfolgreiche Führung des Unternehmens fehlt, er also keine „glückliche Hand“ bei der Wahrnehmung seiner Leitungsaufgaben hatte, kann ihm das Veranlassung geben, auf dessen Ablösung hinzuwirken. Eine Schadenersatzpflicht des Vorstandes kann daraus nicht hergeleitet werden. Diese kann erst in Betracht kommen, wenn die Grenzen, in denen sich ein von Verantwortungsbewußtsein getragenes, ausschließlich am Unternehmenswohl orientiertes, auf sorgfältige Ermittlung der Entscheidungsgrundlagen beruhendes unternehmerisches Handeln bewegen muß, deutlich überschritten sind, die Bereitschaft, unternehmerische Risiken einzugehen, in unverantwortlicher Weise überspannt worden ist oder das Verhalten des Vorstandes aus anderen Gründen als pflichtwidrig gelten muß.

Diese Grundsätze gelten auch für das österreichische Recht. Die *Haftung beginnt* mit Übernahme des Amtes; die Eintragung im Firmenbuch ist nicht relevant. Sie *endet* mit der tatsächlichen Nicht-Ausübung nach rechtlicher Beendigung der Bestellung.

Die Haftung *besteht* auch bei mangelhafter Bestellung, *nicht* aber für bloß *faktisches Organ-Handeln* – außer es handelt sich um den Allein- oder Mehrheitsgesellschafter als de facto-Geschäftsführer.

Es besteht **gesamtschuldnerische** Haftung. Es gibt keine anspruchsmindernde Berücksichtigung des Mitverschuldens anderer Organmitglieder; der Ausgleich erfolgt im Innenverhältnis. Nicht haftet, wer dagegen gestimmt hat (und sich mit dem Beschluß nicht identifiziert) oder sich am schädigenden Ereignis nicht beteiligt hat; nach h. A. besteht allerdings auch Mithaftung des überstimmten Geschäftsführers, wenn er nicht alles Zumutbare zur Verhinderung des Beschlusses unternommen hat (z. B.

27 BGHZ 135, 224 = AG 1997, 377 ff.
28 Ecolex 1997, 507.

Anrufung des Aufsichtsrates; Anrufung der Generalversammlung). Der Ausgleich erfolgt in *Innenverhältnis* nach dem Verschuldensgrad; ist er nicht zu ermitteln, wird nach Köpfen ausgeglichen.

Für den Fall der **Ressortverteilung** gilt folgendes:

Zwingende Gesamtverantwortung besteht für den „**Kernbereich**"; das sind insbesondere jene Angelegenheiten, die (auch bei Ressortverteilung) in die Entscheidungszuständigkeit der **Gesamtgeschäftsführung** fallen:

- Festlegung der Unternehmenspolitik
- Vorlage zustimmungspflichtiger Geschäfte an den Aufsichtsrat
- Berichterstattung an den Aufsichtsrat
- Beschlußvorschläge an die Generalversammlung
- Einholung der Zustimmung zu In-Sich-Geschäften.

Zumindest einmal jährlich ist dem Aufsichtsrat über Grundsatzfragen, künftige Geschäftspolitik und Entwicklung der Vermögens-, Finanz- und Ertragslage anhand einer Vorschaurechnung ein *„Jahresbericht"* zu erstatten. Regelmäßig, mindestens vierteljährlich, ist über Geschäftsgang und Unternehmenslage im Vergleich zur Vorschaurechnung ein *Quartalsbericht* zu legen. Über für Rentabilität und Liquidität der Gesellschaft erheblich bedeutsame Umstände hat der Vorstand dem Aufsichtsrat unverzüglich zu berichten (*Sonderberichte*).

Nach herrschender Ansicht *gehören zum Kernbereich auch*:

- Firmenbuchangelegenheiten (Anmeldepflichten);
- Pflichten zur Führung der Bücher, zur Erstellung des Jahresabschlusses und zur Betreuung des Rechnungswesens[29];
- Betreuung der abgabenrechtlichen Pflichten;
- Anrufung der Hauptversammlung („Anzeige") gemäß § 83 AktG, wenn sich bei Bilanzerstellung ein Verlust in Höhe von 50 % des satzungsgemäßen Grundkapitals ergibt;
- Pflicht zur Konkursanmeldung gemäß § 69 (2) KO: wenn bei Zahlungsunfähigkeit/Überschuldung eine „positive Ertragserwartung" gerechtfertigt ist, gelten 60 Tage als „Sanierungsfrist".

29 Dazu jüngst OLG Wien, ecolex 2001, 540.

Diese Aufgaben können – *trotz Gesamtverantwortung* – durchaus im Rahmen der Geschäftsverteilung einzelnen Geschäftsführern zugewiesen werden.

Für die Haftung für das Handeln (Unterlassen) von **Aufsichtsratsmitgliedern** gilt folgendes:

Rechtswidrigkeit bedeutet die Verletzung der Pflichten der Aufsichtsratsmitglieder; das sind insbesondere

- Organisation der Geschäftsleitung (Geschäftsordnung)
- Überwachung und Kontrolle im Hinblick auf Rechtmäßigkeit, Zweckmäßigkeit und Wirtschaftlichkeit der Geschäftsführungsmaßnahmen
- „Mitentscheidung" durch Bewilligung oder Ablehnung zustimmungspflichtiger Geschäfte (Katalog gemäß § 95 AktG bzw. § 30j GmbHG)
- Einwirkung auf die Geschäftsleitung (Berichtswesen; Bucheinsicht; neue Zustimmungsvorbehalte gemäß § 95 (5) AktG)
- Eigene Entscheidung (z. B. Jahresabschluß)
- Bestellung und Abberufung (aus wichtigen Gründen) des Vorstandes (AG, nicht GmbH)
- Vertretung der Gesellschaft (in Ausnahmefällen).

Gewagte Geschäfte der Geschäftsführung:

Im Bereich von Ermessensentscheidungen hat die Gesellschaft keinen Rechtsanspruch gegen Organmitglieder auf richtige Entscheidung, sondern nur auf gesetzesgemäßes, überlegtes, gewissenhaftes und sorgfältiges Handeln.

Der Vorstand ist nicht verpflichtet, jedes risikobehaftete Geschäft zu unterlassen; der Aufsichtsrat ist nicht verpflichtet, generell riskante Geschäfte zu verhindern.

Außergewöhnliche Risiken erfordern *Äquivalenzprüfung und Amortisationsrechnung;* jedoch: „Was der Vorstand nicht voraussehen konnte, verantwortet er auch nicht"[30].

30 *Schiemer*, AktG^{2}325.

Kriterium für die Unverhältnismäßigkeit oder Unangemessenheit von Risiken ist insbesondere, daß keine objektiv berechtigte Annahme eines Geschäftserfolges (Erfolgskalkül) bei *Geschäftsabschluß* vorlag[31].

Schwierige Rechtsfragen erfordern die Beiziehung eines qualifizierten Rechtsbeistandes (Auswahlverschulden).

Maßgeblicher *Zeitpunkt der Schadensberechnung* ist der Zeitpunkt der Schadensfeststellung; die Vermögenslage der Aktionäre ist nicht erheblich.

Gehaftet wird *auch für entgangenen Gewinn* (Art 8 Nr. 2 4. EVHGB).

Sorgfaltswidriges Handeln ist nur zurechenbar, wenn es *in Ausübung des Organverhaltens* erfolgt; daher besteht keine Haftung der delegierenden juristischen Person („Mutter-Haftung“) für Pflichtenverletzung *im Beteiligungsunternehmen, außer* der delegierenden Gesellschaft sind die Vorteile zugeflossen oder das Organ der delegierenden Gesellschaft ist aufgrund eines gesellschaftsvertraglichen Entsendungsrechtes angetreten. Organmitglieder haften *nur* für *Handlungen/Unterlassungen im Zusammenhang mit Dienstpflichten.* Keine Haftung für unsorgfältiges Organverhalten tritt daher ein, wenn etwa ein Fahrzeug des Unternehmens anläßlich einer Privatfahrt beschädigt wird.

4.2 Die Sorgfaltspflichten des Geschäftsführers: Die „10 Gebote“ nach Marcus Lutter[32]

1. Gebot: Einhaltung der Gesetze, insbesondere des GmbH-Gesetzes

1.1. Interne gesetzliche Pflichten
- 1.1.1. Kapitalerhaltung: § 82 GmbHG
  Keine verdeckten Gewinnausschüttungen
  Keine Gewinnausschüttungen bei nachträglichen Verlusten
- 1.1.2. Pflicht zur Buchführung: § 22 GmbHG
- 1.1.3. Rechtzeitige Insolvenzanmeldung

1.2. Externe gesetzliche Pflichten
- 1.2.1. Öffentlich-rechtliche Pflichten
- 1.2.2. Pflichten nach dem Kartellrecht
- 1.2.3. Pflichten nach dem UWG
- 1.2.4. Pflichten aus dem Steuerrecht

31 SZ 46/113 = EvBl 1974/83.

32 GmbH-Rundschau 2000, 301 ff.

2. Gebot: Einhaltung von Satzung (Gesellschaftsvertrag) und Geschäftsordnung

3. Gebot: Einhaltung der Regeln des Anstellungsvertrages

4. Gebot: Einhaltung von Gesellschafterweisungen

5. Gebot: Ordnungsgemäße Organisation der Gesellschaft

6. Gebot: Kontrolle der Organisation der Gesellschaft

7. Gebot: Kontrolle der Liquidität und der Finanzlage der Gesellschaft

8. Gebot: Vermeidung unangemessener Risiken

9. Gebot: Vermeidung, mindestens aber Offenlegung aller Interessenkonflikte zwischen Gesellschaft und Geschäftsführer

10. Gebot: Sorgfältige Vorbereitung geschäftlicher und unternehmerischer Entscheidungen

Die **Aufgaben des Vorstandes** umfassen daher *insbesondere* die sorgfältige Wahrnehmung der Organfunktionen, die kollegiale Zusammenarbeit mit anderen Vorstandsmitgliedern, den Kontakt mit dem Aufsichtsrat, insbesondere die Beachtung der Berichtspflichten und der Zustimmungserfordernissse und die Befolgung der Mitbestimmungsgrundsätze sowie der Grundsätze des Rechnungswesens. Es gilt das „Kongruenzprinzip“: Aufgaben, Kompetenz und Verantwortung sollen deckungsgleich sein. Daher macht auch die „Überdehnung der Kontrollspanne“ durch Aufgabenüberbürdung von Vorstandsmitgliedern auf Mitarbeiter unter der Vorstandsebene im Schadensfalle haftbar (Organisationsverschulden).

Zu den Sorgfaltspflichten des Geschäftsführers gehören weiters die korrekte Berichterstattung, die Erteilung richtiger Auskünfte und Angaben in Darstellungen, insbesondere im Jahresabschluß, Anhang oder Lagebericht; vorsätzlich **unrichtige Angaben** sind strafbar (§ 122 GmbHG, § 255 AktG). Es handelt sich um ein Schutzgesetz zugunsten der Gläubiger.

Gegenüber der Gesellschaft bestehen **Treue-, Verschwiegenheits- und Wettbewerbsverbotspflichten**. Das GmbH-rechtliche Wettbewerbsverbot stellt auf branchenspezifische Konkurrenz ab (§ 24 GmbHG). Es kommt nicht auf den Unternehmensgegenstand laut Statut, sondern auf den tatsächlichen Geschäftsbereich der Gesellschaft an[33]. § 79 AktG untersagt dem Vorstand das Betreiben irgendeines Handelsgewerbes und

33 OLG Frankfurt, AG 2000, 518.

die Beteiligung an irgendeiner Handelsgesellschaft als persönlich haftender Gesellschafter und nimmt daher die volle Arbeitskraft des Vorstandes in Anspruch.

Haftung **vor Eintragung** der Gesellschaft („Vorgesellschaft“, § 2 GmbHG, § 34 AktG) tritt ein bei Handeln im *Namen* der Gesellschaft, auch bei Vertretung durch einen Bevollmächtigten; es bewirkt *Erfüllungshaftung*, also Haftung in dem Ausmaß, in dem die Gesellschaft haften würde. Die Haftung *erlischt* durch *Entstehen der Gesellschaft.*

Haftungsauslösend können insbesondere **Verletzungen der Verpflichtungen zur Kapitalaufbringung und Kapitalerhaltung** sein. Dazu gehören im einzelnen:

– **Kapitalaufbringung** (§ 10 (4) GmbHG, § 41 AktG):

  Es besteht Pflicht zur Obsorge dafür, daß sich die einbezahlten Beträge zur freien Verfügung des Vorstands befinden. Durch falsche Angaben bei Anmeldung der Gesellschaft verschuldeter Schaden ist der Gesellschaft zu ersetzen[34].

– **Kapitalerhaltung**

  Keine verdeckte Einlagenrückgewähr (§ 25 (3) Z 1 GmbHG, § 84 (3) AktG). Gesellschafter haben nur Anspruch auf den im Jahresabschluß ermittelten Gewinn. Entnahmen, wie sie im Recht der Personengesellschaft zulässig sind, sind mit bestimmten Ausnahmen (z. B. angemessene Gegenleistungen) für Kapitalgesellschaften ausgeschlossen. Insbesondere im Hinblick auf den Gläubigerschutz sind alle Arten verbotener Zahlungen erfaßt (z. B. Vorwegdividenden, Zinsen, Sach- und Dienstleistungen, Überbewertung von Vergütungen). Darunter fallen auch Haftungsübernamen (Garantien) für Gesellschafter oder Schwestergesellschaften im Konzern, außer das Risiko ist positiv zu beurteilen und die Maßnahme ist im unternehmerischen Interesse der besichernden Gesellschaft[35]. Anders als in Deutschland ist die verdeckte Einlagenrückgewähr, in steuerrechtlicher Sicht als „verdeckte Gewinnausschüttung“ bezeichnet, immer verpönt, also

34 OGH, ecolex 1992, 240.
35 OGH, ecolex 2001, 268.

nicht nur, wenn dadurch das Stammkapital angegriffen wird. Es besteht Rückersatzpflicht; Empfänger und Geschäftsführer haften solidarisch.

– **Keine „verdeckten" Sacheinlagen**

Bei „verdeckten" Sacheinlagen leistet ein Gesellschafter trotz der Verpflichtung, die Stammeinlage in bar zu erbringen, nicht Geld, sondern einen Gegenstand (z. B. Grundstücke, Maschinen). Eine Bareinlage, die wirtschaftlich eine Sacheinlage darstellt (das Bargeld fließt als Entgelt für eine Gesellschafterleistung an diesen zurück) ist – weil die Sachgründungsvorschriften verletzend – als „verdeckte Sacheinlage" verboten und unwirksam. *Die Einlage gilt in diesem Fall als nicht erbracht.* Eine Heilung durch nachträgliche Anwendung der Nachgründungsbestimmungen ist nicht möglich.

Die Bareinlageverpflichtung bleibt in voller Höhe aufrecht; die Verjährungsfrist gegenüber einer juristischen Person beträgt 40 Jahre. Es handelt sich nicht um eine Differenzhaftung gemäß § 10a GmbHG. Die *Geschäftsführer* haften der Gesellschaft (im Konkursfall: dem Masseverwalter), weil tatsächlich Stammeinlagen an Gesellschafter zurückgegeben wurden und die Erklärung gegenüber dem Firmenbuch unrichtig war. Da es sich um Schadenersatz handelt, beschränkt sich die Haftung allerdings auf die Wertdifferenz zwischen geschuldeter Bareinlage und geleisteter Sache.

Auch in der Leistung an Erfüllungs Statt oder in der Kompensation kann eine „verdeckte" Sacheinlage gesehen werden.

Verlust der Hälfte des Stammkapitals verpflichtet den Geschäftsführer zur unverzüglichen Einberufung einer Generalversammlung (§ 36 Abs. 2 GmbHG und § 83 AktG); es handelt sich nach herrschender Meinung um *keine Schutzgesetze.*

Beachtung der Grundsätze über eigenkapitalersetzenden Gesellschafterdarlehen

In der Krise der Gesellschaft (bei Kreditunwürdigkeit) ist die „Finanzierungsfreiheit" des Gesellschafters unterbrochen; seine Sanierungsdarlehen, im Zustand der Kreditunwürdigkeit gewährten oder belassenen Kredite, auch Finanzplankredite haften wie Eigenkapital (**Rückzah-**

lungssperre[36]) und treten daher gegenüber Gläubigeransprüchen zurück. Den trotz Sperre rückzahlenden **Geschäftsführer** trifft – neben der Rückzahlungspflicht des Gesellschafters – die **persönliche Haftung** für daraus entstehende Vermögensnachteile.

Rechtzeitige Antragstellung auf Eröffnung eines Insolvenzverfahrens

Für Verluste von Gläubigern wegen **Konkursverschleppung** (verspätete Anmeldung des Konkurses) durch die Geschäftsführung haftet diese den Gläubigern gegenüber für Forderungen, die keine Deckung finden. Antragsverpflichtet ist „ohne schuldhaftes Zögern" jeder Geschäftsführer (§ 67 KO) bei *Überschuldung* (es gelten die wahren Werte, nicht die Buchwerte; stille Rücklagen sind anzusetzen) mit *negativer Fortführungsprognose;* zu seinen Pflichten gehört die sorgfältige Beurteilung, ob das Unternehmen sanierbar ist oder nicht. Bei realistischer Sanierungschance steht eine längstens 60-tägige Sanierungsfrist offen. Die Frist läuft ab Kenntnis des Geschäftsführers. Während des Fristenlaufes dürfen nur Verpflichtungen erfüllt werden, wenn dies für die Betriebsfortführung notwendig ist.

§§ 67 ff. KO sind **Schutzgesetze** zugunsten der Gläubiger. Altgläubigern und – nach neuerer Rechtsprechung – auch Neugläubigern[37] gebührt der **Quotenschaden**, also jener Schaden, der sich aus der Verringerung der Quote durch die verspätete Insolvenzeröffnung ergibt. Altgläubigern steht das Erfüllungsinteresse, Neugläubigern der Ersatz des Vertrauensschadens zu.

Auch die strafrechtlichen Bestimmungen über **fahrlässige Krida** (§ 159 StGB: fahrlässige Herbeiführung der Zahlungsunfähigkeit und Weiterwirtschaften nach Eintritt der Zahlungsunfähigkeit) gelten nach herrschender Meinung als *Schutzgesetze* zugunsten der Gläubiger.

Auch für die Masse kann Schadenersatz durch den Masseverwalter begehrt werden; der Schaden ergibt sich aus dem Betriebsverlust, der durch die ungerechtfertigte Unternehmensweiterführung entstanden ist.

---

36 Herrschende und ausweitende Rechtsprechung des OGH seit ecolex 1991, 697 und 1994, 234.

37 Verträge im „Verschleppungsstadium": Voller Vertrauensschaden, OGH in 7 Ob 2339/96p v. 22.10.1997.

Der Geschäftsführer haftet deliktisch auch gegenüber Aussonderungs- und Absonderungsberechtigten für den Verlust bevorrechteter Ansprüche durch verspätete Konkurseröffnung; der Verkehrswert der auszusondernden Ware im Zeitpunkt der rechtzeitigen Konkurseröffnung ist maßgeblich[38].

Sonder-Haftungsbestimmung gemäß IRÄG 1997 (Reorganisationsunterlassung).

Voraussetzung ist die Eröffnung des Konkursverfahrens, *falls* der Vorstand (Geschäftsführer) innerhalb von 2 Jahren vor Konkurs- oder Ausgleichsantrag einen Bericht des Abschlußprüfers erhielt, der *Reorganisationsbedarf* (Eigenmittelquote unter 8 %, fiktive Schuldentilgungsdauer über 15 Jahren) vermutet und kein Reorganisationsverfahren beantragte *oder* keinen (oder verspätet den) Jahresabschluß aufstellte *oder* nicht unverzüglich den Abschlußprüfer mit der Prüfung beauftragte.

Mitglieder vertretungsbefugter Organe prüfungspflichtiger Kapitalgesellschaften (AktG, GmbH: mehr als 50 Arbeitnehmer, mehr als 3,125 Mio. Euro Bilanzsumme, mehr als 6,25 Mio. Euro Umsatzerlöse) und der GmbH & Co KG, die ein Unternehmen betreiben, trifft gemäß § 22 IRÄG die *Haftung zur ungeteilten Hand* bei Konkurseröffnung für die in der Konkursmasse nicht gedeckten Verbindlichkeiten bis zu 73.000 Euro je haftender Person, *außer*

- sie haben die Einleitung eines „Reorganisationsverfahrens“ verlangt oder
- ein Gutachten eines Wirtschaftsprüfers verneint den Reorganisationsbedarf oder
- die Insolvenz ist aus anderen Gründen als wegen Unterlassung der Reorganisation eingetreten oder
- die (notwendige) Zustimmung von Aufsichtsrat oder Gesellschafterversammlung fehlte oder
- die Gesellschafterversammlung erteilte die Weisung, kein Reorganisationsverfahren einzuleiten.

38 OGH, ecolex 1990, 476 und 675 und ecolex 1994, 15.

Zur ungeteilten Hand haften auch – nach diesen Grundsätzen – die Mitglieder des Organs, die gegen die Einleitung stimmten oder die Weisung erteilten.

Verzicht auf Haftung und Aufrechnung gegen Gesellschaftsforderungen sind unzulässig.

Die Haftung wird durch den Masseverwalter geltendgemacht (§ 28 IRÄG).

Haftungsbestimmungen hinsichtlich **Verschmelzungsvorgängen** gemäß § 227 AktG:

Die Mitglieder des Vorstandes (und des Aufsichtsrates) der übertragenden Gesellschaft sind als Gesamtschuldner zum Ersatz des Schadens verpflichtet, den die Gesellschaft, aber auch ihre Aktionäre und ihre Gläubiger durch eine Verschmelzung erleiden; sie können sich durch den Gegenbeweis befreien, daß sie ihre Sorgfaltspflicht „beobachtet haben" (§ 227 AktG). Diese Ansprüche verjähren in 5 Jahren ab Eintragung der Verschmelzung in das Firmenbuch.

Sonderhaftungstatbestand § 100 (2) AktG

Die Vorstandsmitglieder haften der AG, aber auch unmittelbar geschädigten Aktionären als Gesamtschuldner neben demjenigen, der die Gesellschaft durch Ausnutzung seines *Einflusses* zur Erlangung *gesellschaftsfremder Vorteile schädigt*, wenn sie unter Verletzung ihrer Pflichten im Sinne des § 84 AktG gehandelt haben: Wer vorsätzlich ein Organmitglied unter Ausnützung seines Einflusses dazu bestimmt, zum Schaden von Gesellschaft oder Aktionären zur Erlangung von Sondervorteilen zu handeln, der verwirklicht den Tatbestand von § 100 (2) AktG und haftet – und der Geschäftsführer mit ihm als Gesamtschuldner.

Eine *Ausnahme* gilt für die Erlangung eines Vorteils, der schutzwürdigen Interessen (§ 100 (3) AktG) dient, wie etwa die Verfolgung von gerechtfertigten Konzerninteressen.

4.3 Geltendmachung des Schadenersatzanspruchs; Beweislastverteilung im Haftungsverfahren

Die *Geltendmachung* erfolgt in der *GmbH* in der Regel durch Gesellschafterbeschluß. Für die *Aktiengesellschaft* befindet der Aufsichtsrat; er (§ 97 AktG) oder der nicht belastete (neue) Vorstand erhebt die Klage. Der Vorstand vertritt die Gesellschaft im Haftungsprozeß gegen Aufsichtsratsmitglieder. Der *Masseverwalter* im Konkursverfahren über das Gesellschaftsvermögen ist anspruchsberechtigt, soweit der Masse Beträge aus rechtswidrigen Geschäftsführungsmaßnahmen fehlen[39].

Für Schadenersatzklagen gegen Vorstandsmitglieder (Geschäftsführer) ist der Gerichtshof 1. Instanz in Handelssachen *zuständig*. Dasselbe gilt für Klagen gegen Kapitalvertreter im Aufsichtsrat. Von der Belegschaft entsandte Aufsichtsratsmitglieder sind gemäß §§ 4, 50 ASGG vor dem Arbeits- und Sozialgericht zu klagen. Die Arbeitnehmervertreter müssen Dienstnehmer der Gesellschaft sein (§ 110 ArbVG) In Deutschland, wo die Arbeitnehmervertreter das Recht auf Aufsichtsratszugehörigkeit direkt aus § 96 dAktG ableiten, sind die ordentlichen Gerichte zuständig[40].

Gemäß § 48 GmbHG neu (Fassung: IRÄG 1997) können Gesellschafter, die 10 % des *Stammkapitals* vertreten oder 10 Mio S Nennbetrag (jetzt: 700.000 Euro) oder einen niedrigeren Betrag, den der Gesellschaftsvertrag bestimmt, erreichen, die Geltendmachung selbst vornehmen, wenn die Mehrheit den Antrag ablehnte.

In der *AG* ist die Klage über Hauptversammlungsbeschluß (einfache Mehrheit), aber auch über Verlangen einer Minderheit von 10 % des Stammkapitals zu erheben, wenn die Ansprüche nicht „offenkundig unbegründet sind“ (§ 122 AktG i. d. F. IRÄG 1997). 5 % des Aktienkapitals sind berechtigt, die Geltendmachung von Ersatzansprüchen zu begehren, wenn die anspruchsbegründenden Tatsachen sich aus dem Prüfbericht ergeben.

Klagt eine *GmbH & Co KG* einen Geschäftsführer wegen mangelnder Sorgfalt, so kann dieser (Gesellschafter und Geschäftsführer) nicht einwenden, die Mitgesellschafter hätten im eigenen Namen (actio pro socio) klagen müssen – was sie dürften -, um der Gesellschaft kein Kostenrisiko aufzubürden. Die Gesellschafterklage ist nur ein subsidiärer Rechtsbehelf[41].

---

39 Zur Geltendmachung OHG, WBl 1991, 208 und ecolex 1998, 771.

40 *Alversammer*, Zuständigkeitsprobleme, DRdA 3/2001, 239 ff.

41 LG Karlsruhe, NZG 2000, 169.

Die Beweislastregel § 84 (2) AktG entspricht § 1298 ABGB[42]; sie führt oft zur (unberechtigten) Annahme einer Erfolgshaftung[43].

Wer **beweist** Verschulden (subjektive Sorgfaltsverletzung) und Rechtswidrigkeit (objektive Sorgfaltsverletzung)? Träfe die Pflicht die Gesellschaft, widerspräche das § 84 (2) AktG. Trifft die Pflicht den betroffenen Vorstand/Geschäftsführer, kann das de facto zur Erfolgshaftung führen. Daher vertritt die Lehre den *Grundsatz*, daß ein *Vertragspartner*, der zu bestimmten Tätigkeiten verpflichtet ist, die *ordnungsgemäße Erfüllung dieser Leistungen beweisen* muß[44]; dieser gelte auch für die Organhaftung. Die österreichische Lehre[45] und Judikatur[46] folgen der *„Mertens-Formel*“ über die *„Beweisnähe“ des Organmitglieds*. Daher hat die *Gesellschaft* zu beweisen:

- *den Schadenseintritt und*
- die *Rechtswidrigkeit* (also: das konkrete pflichtwidrige Verhalten, die objektive Sorgfaltsverletzung, zumindest Tatsachen, aus denen der Schluß auf die Pflichtwidrigkeit des Verhaltens des Geschäftsführers gezogen werden kann) *und*
- die „Möglichkeit des Zurechnungszusammenhangs“ mit *Handlungen oder Unterlassungen des Vorstands;* der prima facie-Beweis der *Kausalität* einer Sorgfaltsverletzung genügt (Beweiserleichterung statt Beweistlastumkehr)[47]

nicht aber *das Verschulden*, die subjektive Seite der Sorgfaltsverletzung.

Das Organmitglied hat – um sich zu entlasten – zu beweisen

- das Nicht-Entstehen des Schadens *oder*
- das Nicht-Vorliegen eines Verschuldens, also die erbrachte *Sorgfalt* des ordentlichen Geschäftsleiters, oder die unverschuldete Unmöglichkeit, diese Sorgfalt aufzuwenden, *oder*
- den Schadenseintritt auch bei Einsatz der Sorgfalt (rechtmäßiges Alternativverhalten).

---

42 *Kastner*, Gesellschaftsrecht[5], 395.
43 *Reischauer* in Rummel ABGB[2] zu § 1298 ABGB.
44 *Hachenburg-Mertens*, GmbH[7], RZ 66 zu § 43d GmbHG.
45 *G. Frotz*, GesRZ 1982, 105.
46 OGH, EvBl 1986/86; GesRZ 1998, 209.
47 OGH, ecolex 1998, 774.

Ob ein Vorstandsmitglied wegen Schadenersatz durch die Gesellschaft in Anspruch genommen wird, hängt vom Ergebnis von *Abwägungen* ab. Dabei geht es nicht nur um die Chancen der Prozeßführung und darum, ob das zu klagenden Vorstandsmitglied in der Lage sein wird, den Schaden ersetzen zu können. Bei der Prozeßrisikoanalyse geht es um die rechtliche Prüfung des Organhandelns und allfällige übergeordnete Gründe des Unternehmenswohls, die anraten können, den Schadenersatzanspruch nicht geltendzumachen.

Der deutsche BGH hat im Erkenntnis ARAG/Garmenbeck ausführlich – und auch für das österreichische Recht relevant – Stellung genommen[48]. Danach steht dem Aufsichtsrat bei der Prüfung der Frage, ob ein Mitglied des Vorstandes auf Schadenersatz geklagt werden soll, *breiter Ermessens- und Beurteilungsspielraum* zu. Zu erwägen sind allfällige negative Auswirkungen eines Schadenersatzprozesses, das Image der Gesellschaft, die allfällige Beeinträchtigung der Arbeitsfähigkeit und der Motivation des Vorstandes, Auswirkungen auf das Betriebsklima, Aspekte negativer Publizität, die Bindung personeller Ressourcen und der Arbeitsaufwand des Prozesses.

Besonderheiten der Beweislage gelten in den *Sonderfällen* des § 84 (3) AktG (besonders krasse Sorgfaltsverstöße):

- Der Schadenseintritt ist nicht von der Gesellschaft zu beweisen: Das Organmitglied hat den Nicht-Eintritt zu beweisen;
- Es gilt die Vermutung, die Schadenshöhe entspreche der Höhe der vom Vorstand aufgewendeten Mittel; der Gegenbeweis durch Vorstand/Geschäftsführer ist zulässig. Höheren Schaden muß der Kläger beweisen.
- § 84 (3) AktG gilt als *Schutzgesetz* und begründet unmittelbare Haftung gegenüber Gläubigern, die etwa durch verbotene Zahlungen an Aktionäre oder verspätete Insolvenzanmeldung zu Schaden gekommen sind.

Die Beweislastregel des § 84 (2) AktG gilt auch für GmbH-Geschäftsführer.

48 AG 1997, 377 ff.

Das *Dienstnehmerhaftpflichtgesetz*, das Dienstnehmer gegenüber Schadenersatzansprüchen der Gesellschaft entlastet, gilt als lex specialis nicht für Organmitglieder (strittig)[49], nach herrschender Lehre wohl sicher nicht, wenn Vorstandsmitglieder und Geschäftsführer Leitungsaufgaben erfüllen, die auch dem Schutz Dritter dienen.

4.4 Verantwortung mehrerer Organmitglieder bei Ressortverteilung

Delegation von Funktionen der Geschäftsführung innerhalb des Vorstandes (Ressortverteilung) oder an untere Führungsebenen ist zulässig, ja sogar erwünscht, soweit nicht die Wahrnehmung „organschaftlicher Mindestzuständigkeiten" (Kernbereiche) betroffen ist. Diese Bereiche sind so bedeutsam, daß sie nicht bloß von einem Ressortleiter geführt werden dürfen. Sie müssen vom *Gesamtvorstand* betreut werden.

Ressortverteilung durch Geschäftsordnung erfolgt in der

- AktG durch die Satzung, allenfalls durch den Aufsichtsrat: Eine durch den Vorstand bei Untätigkeit des Aufsichtsrates erlassene Geschäftsordnung hat keine haftungsbeschränkende Wirkung.
- GmbH durch die Generalversammlung.

Für die *Verantwortung* der Organmitglieder gilt gemäß § 25 (2) GmbHG und § 84 (2) Satz 1 AktG *Solidarhaftung*, auch wenn sich Schadensanteile bestimmen ließen; bejaht wird allerdings die haftungsbeschränkende Wirkung der Geschäftsordnung, die eine Ressorverteilung vornimmt, obwohl es *keine gesetzliche Sonder-Haftungsregelung für den Fall einer Ressortverteilung* gibt.

Grundsätzlich ist jedes Mitglied des geschäftsführenden Organs für den gesamten Geschäftsbereich der Gesellschaft verantwortlich: Wenn allerdings die **Ressorts** unter den Organmitgliedern durch eine Geschäftsordnung **verteilt** wurden, betrifft die Sorgfaltspflicht **inhaltlich** den jeweiligen zugeordneten Bereich („Grundsorgfalt") und die Kernbereiche[50], während sie in allen anderen Bereichen die **angemessene Kontrolle** zum Inhalt hat. Der Geschäftsführer darf sich auf die Aussagen der mit einem anderen Ressort befaßten Mitglieder grundsätzlich verlassen. Die

49 Dazu OGH, EvBl 1979, 135.
50 OGH, SZ 52/116.

gegenseitige Ergänzung des Fachwissens und der Erfahrung durch Spezialisten ist systemkonform; sonst gäbe es keine wertvollen Experten in Kollegialorganen.

Solange keine Anhaltspunkte für sorgfaltswidrige Geschäftsführung durch ein zuständiges Vorstandsmitglied vorliegen, ist ein ressort-unzuständiges Vorstandsmitglied nicht gehalten, Aufsichtsmaßnahmen in Bezug auf das Nachbarressort zu ergreifen[51].

Erst dort (und dann) muß er eingreifen, wo (und sobald) er *Verdacht schöpfen muß*, daß Mißstände vorliegen. Ist er hiezu selbst nicht in der Lage, so hat er sich eines Sachverständigen zu bedienen. Hier gilt also der *Vertrauensgrundsatz*: Organmitglieder sind in ihrem Vertrauen auf die Aussagen der zuständigen Organmitglieder geschützt, wenn kein Organisationsverschulden vorliegt, das Vorbringen des Ressortzuständigen plausibel erscheint und keine Zweifel aufkommen. Den jeweils nicht zuständigen Vorstandsmitgliedern ist also die Kontrolle der (anderen) Ressortleiter und die Sorge dafür aufgetragen, daß die anderen Ressorts den für die einheitliche Führung des Unternehmens erforderlichen Kontakt mit den übrigen Geschäftsbereichen nicht verlieren. Es besteht *abgestufte Verantwortung* für nicht ausreichende *Überwachung* anderer Ressorts (Aufsichtspflicht): Eine generelle Nachforschungspflicht gegenüber Nachbarressorts besteht nicht; ob die zuständigen Vorstandsmitglieder ihren Pflichten nachkommen, darüber muß man sich allerdings „Gewißheit verschaffen“[52].

Dies begründet eine *subjektive Verschuldenskomponente*: Jedes Organmitglied hat selbst dafür zu sorgen, gehörig (effizient) informiert zu werden[53]. Ist das Vorstandsmitglied seiner Pflicht, angemessen informiert zu werden, nachgekommen und hatte es keinen Grund, an Inhalt und Qualität der Informationen zu zweifeln, so liegt in seinem Verhalten im Allgemeinen keine objektive Sorgfaltswidrigkeit.

Jedes Organmitglied ist berechtigt und verpflichtet, gegen nachteilige Geschäftsführungsmaßnahmen anderer Organmitglieder *Widerspruch* zu erheben und derartige Maßnahmen abzustellen. Aufgrund eines Wider-

51 OLG Köln, NZG 2001, 135.
52 OGH, GesRZ 1978, 36.
53 *Runggaldier-Schima*, a.a.O. 236.

spruchs eines nicht-ressortzuständigen Organmitglieds ist eine für alle Mitglieder verbindliche Kollegialentscheidung herbeizuführen. Dieses Interventionsrecht, gleichzeitig eine Pflicht, realisiert das wechselseitige Kontrollrecht der einzelnen Organmitglieder.

Stimmenthaltung und „einfaches Überstimmen" reichen nicht für den Ausschluß der Haftung des überstimmten Organmitglieds; der *Einsatz aller „zumutbaren Mittel"*[54] ist erforderlich.

Prokuristen und Handlungsbevollmächtigte haften wohl nicht nach Organ-Grundsätzen[55].

Dieselben Grundsätze der Haftungsabstufung bei Ressortverteilung gelten auch für den **Aufsichtsrat**.

4.5 Entlastung

Der Geschäftsführer einer **GmbH** hat nach herrschender Ansicht einen klagbaren Anspruch auf Entlastung, wenn er den Jahresabschluß ordnungsgemäß erstellt, vorlegt und in der Generalversammlung die erforderlichen Auskünfte erteilt. Nach herrschender Ansicht bedeutet die Entlastung nicht nur die Billigung der Geschäftsführung für das betroffene Geschäftsjahr, sondern auch einen **Verzicht** der Gesellschaft auf Ersatzansprüche und auf die Geltendmachung von wichtigen Gründen für die Abberufung aus der Geschäftsführerposition, **wenn** alle wichtigen Umstände der Geschäftsführung bei der Beschlußfassung über die Entlastung für die Gesellschafter erkennbar waren.

Mit Rücksicht auf § 84 AktG bedeutet die Entlastung des Vorstandes einer **Aktiengesellschaft** keinen Verzicht auf Ansprüche aus der Haftung für Sorgfaltsverstöße gegenüber der Gesellschaft; der Grund dafür liegt darin, daß die Aktiengesellschaft die ihr gegen Vorstandsmitglieder aus dem Titel der Sorgfaltsverletzung zustehenden Ersatzansprüche zunächst fünf Jahre hindurch nicht, später nur unter erschwerten Bedingungen nachsehen darf. Nur der von **allen** Aktionären beschlossenen Entlastung wird die Wirkung eines Verzichtes auf Ersatzansprüche durch die Judikatur zuerkannt[56].

---

54 *Strasser* in Schiemer, AktG³, 562.

55 A. M. *Schiemer*, AktG² zu § 84 und *Strasser* in Schiemer u. a. AktG³; 565 bei gemischter Vertretung: „Repräsentantenhaftung".

56 OGH, SZ 48/79.

4.6 Verjährung und Verzicht

Schadenersatzansprüche einer **GmbH** gegen ihre Geschäftsführer verjähren in fünf Jahren; die Frist beginnt nach herrschender Ansicht mit dem Entstehen des Schadens (objektive Frist).

Schadenersatzansprüche der **Aktiengesellschaft** gegenüber den Vorstandsmitgliedern verjähren ebenfalls in fünf Jahren (§ 84 Abs. 6 AktG); nach herrschender Ansicht beginnt die Frist für die Verjährung allerdings erst ab Kenntnis des Schadenseintrittes und der Verursachung durch den Vorstand (subjektive Frist).

Die **GmbH** darf mit Geschäftsführern, die ihre Sorgfaltspflichten verletzt haben, über den Ersatz des Schadens einen Vergleich schließen und dabei auch auf Ansprüche verzichten; eine Grenze zieht § 25 GmbHG, wonach dies nur zulässig ist, soweit dadurch Gläubigerinteressen nicht verletzt werden.

Anders ist es in der **Aktiengesellschaft:** Die Gesellschaft kann erst nach fünf Jahren seit der Entstehung des Schadenersatzanspruches unter der Voraussetzung verzichten oder darüber einen Vergleich abschließen, daß die Hauptversammlung zustimmt und nicht eine Aktionärsminderheit von mindestens 20 % des Grundkapitals dem widerspricht.

4.7 Haftungsfreistellung; Folgen der Weisungsfreiheit und Weisungsgebundenheit für den Haftungsfall

Vertragliche *Vereinbarungen* über die Freistellung von der Organhaftung sind wegen des zwingenden Charakters der gesetzlichen Haftungsbestimmungen prinzipiell *unwirksam*; das gilt jedenfalls für die GmbH unter dem Gesichtspunkt der Gläubigerbefriedigung und für die Aktiengesellschaft für grobe Fahrlässigkeit, allenfalls (strittig) aber nicht für leichte Fahrlässigkeit. Vereinbarungen mit Dritten (z. B. „Trouble-Shooter“) können die Haftung für leichte Fahrlässigkeit ausschließen; ansonsten sind sie als gegen § 879 ABGB verstoßend unwirksam.

Die Anwendung des *Dienstnehmerhaftpflichtgesetzes* dürfte in derartigen Fällen wirksam vereinbart werden können.

Im Hinblick auf das Vertretungsmonopol des weisungsfreigestellten Vorstandes der Aktiengesellschaft führt die Befolgung von *Weisungen* dann, wenn sich aus der Geschäftsführungsmaßnahme ein Schaden für die Gesellschaft ergibt, nur in außergewöhnlichen Ausnahmsfällen zu einer Haftungsbefreiung:

- *Weisung* des Organs, das alle Gesellschafter repräsentiert (Ein-Mann-Gesellschaft, einstimmiger Vollversammlungsbeschluß); Willensbildungsmängel gehen zu Lasten des Organmitglieds[57]. Bloße Billigung genügt nicht.
- Die Handlung beruht auf einem *vorangehenden* gesetzmäßigen *Hauptversammlungsbeschluß* (§ 84 (4) AktG); die Beweislast hierfür trägt das Organmitglied. Voraussetzung ist also, daß der Vorstand die Hauptversammlung unter Erteilung richtiger und ausreichender Entscheidungsgrundlagen anruft (§ 103 (2) AktG) und diese eine Weisung erteilt.

Durch unförmliche „Bewilligung" der Aktionäre wird nur bei einstimmigem Beschluß aller Aktionäre die Haftung ausgeschlossen; „hypothetische" Hauptversammlung-Beschlüsse befreien nicht[58]. Nachfolgende Hauptversammlung-Beschlüsse können exkulpieren, denn sie bedeuten das Aussprechen des Vertrauens[59].

Weisungsklauseln in Konzernen können ganz oder zum Teil nichtig sein[60], *außer* es handelt sich um hundertprozentige Tochtergesellschaften.

In der Gesellschaft m.b.H begründet § 25 (5) GmbHG Haftungsbefreiung bei Handeln in Befolgung eines formellen Gesellschafterbeschlusses (nicht: eines Aufsichtsratsbeschlusses, außer er hätte laut Gesellschaftsvertrag Weisungsbefugnis) oder gemäß einer Weisung des Alleingesellschafters. Es besteht jedoch keine Haftungsbefreiung, wenn der Schadenersatzanspruch der Gesellschaft zur Befriedigung von Gesellschaftsgläubigern erforderlich ist (§ 25 (5) GmbHG). Diesfalls sind auch Vergleiche mit dem Geschäftsführer und Forderungsverzicht einseitig für die GmbH wirkungslos.

Für das Organmitglied besteht die Pflicht, *Weisungen zu ignorieren*, wenn deren Befolgung den Geschäftsführer straf- oder zivilrechtlich ver-

57 *Runggaldier-Schima*, a.a.O. 239.
58 *G. Frotz* in FS Wagner S. 154.
59 Zögernd bejahend *G. Frotz* a.a.O. S. 160 f.
60 *Krejci*, ÖZW 1988, 67.

antwortlich machen würde *oder* die Erfüllung einer Weisung den Interessen der Gesellschaft zuwiderliefe. Solche – gesetzwidrige nichtige – Weisungen, die der Geschäftsführer/Vorstand nicht beachten darf, sind etwa der Auftrag, die zum Gläubigerschutz angeordneten Konkursanmeldungsregelungen oder die Buchführungs- und Bilanzierungsvorschriften zu mißachten.[61]

4.8 Die persönliche Haftung der Organmitglieder nach außen

4.8.1 Die Haftung der Organmitglieder gegenüber Gesellschaftern und Dritten

Gegenüber **Gesellschaftern** haften Organmitglieder grundsätzlich **nicht**; der einzelne Gesellschafter kann nicht Zahlung des bei der Gesellschaft bewirkten Schadens an sich selbst verlangen, auch nicht hinsichtlich jenes Teils, der seiner Beteiligungsquote entspricht. Die Ersatzansprüche sind auf die Gesellschaft „kanalisiert", sodaß sie allen Gesellschaftern, aber auch allen Gesellschaftsgläubigern in gleicher Weise zugutekommen. Daher haftet der Geschäftsführer Gesellschaftern gegenüber nicht für „Verwirtschaften der Stammeinlage" und für Wertverlust von Aktien als sogenannte „Reflexschäden"[62].

Gegenüber **Gesellschaftern** haften Organmitglieder allerdings für die Verletzung „absolut geschützter Rechte" und aus der Verletzung von Schutzgesetzen, zu denen insbesondere § 84 Abs. 3 AktG, § 255 AktG und § 122 GmbHG gehören.

Nach jüngster deutscher Rechtsprechung steht Aktionären ein auf Sittenwidrigkeit gestützter Schadenersatzanspruch gegen den Vorstand zu, wenn wegen dessen falscher ad-hoc-Meldung ein Kursverlust der Aktie eintrat[63].

Gegenüber **Dritten**, insbesondere Gläubigern, haften Organmitglieder

- weil das *Gesetz* dies – in Ausnahmsfällen – ausdrücklich *vorsieht*, so etwa § 56 GmbHG bei falschem Nachweisen oder Erklärungen anläß-

---

61 OGH, WBl 1989, 155 und 250.

62 OGH, GesRZ 1980, 146; SZ 49 und 50/51; ecolex 1992, 853 und 1995, 901.

63 LG Augsburg, ZIP 39/2001, A 75.

lich der Stammkapitalherabsetzung und § 64 GmbHG bei unrichtiger Firmenbuchanmeldung der Einforderung ausständigen Stammkapitals; dazu gehört auch die Haftung für Wettbewerbsverstöße, allerdings nur, wenn die Organmitglieder sie selbst begangen haben oder wenn ihnen der Wettbewerbsverstoß durch im Unternehmen tätige Dritte bekannt wurde und sie ihn nicht verhindert haben, obwohl sie dazu in der Lage waren[64];

- bei *deliktischer* Schädigung etwa durch Verletzung von strafrechtlichen Bestimmungen (z. B. fahrlässige Körperverletzung eines Kunden, Veruntreuung von Inkassogeldern, Veräußerung von Ware unter Eigentumsvorbehalt, Betrug gegenüber Gläubigern, wissentlich mißbräuchlichem Abruf einer Bankgarantie, Kridadelikten u. a. m.);
- bei *Schutzgesetzverletzungen* (z. B. vorsätzlich falsche Darstellung des Vermögens gemäß § 122 GmbHG und § 255 AktG); dazu Näheres in Punkt 4.8.2.
- bei Verletzung *vorvertraglicher Aufklärungspflichten* über die schlechte wirtschaftliche Lage der Gesellschaft, wenn das Organmitglied erhebliches wirtschaftliches Eigeninteresse am Zustandekommen eines Vertrages hat oder anläßlich der Vertragsverhandlungen in besonderem Maße persönliches Vertrauen in Anspruch nimmt (*culpa in contrahendo*)[65];
- für die *Nichteinhaltung von Verträgen*, die die Gesellschaft binden, grundsätzlich *nicht*, außer es läge ein Eingriff in ein „absolut geschütztes Rechtsgut" (z. B. Eigentum) des Gläubigers vor (z. B. Verkauf einer geliehenen Sache, Veruntreuung von Erlösen aus einem Automatenaufstellungsvertrag).

4.8.2 Strafrechtliche Verantwortlichkeit

Delikte des allgemeinen Strafrechtes

„Vermögensdelikte" des allgemeinen Strafrechtes sind z. B.

- **Betrug** (§ 146 StGB: Täuschung des Opfers über Tatsachen führt zu dessen selbstschädigender Vermögensverfügung),

64 OGH, ÖBl 1990, 123.
65 *Reich-Rohrwig*, GmbH-Recht I^2, 2/437.

- **Veruntreuung** (§ 133 StGB: Zueignung eines anvertrauten fremden Gutes),
- **Untreue** (§ 153 StGB: Schädigung durch Mißbrauch der Organstellung),
- **fahrlässige Körperverletzung** (§ 88 StGB),
- **Beweismittelfälschung** (§ 293 StGB).

„Krida-Delikte“ des Strafgesetzbuches

- In den Fällen der **Betrügerischen Krida** (§ 156 StGB) führt der Schuldner einen Befriedigungsausfall dadurch herbei, daß er *sein eigenes Vermögen* – tatsächlich oder vorgetäuscht – *verringert*.
- **Schädigung fremder Gläubiger** (§ 157 StGB) begeht, wer hinsichtlich der Vermögensverringerung ohne Einverständnis mit dem Schuldner handelt.

Zum Kreis dieser Delikte gehören auch die

- **Vollstreckungsvereitelung** (§ 162 StGB) und die
- **Gläubigerbegünstigung** (§ 158 StGB).

Von großer Bedeutung ist das Delikt der **fahrlässigen Beeinträchtigung von Gläubigerinteressen** (§ 159 StGB), in Kraft seit 1.8.2000:

- Bei Eröffnung eines Insolvenzverfahrens oder bei rechtskräftiger Abweisung von Eröffnungsanträgen mangels ausreichenden Vermögens kam es häufig zur Verurteilung zumindest wegen dieses Deliktes in seiner strengeren alten Fassung („fahrlässige Krida“). Die verspätete Konkursanmeldung allein ist nun kein Fall des § 159 StGB mehr. Strafbar ist nunmehr die *zumindest grob fahrlässige Herbeiführung der Zahlungsunfähigkeit durch* **kridaträchtige Handlungen**.
- **Zahlungsunfähigkeit** bezeichnet die Unfähigkeit des Schuldners, seine fälligen Schulden binnen angemessener Zeit zu begleichen; dies kann auch dadurch geschehen, daß ein Schuldner seine Verbindlichkeiten durch wirtschaftlich ungerechtfertigte Neuverschuldung abdeckt. Zahlungsstop bedeutet noch keine Zahlungsunfähigkeit. Die (bloß rechnerische) Überschuldung einer Kapitalgesellschaft begründet zwar – bei negativer Fortführungsprognose – einen Konkurseröffnungs-

grund; Überschuldung allein führt aber noch nicht zum Delikt der fahrlässigen Beeinträchtigung.

- **Kridaträchtiges Handeln** liegt nach taxativer gesetzlicher Aufzählung vor im Falle von
  - übermäßigem *Aufwand* in auffallendem Widerspruch zu Vermögen oder Leistungsfähigkeit;
  - Zerstören, Verschleudern oder Verschenken *bedeutender Vermögensbestandteile*;
  - außergewöhnlich *gewagten Geschäften*, Spiel oder Wette mit übermäßig hohen Beträgen;
  - Unterlassung der Führung oder schlechte Führung vom *Geschäftsbüchern* und *Aufzeichnungen*, Unterlassen geeigneter Kontrollmaßnahmen;
  - Nicht-Erstellung oder verspäteter Erstellung von *Jahresabschlüssen*.
- Strafbar ist auch zumindest grob fahrlässige Beeinträchtigung der Gläubigerbefriedigung nach Eintritt der Zahlungsunfähigkeit durch kridaträchtige Handlungen.

Sondertatbestände des Gesellschaftsrechtes

- § 122 GmbHG bzw § 255 AktG i. d. F. des Finanzmarktaufsichtsgesetzes 2001 bestimmen (gerafft und verkürzt dargestellt):

  Mit bis zu 2 Jahren oder mit einer Geldstrafe von bis zu 360 Tagessätzen zu bestrafen ist, wer
  - in **Darstellungen**, in **Übersichten** über den Vermögensstand der Gesellschaft, insbesondere in Jahresabschlüssen, ... in Auskünften in der *Generalversammlung*, an Aufsichtsrat oder Abschlußprüfer die Verhältnisse der Gesellschaft in wesentlichen Punkten *unrichtig wiedergibt*, verschleiert oder *erhebliche Umstände verschweigt*;
  - als Geschäftsführer gegenüber dem *Firmenbuch* (§ 26 GmbHG) **falsche Angaben** macht;
  - als Geschäftsführer in den zum Zweck der Eintragung der Gesellschaft oder der Eintragung der Erhöhung oder Herabsetzung des Stammkapitals abzugebenden *Erklärungen* **falsche Angaben**

macht, erhebliche Umstände verschweigt oder einen Sonderbericht nicht erstattet.

- Ab 1.1.2002 sind die Bestimmungen *verschärft*: Unrichtige Wiedergabe, Verschleierung oder Verschweigung von erheblichen Umständen in Berichten (nicht nur in Jahresabschlüssen) an Öffentlichkeit, Gesellschafter, Aufsichtsrat und Abschlußprüfer beschränkt sich nicht auf die Gesellschaft selbst, sondern betrifft *auch verbundene Unternehmen* und *einzelne Geschäftsfälle*. Das Organmitglied haftet für Jahresabschlüsse wegen Fehlerhaftigkeit insbesondere dann, wenn diese nicht geeignet sind, ein getreues Bild der Vermögens- und der Ertragslage zu geben; dafür können nicht nur Irrtümer und Fehler maßgeblich sein, sondern auch bewußte Maßnahmen der *Bilanzschönung* und der *Bilanzverfälschung*.
- Diese **Delikte** können **nur vorsätzlich** begangen werden (§ 7 Abs. 1 StGB).

4.8.3 Verwaltungsstrafrechtliche Verantwortlichkeit

Darunter ist die verschuldete Verletzung von nicht-gerichtlichen Strafbestimmungen in Verwaltungsvorschriften zu verstehen.

Allgemeine Verantwortlichkeit:

Weil juristische Personen nach derzeitigem österreichischen Rechtsverständnis kein **Verschulden** treffen kann, **haften** bei Nicht-Einhaltung von Verwaltungsvorschriften durch juristische Personen gemäß § 9 VStG *im allgemeinen* bei Verschulden – zumindest bei Fahrlässigkeit – die **Geschäftsführer** (Vorstandsmitglieder) **kollegial**[66].

Nahezu alle Verwaltungsvorschriften sehen nicht-gerichtliche Strafbarkeit für den Fall von deren Verletzung vor; für die Organmitglieder von

66 Vgl. die Rechtslage in den USA („Corporate Criminal Liability"), in England (leading case Herold of Free Enterprise), Reformüberlegungen in Deutschland, in anderen EU-Mitgliedstaaten v. a. im Zusammenhang mit dem „2. EU-Protokoll" zum Übereinkommen über den Schutz der finanziellen Interessen der Europäischen Gemeinschaften; dazu auch österreichische Bußgeldregelungen gemäß § 18 ff. Mediengesetz und § 137 Kartellgesetz; zum Thema jüngst umfassend *Lewisch*, Strafbarkeit der juristischen Person [2001].

Kapitalgesellschaften kommen u. a. das Bankwesengesetz, das Börsegesetz, das Lebensmittel- und das Arzneimittelgesetz in Betracht. Trifft ein Organmitglied an der Nicht-Einhaltung der sanktionierten Pflicht der juristischen Person Verschulden, so ist es strafbar.

Die gesellschaftsrechtlichen **Organe** haften ausnahmsweise **nicht**, wenn

- die Verwaltungsvorschriften etwas anderes bestimmen – z. B. § 39 Gewerbeordnung – oder
- die Gesellschaft einen **„verantwortlichen Beauftragten“** für den Gesamtbetrieb oder für Teilbetriebe bestellt hat.

Ein verantwortlicher Beauftragter muß seiner **Bestellung** nachweislich zugestimmt haben, seinen **Wohnsitz** im Inland haben (die Konformität mit dem Gemeinschaftsrecht erscheint fraglich), „deliktsfähig“ sein, also strafrechtlich verfolgt werden können, und **Anordnungsbefugnis** für jenen Bereich besitzen, für den er bestellt ist.

Die Bestellung wirkt ab dem Zeitpunkt, in dem der Behörde die Zustimmung des Bestellten nachgewiesen wird; der Nachweis muß aus der Zeit vor Begehung der Verwaltungsübertretung stammen[67].

Bei Bestellung des verantwortlichen Beauftragten **entfällt** die Haftung der Organmitglieder, **außer** diese haben eine **Weisung** erteilt, die die Einhaltung der Verwaltungsvorschrift unzumutbar machte, oder es trifft sie **Auswahlverschulden** oder sie haben die Tat **vorsätzlich nicht verhindert**.

Für verhängte Strafen haftet die juristische Person mit dem Organ oder verantwortlichen Beauftragten.

„Vergütung“ der Strafe durch die Gesellschaft ist zulässig; vorweg getroffene Vergütungsvereinbarungen gelten allerdings als nichtig.

Die Bestellung besonderer verantwortlicher Beauftragter sehen **Verwaltungsvorschriften** insbesondere im Dienstnehmerschutzrecht vor:

- **Arbeitnehmerschutzgesetz**

  Sicherheitsvertrauenspersonen gemäß § 10 ASchG, die die „für ihre Aufgaben notwendigen persönlichen und fachlichen Voraussetzungen erfüllen“, dürfen auf Dauer von vier Jahren bestellt werden.

67 VwGH verst. Senat Zl 90/19/0053.

- **Arbeitszeitgesetz, Arbeitsruhegesetz**

  Gemäß § 28 AZG und § 27 ARG können „Bevollmächtigte" im Sinne des § 9 VStG bestellt werden.

- **Arbeitsinspektionsgesetz**

  Beauftragte dürfen nur „leitende Angestellte" mit maßgeblichen Führungsaufgaben" sein. Die Bestellung des „verantwortlichen Beauftragten" gemäß § 23 ArbIG wird erst mit der schriftlichen Mitteilung samt Zustimmungserklärung des Bestellten an die Behörde wirksam.

  Bei ordnungsgemäßer Bestellung und Mitteilung sind die Organmitglieder nicht haftbar.

- **Ausländerbeschäftigungsgesetz**

  Gemäß § 28a Abs. 3 AuslBG sind verantwortliche Beauftragte vorgesehen.

Im Einzelfall ist zu prüfen, ob kraft Sondervorschrift im einschlägigen Gesetz trotz Bestellung des verantwortlichen Bevollmächtigten die *Verantwortung der Organmitglieder* unberührt bleibt oder die Haftung der verantwortlichen Beauftragten an die Stelle der Organmitglieder tritt – soferne diese nicht wegen eigener Obsorgeverletzung haften.

4.8.4 Verantwortlichkeit im Gewerberecht

Juristische Personen (AG, GmbH) sind – ebenso wie Personenhandelsgesellschaften – zur Bestellung eines „gewerberechtlichen Geschäftsführers" verpflichtet (§§ 9, 39, 40 GewO).

Dieser ist dem **Betriebsinhaber** gegenüber für die fachlich einwandfreie Gewerbeausübung **und der Gewerbebehörde** gegenüber für die Einhaltung der gewerberechtlichen Vorschriften verantwortlich, auch wenn der gewerberechtliche Geschäftsführer über Weisung des Gewerbeinhabers gehandelt hat. Arbeitnehmervorschriften, kaufmännische Aufgaben und Angelegenheiten des Rechnungswesens sind im Allgemeinen nicht von der Verantwortung des gewerberechtlichen Geschäftsführers umfaßt. Den gewerberechtlichen Geschäftsführer können allerdings auch Haftungen nach Sondergesetzen (Preis-, Offenhaltungs- und Maschinen- und Gerätesicherheitsbestimmungen) treffen.

Der gewerberechtliche Geschäftsführer muß nicht Österreicher sein; als EWR-Bürger muß er seinen ordentlichen **Wohnsitz** im Inland oder im EWR-Ausland haben. Bei Wohnsitz in einem anderen Staat müssen Verhängung und Vollstreckung von Verwaltungsstrafen durch Übereinkommen sichergestellt sein. Für Gewerbe mit Befähigungsnachweis besteht das Erfordernis, daß der Geschäftsführer Organmitglied oder Arbeitnehmer ist, der mindestens die Hälfte der Normalarbeitszeit im Betrieb beschäftigt und voll versicherungspflichtig ist; der nicht angestellte **Prokurist** darf daher **nicht** bestellt werden. Der Geschäftsführer muß sich im Betrieb „entsprechend betätigen" können[68].

Bestellung und Ausscheiden sind der Gewerbebehörde (nur) anzuzeigen.

Vertraglicher Haftungsausschluß für leichte Fahrlässigkeit ist zulässig. **Gewerbeinhaber** und Organmitglieder sind bei ordnungsgemäßer Bestellung und Anzeige von der **Haftung befreit, außer** der Gewerbeinhaber duldete die Übertretung wissentlich oder er hat den Geschäftsführer nicht sorgfältig ausgewählt.

4.8.5 Abgabenrechtliche Haftung

Allgemeine Regelung

§ 9 BAO bestimmt: Die Organmitglieder von Kapitalgesellschaften, auch die GmbH-Geschäftsführer für die GmbH & Co KG haben für die Abgabenentrichtung zu sorgen (§ 80 BAO); daher haften sie **neben** der Gesellschaft für deren Abgabenverbindlichkeiten **insoweit**, als **fällige** Abgaben wegen **schuldhafter (zumindest leicht fahrlässiger) Verletzung** ihrer Pflichten nicht einbringlich gemacht werden können. Es handelt sich um eine persönliche unbeschränkte **Ausfallhaftung**.

Objektive Uneinbringlichkeit bedeutet, daß Zwangsvollstreckung in das Gesellschaftsvermögen ergebnislos wäre oder war; das ist bei Zahlungsunfähigkeit der Gesellschaft (Konkurseröffnung) in der Regel – aber nicht zwingend – der Fall. Der gerichtliche Ausgleich bewirkt keine Einschränkung der Geschäftsführerhaftung[69].

68 § 39 Abs. 2a GewO infolge EuGH-Erkenntnis i. S. Clean Car Autoservice Rs C-350/96.

69 VwGH, RdW 1999, 745.

„Geschäftsführer“ gemäß §§ 9, 80 BAO ist der **faktische** Geschäftsführer; die Firmenbucheintragung ist nicht maßgeblich.

Für durch vorsätzliche Finanzvergehen verkürzte Abgaben haften die Organmitglieder unabhängig von Kausalität und Verschulden.

Den Geschäftsführer trifft die **Beweislast**, daß er für die Abgabenentrichtung **nicht** Sorge tragen konnte.

Vom Geschäftsführer geleistete Abgaben können – weil der „betrieblichen Sphäre zuzuordnen“ – als Werbungskosten abgesetzt werden[70].

Abgabenrechtliche Pflichten der Organmitglieder sind insbesondere

- **Anzeige- und Offenlegungspflichten**, insbesondere die Abgabe von Steuererklärungen;
- **Buchführungspflichten**, insbesondere die Erstellung des Jahresabschlusses, auch die Aufbewahrungspflicht;
- **Abgabenentrichtungspflicht** hinsichtlich der den Organmitgliedern verfügbaren Mittel. Es gilt der **Gleichbehandlungsgrundsatz** aller Gläubiger (keine Abgabenpriorität): Der Fiskus **ist quotenmäßig zu bedienen**, darf also weder bevorzugt noch benachteiligt werden. Besondere Sorgfalt ist bei Abzugssteuern (Lohnsteuer, Kapitalertragssteuer) wegen der Vermutung der Verfügbarkeit der Mittel geboten; diese Forderungen sind vorrangig zu bedienen, weil es sich um geschuldete Abgaben Dritter handelt, die die Gesellschaft lediglich einzubehalten und abzuführen hat;
- **Informationspflichten** über Gesetzeslage, Finanzlage der Gesellschaft und Verbindlichkeiten.

Schuldbefreiende Pflichtenübertragung auf Dritte ist nicht zulässig.

Es handelt sich um höchstpersönliche Pflichten; **Erfüllungsgehilfen** sind allerdings zulässig, für die Auswahlverschulden und Überwachungspflichten gelten.

Ressortzuständigkeit

Es handelt sich um *Kernpflichten*; jedenfalls besteht Überwachungspflicht und Handlungsgebot bei Verdacht einer Pflichtenverletzung.

70 VwGH, GesRZ 2001, 102 ff.

Der *Zeitrahmen* entspricht der Geschäftsführerfunktion; der fiktive Zahlungszeitpunkt ist relevant, nicht die hinausgeschobene tatsächliche Zahlung.

Kausalität ist Haftungsvoraussetzung; die Pflichtverletzung muß für die Uneinbringlichkeit ursächlich sein. Wäre die Abgabe auch bei pflichtgemäßem Handeln uneinbringlich gewesen, entfällt die Haftung.

Die Geltendmachung der Haftung erfolgt durch *Haftungsbescheid*; er bewirkt Gesamtschuldnerschaft (Ermessensentscheidung der Abgabenbehörde) und Zahlungspflicht binnen eines Monats. Berufung gegen Haftungsbescheid *und* Abgabenbescheide ist erforderlich, auch wenn diese schon rechtskräftig sein sollten.

Im **Sozialversicherungsrecht** gelten Melde-, Anzeige- und Auskunftspflichten, die Pflicht zur Entrichtung der Arbeitgeberbeiträge und die Pflicht zum Einbehalten und zur Entrichtung der Arbeitnehmerbeiträge. Die *früher* gemäß § 67 Abs 10 ASVG bestehende *Haftung unabhängig von Kausalität und Einbringlichkeit* ist als sachlich nicht gerechtfertigt durch ein Erkenntnis des Verfassungsgerichtshofes **weggefallen**[71]; im Sozialversicherungsrecht *gelten jetzt die Grundsätze von § 9 BAO*. Haftung des Geschäftsführers tritt nur mehr ein bei Nichtabfuhr einbehaltener Dienstnehmeranteile oder bei Verletzung der Meldepflichten gemäß § 111 ASVG, soweit der Verstoß verschuldet und für die Uneinbringlichkeit kausal ist[72].

Rechtsanwälte, Notare und Wirtschaftstreuhänder haften wegen Handlungen bei Ausübung ihres Berufes, insbesondere bei Beratung in Abgabensachen, wenn darin eine Berufspflichtenverletzung zu erblicken ist; im Zweifel befindet darüber der zuständige Disziplinarrat der Rechtsanwaltskammer auch für die Finanzstrafbehörde bindend.

Finanzstrafrechtliche Haftung

Es besteht **Primär-**, nicht bloß Ausfallshaftung für durch *vorsätzliche* Finanzvergehen verkürzte Abgaben (§ 11 BAO).

Die Gesellschaft haftet für verhängte Geldstrafen.

71 VfSlg 12.008/1989.
72 VwGH, RdW 7/2001, 414 f.

Die Delikte sind **Finanzordnungswidrigkeiten** (z. B. LSt, KESt, USt werden nicht am 5. Tag nach Fälligkeit entrichtet) oder **fahrlässige Abgabenverkürzungen** (z. B. schlampiger Buchhalter wird nicht streng kontrolliert; die Steuererklärung ist fehlerhaft) oder **vorsätzliche Abgabenverkürzungen**.

Auf die Bedeutung der **Selbstanzeige** (§ 29 FinStrG) vor behördlicher Verfolgungshandlung oder Entdeckung der Tat unter völliger Offenlegung aller maßgeblichen Umstände und unverzüglicher Entrichtung aller hinterzogenen Abgaben ist hinzuweisen.

4.8.6 Umweltrechtliche Haftung

§ 180 ff. StGB sind die **zentralen Tatbestände** des österreichischen Umweltstrafrechts: Strafbar sind

- die *Beeinträchtigung* von Gewässern, Boden oder Luft, falls daraus *Gefahren* („abstrakte, potentielle" Gefährlichkeit) für Umwelt, Tiere oder Pflanzen entstehen können (§ 180 StGB), z. B. Gewässerverunreinigung;
- auch nicht gefährliche, aber schwere, nachhaltige und im Ausmaß große *Beeinträchtigungen* von Gewässern und Boden (§ 180 StGB);
- *Lärmerzeugung*, die zu nachhaltiger schwerer Beeinträchtigung des körperlichen Befindens vieler Menschen führt (§ 181a StGB); der Nachweis des Vorliegens dieser Voraussetzungen gelingt kaum;
- umweltgefährdender Umgang mit *Abfällen* (§ 181b, c StGB), insbesondere Lagern, gefährliches Behandeln, Ablassen und illegales Verbringen von Abfällen. Abfälle können Industrieabfälle, aber auch Haus- oder Sperrmüll, auch Altöl sein. Maßgeblich ist der „Entledigungswille";
- umweltgefährdendes Betreiben von *Anlagen* (§ 181d StGB), z. B. einer Müllverbrennungsanlage;
- sonstige Gefährdung des Tier- und Pflanzenbestandes (§§182, 183 StGB).

Die Anhäufung *unbestimmter Gesetzesbegriffe* macht die Verfolgung schwierig. Die höchste im Umweltstrafrecht vorgesehene Strafdrohung beträgt 3 Jahre; vgl bis zu 10 Jahre im deutschen Strafgesetzbuch (§§ 324 ff.).

Alle Tatbestände sind „**verwaltungsakzessorisch**" ausgestaltet. Die Strafbarkeit entfällt, wenn die umweltbelastende Maßnahme durch den Betrieb einer behördlich genehmigten Anlage innerhalb der genehmigten Grenzen erfolgt.

Als **Täter** kommen die **Organmitglieder** in Betracht, außer sie haben **Umweltbeauftragte** eingesetzt; dann haften **nur diese**. Die Organmitglieder haften aber jedenfalls für Auswahlverschulden und unzureichende innerbetriebliche Organisation und im Falle der Erteilung von Weisungen.

Es gelten die Prinzipien der **Ressortverantwortlichkeit**.

Umweltbeauftragte trifft eine **Hilfeleistungspflicht** bei Unfällen und großen Umweltgefahren („Unterlassen der Hilfeleistung", § 95 StGB, „Imstichlassen" eines Verletzten, § 94 StGB).

Verwaltungsstrafrechtliche Haftung

Nahezu jeder Verstoß gegen umweltgesetzliche Bestimmungen und Verordnungen ist mit Verwaltungsstrafe bedroht; so sind beispielsweise hohe Verwaltungsstrafen durch das Abfallwirtschaftsgesetz und das Wasserrechtsgesetz festgesetzt.

Im **Abfallwirtschaftsrecht** sind Geschäftsführer als Träger einer Erlaubnis gemäß § 15 AWG vorgesehen; sie müssen verläßliche hauptberuflich Beschäftigte mit einschlägigen fachlichen Kenntnissen und Fähigkeiten sein und ihren Wohnsitz im Inland haben; auch diesbezüglich ist die Konformität mit dem Europäischen Gemeinschaftsrecht fraglich. Dieser *Geschäftsführer* tritt an die Stelle des handelsrechtichen Geschäftsführers bzw des verantwortlichen Beauftragten. Neben dem abfallwirtschaftsrechtlichen Geschäftsführer haftet das Organ nur, wenn es die Verwaltungsübertretung wissentlich duldet oder bei der Auswahl des Geschäftsführers unsorgfältig war.

Umweltbeauftragte, die durch eine große Zahl von Verwaltungsvorschriften vorgesehen werden (so etwa der Giftverkehrbeauftragte nach ChemG und der Störfallsicherheitsbeauftragte gemäß StörfallV) sind verwaltungsstrafrechtlich nur verantwortlich, wenn sie **auch** zum **verantwortlichen Beauftragten** (§ 9 VStG) bestellt wurden.

Zivilrechtliche Haftung

Direkte Einwirkungen aus Nachbargrundstücken (z. B. Abwässer, Rauch, Gase, Geruch, Geräusche, Erschütterungen) über das „*ortsübliche*“ Maß hinaus sind *unzulässig* (§ 364 ABGB) und können untersagt werden, wenn sie die „ortsübliche“ Benutzung des Grundstückes beeinträchtigen. Dazu gehören auch optische Einwirkungen wie Lichtreklame und Scheinwerferbeleuchtung und ionisierende Strahlung, nicht aber moralische und ästhetische Beeinträchtigung (z. B. Bordell, Unrathaufen)[73].

Als *Ausgleich* kann – vom Verschulden unabhängig – *Schadenersatz* zugesprochen werden.

Sind die die Einwirkungen verursachenden Anlagen verwaltungsrechtlich bewilligt, können sie nicht untersagt werden (§ 364a ABGB): „*Verwaltungsakzessorietät*“.

Neben dem durch unzulässige Emissionen schädigenden Unternehmen haften **Organmitglieder**, die gegen gesetzliche Bestimmungen verstoßen haben, ex delicto oder kraft Verletzung einer Schutzvorschrift dem Geschädigten auch direkt für den Schaden (z. B. Schmerzensgeld, Heilungskostenersatz; Rente wegen Berufsunfähigkeit bei Luftverunreinigungen).

Unter gesetzlichen Bestimmungen sind nicht nur verwaltungsrechtliche Normen wie etwa die Störfallverordnung oder das Betriebsanlagenrecht gemeint, sondern auch *Europäisches Gemeinschaftsrecht* wie etwa Richtlinien und Verordnungen, die sich auf die Beseitigung oder Verbringung von Abfall und Altlasten beziehen. Ob es sich bei diesen Normen um **Schutzgesetze** handelt, ist nicht ganz klar; wäre es so, dann begründete dies zivilrechtliche Haftung der Organmitglieder gegenüber geschädigten Dritten. Die Europäische Kommission hat eine *Richtlinie* über *Umwelthaftung angekündigt*; ein Weißbuch (2000) und ein Grünbuch (1995) leisteten Vorarbeiten. Es soll das *Verursacherprinzip* gelten; Entschädigungen sollen tatsächlich für die Beseitigung der Schäden verwendet werden müssen. Interessenverbände sollen Klagslegitimation erhalten, falls die Behörden bei Umweltschäden nicht tätig werden. Haften soll der für die schadensverursachende Tätigkeit verantwortliche Betreiber; eine verpflichtende Deckungsvorsorge ist nicht vorgesehen.

73 OGH, SZ 48/131, 57/179, 55/69, 58/121.

5. Exkurs: Die Haftung des Stifters und der Stiftungsorgane in österreichischen Privatstiftungen

5.1 Der Stiftungsvorstand – das zentrale Geschäftsführungsorgan der Privatstiftung

Der Stiftungsvorstand ist das **zentrale** mit Geschäftsführungs- und Vertretungsbefugnis ausgestattete **Organ** der Privatstiftung (§ 14 PSG). Er verwaltet und vertritt sie und trägt Sorge für die Erfüllung des Stiftungszweckes. Der Vorstand ist hierbei verpflichtet, die Bestimmungen der Stiftungserklärung einzuhalten (§ 17 Abs. 1 PSG).

5.2 Der Aufgabenbereich des Stiftungsvorstandes – beschränkt durch den Stiftungszweck?

Das PSG stellt nicht klar, ob die **Vertretungsbefugnis** des Stiftungsvorstandes inhaltlich **beschränkt** und beschränkbar ist. Das Gesetz läßt insbesondere offen, ob die Rechtsfähigkeit der Privatstiftung durch ihren Zweck beschränkt ist; dies hätte die Folge, daß Geschäfte der Privatstiftung unwirksam wären, die dem Stiftungszweck widersprechen.

Diese Fragen haben nicht nur für Vertragspartner einer Privatstiftung Bedeutung, für die sich die Frage stellte, ob ein mit der Privatstiftung abgeschlossenes Geschäft etwa unwirksam ist. Die Beantwortung der Frage hat auch **Auswirkungen** auf die **Haftung** des Stiftungsvorstandes. Würde er außerhalb seiner Vertretungsbefugnis ein Geschäft abschließen, so würde er dem Vertragspartner für den Vertrauensschaden, bei Abschluß eines Geschäftes mit einem Kaufmann sogar für das Erfüllungsinteresse haften. Auch die Privatstiftung selbst würde diesfalls dem Gläubiger haften, weil sie für das Verschulden ihres Organvorstandes deliktisch und für ihre Erfüllungsgehilfen nach allgemeinen Rechtsgrundsätzen einzustehen hat.

Eine durch den Wirkungsbereich kraft Stiftungserklärung **begrenzte Rechtsfähigkeit** der Privatstiftung wird allerdings von der Lehre einhellig **abgelehnt**; eine beschränkte Rechtsfähigkeit wäre eine zu große Belastung des Geschäftsverkehrs, weil die Geschäftspartner der Privatstiftung keine Sicherheit über den konkreten Umfang der Rechtsfähigkeit und damit über die Gültigkeit abgeschlossener Rechtsgeschäfte hätten.

Dazu kommt, daß der Stiftungszweck zwar im Firmenbuch einzutragen ist, allerdings nur in einer Kurzfassung; der tatsächliche **Zweck** ist daher aus dem Firmenbuch **nicht erkennbar**.

Ob dennoch die Vertretungsbefugnis des Stiftungsvorstandes inhaltlich durch den Stiftungszweck beschränkt ist, ist strittig. Gegen eine Beschränkung der Vertretungsbefugnis spricht das Interesse an der Verkehrssicherheit; dazu kommt, daß das Gesetz für Privatstiftungen kein Organ vorsieht, das ein zweckwidriges Geschäft des Vorstandes genehmigen könnte. Daraus ist zu schließen, daß die Vertretungsbefugnis des Stiftungsvorstandes **inhaltlich unbeschränkt** und durch den Stifter und die Stiftungsurkunde auch **nicht beschränkbar** ist. Der Stiftungszweck beschränkt daher nur die Geschäftsführungsbefugnis des Stiftungsvorstandes. Deren Überschreitung führt nicht zur Unwirksamkeit des Geschäftes, kann aber den Vorstand haftbar machen.

5.3 Die Sorgfaltspflicht des Stiftungsvorstandes

5.3.1 Haftungsgrundsätze und Sorgfaltsmaßstab

§ 17 Abs. 2 PSG bestimmt, daß jedes Mitglied des Stiftungsvorstandes seine Aufgaben ***sparsam und mit der Sorgfalt eines gewissenhaften Geschäftsleiters*** zu erfüllen hat. Wird diese Sorgfaltspflicht verletzt, dann haftet jedes Mitglied des Stiftungsvorstandes der Stiftung für den aus schuldhafter Pflichtverletzung entstandenen Schaden (§ 29 PSG).

Diese **Regel** ist **zwingend** und durch die Stiftungsurkunde nicht abdingbar.

Der Grundsatz der Sorgfalt eines gewissenhaften Geschäftsleiters zeigt, daß das PSG sich an der Verantwortung und Sorgfaltspflicht der Organmitglieder von **Kapitalgesellschaften** orientiert hat. Die Grundsätze von § 84 Abs. 1 AktG über die Sorgfaltspflicht des Vorstandes sind daher sinngemäß anzuwenden.

Für den Stiftungsvorstand gilt ein **objektiver Sorgfaltsmaßstab**. Die Anforderungen bestimmen sich nicht nach den individuellen Fähigkeiten des Vorstandsmitgliedes, sondern nach der von ihm übernommenen Aufgabe. Der Stiftungsvorstand hat sich zu verhalten wie jemand in *verantwortlich leitender Position bei selbständiger treuhändiger Wahrnehmung fremder Vermögensinteressen*[74].

74 OGH, GesRZ 1986, 97

Umfang, Ausmaß und Intensität der vom Stiftungsvorstand geschuldeten Pflichten hängen auch von der Art und Größe des der Stiftung gewidmeten Vermögens ab. Eine wichtige Aufgabe des Stiftungsvorstandes ist daher auch die Entscheidung der Frage, wie eine Stiftungsorganisation einzurichten ist, die zu ihrer Größe, der Art des Stiftungsgegenstandes und dem Stiftungszweck paßt.

5.3.2 Haftungsfolgen

Die Haftung besteht in der Verpflichtung zum **Schadenersatz in das Vermögen der Stiftung. Voraussetzungen** für die Schadenersatzpflicht sind der Eintritt eines Schadens, den der Stiftungsvorstand durch Handeln oder Unterlassen verursacht hat, und dessen rechtswidriges und schuldhaftes Handeln. Für diesen Grundsatz gelten die Prinzipien, die die Lehre und Rechtsprechung für die Haftung von Vorstands- bzw Geschäftsführungsmitgliedern in Kapitalgesellschaften entwickelt hat.

Für die Verletzung der Sorgfaltspflicht **haftet** jedes Mitglied des Stiftungsvorstandes **verschuldensabhängig**; eine Erfolgshaftung trifft den Stiftungsvorstand nicht. Gehaftet wird aber auch schon für **jeden Grad des Verschuldens**, somit auch für leichte Fahrlässigkeit.

5.3.3 Ressortverteilung; Beweislast

Für die Privatstiftung gelten auch die für Kapitalgesellschaften entwikkelten Grundsätze über die Sorgfaltspflichten eines mehrgliedrigen Vorstandes. Grundsätzlich haften alle Vorstandsmitglieder **solidarisch**.

Das PSG räumt allerdings bei der internen Organisation des Stiftungsvorstandes weitreichende Gestaltungsfreiheit ein. Es wäre sogar zulässig, den Stiftungsvorstand nach dem anglo-amerikanischen Board-System auszugestalten; dies würde bedeuten, daß der Vorstand aus geschäftsführenden, aber auch aus bloß kontrollierenden Mitgliedern besteht. Auch eine **Ressort-Verteilung** und die Übertragung bestimmter Befugnisse auf einzelne Vorstandsmitglieder ist zulässig.

Diesfalls haftet in erster Linie das ressortzuständige Vorstandsmitglied; die übrigen Mitglieder des Vorstandes trifft eine **Überwachungspflicht**: Die zur Kontrolle erforderlichen Informationen und Berichte sind einzuholen; es ist erforderlichenfalls entsprechend zu intervenieren, allenfalls auch vom Recht, eine Sonderprüfung zu beantragen, Gebrauch zu machen. In gewichtigen Fällen könnte sogar das Gericht verständigt werden, das unter Umständen die Vorstandsmitglieder abzuberufen hat.

Nach überwiegender Ansicht gilt diese **abgestufte Ressorthaftung** aber nur dann, wenn die Stiftungserklärung die Einrichtung von Ressortzuständigkeiten im Stiftungsvorstand vorsieht.

Das Gesetz sieht **keine Umkehr der Beweislast** vor. Aber auch hier gilt – wie bei der Kapitalgesellschaft – nach überwiegender Ansicht, daß der Stiftungsvorstand seine Schuldlosigkeit beweisen muß; alle anderen Haftungsvoraussetzungen hat die Privatstiftung zu beweisen.

5.3.4 Verjährung, Verzicht, Entlastung

Die Haftung des Stiftungsvorstandes kann nicht abbedungen werden. Das PSG sieht **keine Entlastung** des Stiftungsvorstandes vor, da es keine Eigentümer gibt, die eine solche Haftungsfreistellung aussprechen könnten. Selbst wenn der Formalakt einer Entlastung etwa durch den Aufsichtsrat von der Stiftungserklärung vorgesehen wäre, würde eine solche Entlastung kein Verzicht auf Haftungsansprüche bedeuten.

Die **Verjährung** der Haftung von Mitgliedern des Stiftungsvorstandes richtet sich nach den allgemeinen rechtlichen Regeln; Ansprüche verjähren drei Jahre ab Kenntnis von Schaden und Schädiger.

5.4 Stiftungsrechtliche Besonderheiten

5.4.1 Kapitalaufbringung

Die Privatstiftung hat **kein „Nennkapital“**; durch die Kapitalaufbringungsvorschriften des PSG (§ 4) wird nur das Mindestvermögen der Stiftung festgesetzt („Seriositätsschwelle“). Der Umfang des gewidmeten Vermögens wird nicht im Firmenbuch eingetragen; die Gläubiger kennen es daher in der Regel nicht. Das PSG sieht auch keine Prüfung der Sacheinlagenfähigkeit wie bei Kapitalgesellschaften vor; daher ist auch die Kapitalaufbringung durch Dienstleistungen zulässig. Das ist aus der Sicht des Gläubigerschutzes nicht zu bemängeln, weil das Privatstiftungsrecht keine Ausschüttungssperre vorsieht, selbst wenn das Mindestvermögen angegriffen wird.

Der Stiftungsvorstand hat die Privatstiftung **beim Firmenbuch anzumelden**; tut er das nicht, dann riskiert er die Abberufung durch das Gericht über Antrag des Stifters.

Im Rahmen der Anmeldung ist eine öffentlich beglaubigte **Erklärung** des Stiftungsvorstandes abzugeben, daß sich das Stiftungsvermögen in der freien Verfügung des Stiftungsvorstandes befindet; diese Erklärung kann auch im Eintragungsantrag enthalten sein.

Die Erklärung ist der gemäß § 10 GmbHG ähnlich; dort haftet der Geschäftsführer der Gesellschaft für durch falsche Angaben schuldhaft verursachte Schäden. Das Privatstiftungsgesetz setzt eine derartige Haftung nicht fest. Es handelt sich nach herrschender Ansicht auch nicht um ein Schutzgesetz zugunsten der Privatstiftung. Der Stiftungsvorstand haftet daher **nur** für das **Vorhandensein des Mindestvermögens** von 70.000 Euro gegenüber der Stiftung.

5.4.2 Kapitalerhaltung

Kapitalgesellschaften ist jede Ausschüttung an die Aktionäre verboten, außer es handelt sich um anteilige Gewinne (Dividenden); ein derartiger „**Kapitalerhaltungsgrundsatz**" gilt **nicht** im Privatstiftungsrecht.

In der Stiftung darf **auch** der **Vermögensstamm** für Ausschüttungen an Begünstigte angegriffen werden, ja sogar das Mindestvermögen von 70.000 Euro (*verbrauchende Stiftung*).

Nur *eine* Ausschüttungssperre kennt das Gesetz: Der Vorstand darf durch Ausschüttungen nicht ***„Ansprüche von Gläubigern** der Privatstiftung schmälern"* (§ 17 Abs 2 PSG).

Es handelt sich hier nicht bloß um eine Stichtagsbeurteilung; geschützt sind nach den Kriterien von Vermögensdeckung (Überschuldung) und Liquidität (Zahlungsunfähigkeit) die konkret vorhandenen Gläubiger, aber auch jene Gläubiger, mit denen in absehbarer Zeit zu rechnen ist. Der Vorstand hat daher einen entsprechenden Zahlungsplan aufzustellen.

Die Ausschüttungssperre ist **zwingend**; sie kann auch durch die Stiftungserklärung nicht ausgeschaltet oder geschmälert werden.

Verletzt der Vorstand die Ausschüttungssperre, so haftet er – weil er rechtswidrig handelt und seine Sorgfaltspflicht gegenüber der Stiftung verletzt – gegenüber der Privatstiftung und wird ihr gegenüber ersatzpflichtig.

Das Gesetz spricht nur von Ausschüttungen an Begünstigte; es erfaßt aber auch unangemessene Rückflüsse an den Stifter (verdeckte Gewinnausschüttungen) und an Letztbegünstigte bei Auflösung der Stiftung.

Verletzungen dieser Vorschriften begründen **Vorstandshaftung** nach den oben ausgeführten Bestimmungen. Solche Ansprüche der Stiftung sind **Innenansprüche,** also Ansprüche der Stiftung gegenüber dem Vorstand, im Konkursfalle Ansprüche des Masseverwalters. Sie unterliegen dem Eingriff der Gläubiger durch Pfändung.

Es handelt sich nach h. A. **nicht** um ein **Schutzgesetz** zugunsten der Gläubiger, das etwa direkten Zugriff auf den Vorstand eröffnen würde. Auch die Kapitalerhaltungsvorschriften des Gesellschaftsrechtes sind im übrigen keine Schutzgesetze zugunsten der Gläubiger. Das ist allerdings strittig.

Bei Verletzung der Kapitalerhaltungsvorschrift (keine Schmälerung von Gläubiger-Ansprüchen) besteht ein **Rückforderungsanspruch** der Stiftung gegenüber den Begünstigten, außer sie waren gutgläubig und konnten nicht damit rechnen, daß derartige Ansprüche gestellt werden; schon leichte Fahrlässigkeit schließt Gutgläubigkeit aus.

Die Stiftungserklärung kann auch ein über 70.000 Euro liegendes Mindestvermögen festsetzen; diesfalls erhöht sich die Grundlage für die Ausschüttungssperre auf das Niveau dieses Mindestvermögens. Meist steht eine solche Festsetzung in der Zusatzurkunde, sodaß Gläubiger davon im Zweifel nichts wissen.

Auch noch weitere Grenzen können sich aus dem Stiftungszweck laut Stiftungserklärung ergeben (z. B. hinsichtlich der Erhaltung eines Unternehmens oder eines bestimmten Versorgungsgrades bestimmter Begünstigter); Zuwiderhandeln begründet Innenhaftung des Vorstandes.

5.4.3 Sonstige Haftungsfälle

§ 17 Abs. 2 PSG erfaßt nur offene oder verdeckte Ausschüttungen an Begünstigte. Das Stiftungsvermögen kann aber auch durch **sonstige Vermögensabflüsse** und **Vermögensbelastungen** unangemessen verringert werden, so etwa durch übermäßige Ausgaben, die Eingehung übergroßer Verbindlichkeiten und die Übernahme von Haftungen.

Für die Konkretisierung des Sorgfaltsmaßstabes kommt es auch darauf an, welche Aufwendungen und Haftungsübernahmen aus der Sicht des Zeitpunktes der Eingehung derartiger Verpflichtungen zur Erfüllung des Stiftungszwecks vertretbar erscheinen; **vertretbar** sind nur solche Aufwendungen, die unmittelbar oder zumindest mittelbar der **Erfüllung des Stiftungszwecks** dienen.

So werden etwa erhebliche Marketingaufwendungen für Stiftungen, die gar nicht im Wirtschaftsverkehr auftreten sollen, bedenklich sein; das gilt auch für Unterstützungsleistungen für Sportvereinigungen oder für Kulturaktivitäten, außer gerade diese wären durch den Stiftungszweck gedeckt. Hat eine Stiftung nur wenige Aufgaben, so wird ein damit in keinem Verhältnis stehender aufgeblähter Verwaltungsapparat einen unnötigen und somit unzulässigen Aufwand darstellen.

Ein **Sonderproblem** stellt die Übernahme von **Haftungen** durch die Stiftung dar. Wenn die Stiftung eine Beteiligung an Unternehmen hält, verlangen Banken häufig, daß für den an die Gesellschaft gewährten Kredit seitens der Eigentümer (hier: seitens der Stiftung) Sicherheiten, also insbesondere Garantien oder Bürgschaften abgegeben werden. In derartigen Fällen wird das wesentliche Vermögen der Stiftung, das gerade in der Beteiligung besteht, häufig dadurch geschmälert, daß die Gesellschaft in die Lage kommt, den Kredit nicht mehr bedienen zu können. Derartige Haftungsübernahmen sind nur dann zulässig, wenn dies zur **Erfüllung des Stiftungszwecks** erforderlich ist. Das ist nur dann zu bejahen, wenn die Erhaltung des Beteiligungsunternehmens Stiftungszweck ist.

Bei Vorliegen eines Insolvenzgrundes trifft die Vorstandsmitglieder gemäß § 69 KO die Verpflichtung, die Einleitung eines **Insolvenzverfahrens** zu beantragen; wer dies schuldhaft versäumt, haftet zivilrechtlich gegenüber der Stiftung, aber auch (Schutzgesetz) gegenüber den Gläubigern. Da die **Kridatatbestände Schutzgesetze** zugunsten der Gläubiger sind, kommt bei deren Übertretung auch eine Direkthaftung gegenüber den Gläubigern in Betracht. Die Übertretung der Vorschriften gemäß §§ 159 ff. StGB begründet nicht nur eine Haftung der Vorstandsmitglieder gegenüber der Stiftung, sondern auch gegenüber den geschädigten Gläubigern.

Bei **Abwicklung** (Liquidation) der Stiftung sind die Gläubigerschutzvorschriften zwingend; nur hier sieht das PSG einen Gläubigerschutz nach denselben strengen Standards wie bei den Kapitalgesellschaften vor. Erfolgen Ausschüttungen unter Verletzung dieser Gläubigerschutzvorschriften, also etwa bevor die Gläubiger befriedigt wurden, haftet der Stiftungsvorstand der Stiftung und direkt den Gläubigern.

Ein besonderes Schutzbedürfnis besteht auch für die Gläubiger des Stifters, die dadurch Nachteile erleiden, daß der Stifter die wertvollsten Teile seines Vermögens in eine Stiftung einbringt und den Gläubigern dadurch Befriedigung entzieht. Bei Übertragung des (nahezu) gesamten Vermögens trifft die Stiftung eine betraglich beschränkte Haftung nach § 1409 ABGB. Darüber hinaus kommt eine Anfechtung nach der Anfechtungsordnung oder – wenn der Stifter in Konkurs fällt – nach §§ 27 ff. KO in Betracht.

Auch die **sondergesetzlichen Haftungstatbestände** sind auf den Vorstand einer Privatstiftung anwendbar; ein Stiftungsvorstand kann daher auch nach § 9 BAO, nach § 67 ASVG und nach anderen sondergesetzlichen Tatbeständen haftbar werden.

5.5 Wem gegenüber wird gehaftet?

Die Haftung des Stiftungsvorstandes besteht grundsätzlich **gegenüber der Privatstiftung**. Namens der Stiftung kann Ansprüche gegen den Stiftungsvorstand dieser selbst geltend machen; das ist deshalb problematisch, weil er in der Regel – abgesehen vom Stiftungsprüfer – das einzige Organ der Privatstiftung ist. Im Vorstandskollegium sind somit die übrigen Vorstandsmitglieder verpflichtet, Schadenersatzansprüche der Stiftung gegen ihre schuldigen Kollegen geltend zu machen. Kann sich dabei ein nicht verantwortliches Mitglied nicht durchsetzen, so ist es verpflichtet, die Abberufung durch das Gericht (§ 27 PSG) und die Bestellung eines neuen Vorstandsmitgliedes zu betreiben, das bereit ist, den Ersatzanspruch durchzusetzen[75].

Der **Stiftungsprüfer**, das neben dem Vorstand einzige gesetzlich zwingend vorgeschriebene Organ, ist zur Geltendmachung von Schadenersatzansprüchen im Namen der Stiftung weder berechtigt noch verpflichtet.

75 Zum Thema Abberufung jüngst OGH, GesRZ 2001, 95 f.

Ist ein **Aufsichtsrat** bestellt, so kommt diesem die Aufgabe der Geltendmachung von Schadenersatzansprüchen gegen den Vorstand zu (strittig; der Aufsichtsrat ist kein „ausführendes Organ").

Den **Begünstigten** ist durch das PSG keine Klagemöglichkeit eingeräumt; sie sind aber berechtigt, bei Gericht einen Antrag auf Abberufung eines Vorstandsmitgliedes zu stellen.

Da die Ausschüttungssperre nach herrschender Ansicht kein Schutzgesetz zugunsten der Gläubiger ist, steht auch **Gläubigern** kein Klagsanspruch zu. Das ist strittig; manche Autoren vertreten das Gegenteil und erklären Gläubiger für anspruchsberechtigt.

Unstrittig ist, daß der **Stifter** nicht Mitglied der Privatstiftung und weder rechtlich noch wirtschaftlich Eigentümer des Stiftungsvermögens ist; daher gibt es keine spezifischen, dem Schutz des Stifters dienenden Pflichten des Stiftungsvorstandes. Daher ist der Stifter auch nicht klageberechtigt auf Schadenersatzleistung in die Privatstiftung.

5.6 Die Haftung des Stifters

Der Stifter **haftet** für die Leistung des **gestifteten Vermögens** – allerdings nur in beschränktem Umfang. Er „schuldet" nur die Leistung des Mindestvermögens; wird das Vermögen nicht zur Gänze geleistet oder unter dem Mindestvermögen aufgebracht, so ist die Eintragung in das Firmenbuch zu versagen, eine Haftung des Stifters jedoch besteht nicht.

Über den Mindestvermögensbetrag hinaus besteht jedenfalls keine Differenzhaftung des Stifters, weil das PSG keine Vorsorge für die Kapitalerhaltung trifft – außer Gläubigerinteressen würden beeinträchtigt.

5.7 Die Haftung des Stiftungsprüfers

Für ihn gilt die **Haftungsbestimmung** des § 29 PSG **nicht**; es gelten die Regeln für den **Abschlußprüfer**. Wenn er vorsätzlich oder fahrlässig seine Pflichten verletzt, haftet er der Stiftung für den Schaden, auch für den entgangenen Gewinn. Dritten haftet der Stiftungsprüfer nur bei grober Fahrlässigkeit und Vorsatz.

Die Ersatzpflicht ist zwingend, mehrere Personen haften solidarisch. Sie ist allerdings auf 2 Mio. Euro bei leichter Fahrlässigkeit, bei Aktiengesellschaften, deren Aktien notieren, auf 4 Mio. Euro, bei grober Fahrlässigkeit auf das Fünffache dieser Beträge für jede Prüfung **beschränkt** (§ 275 HGB).

5.8 Mittel der Vorbeugung gegen einen Haftungsfall

Der Stifter und andere zur Bestellung des Stiftungsvorstandes berufene Personen können durch sorgfältige Auswahl qualifizierter, unabhängiger und verantwortungsbewußter Vorstandsmitglieder wesentlich dazu beitragen, daß Haftungssituationen nicht eintreten. Die in den Stiftungsvorstand Berufenen sollen das Amt nur annehmen, wenn sie sich dazu befähigt fühlen und über die nötige Zeit verfügen (Einlassungsverantwortung).

Die durch das PSG gewährten **Kontrollmöglichkeiten** sollen auch tatsächlich wahrgenommen werden:

- der umfassende Auskunftsanspruch der Begünstigten gegenüber der Stiftung
- das Auskunftsrecht des Stiftungsprüfers gegenüber dem Stiftungsvorstand
- das Recht der Stiftungsorgane, die gerichtliche Anordnung einer Sonderprüfung zu beantragen
- die Überwachung durch einen Aufsichtsrat
- die gerichtliche Abberufung von Vorstandsmitgliedern aus wichtigem Grund durch das Gericht.

Durch die Stiftungserklärung können auch zusätzliche Kontrolleinrichtungen geschaffen werden, so etwa durch Einrichtung eines Beirates oder einer Begünstigtenversammlung oder durch Betrauung bestimmter Personen mit besonderen Prüfungsaufgaben[76].

76 *Torggler*, ecolex 1998, 133.

Die Verantwortlichkeit des Managers gemäss Art. 218 bis 228 des liechtensteinischen Personen- und Gesellschaftsrechtes

Dr. Norbert Seeger
Rechtsanwalt, Vaduz

Inhaltsübersicht

A. Quellen des liechtensteinischen Verantwortlichkeitsrechts

Das liechtensteinische Personen- und Gesellschaftsrecht (PGR) – mit Gesetz vom 20. Januar 1926 eingeführt – ist in rund vierjähriger Arbeit von *Prof. Dr. Emil Beck* (1888–1973) und *Dr. Wilhelm Beck* (1885–1936) geschaffen worden. *Prof. Dr. Emil Beck*, fürstlicher Geschäftsträger in Bern von 1919 bis 1933, war ein Schüler *Eugen Hubers* und wirkte bei der Lesung der Korrekturen des Berichtes über die Revision der Titel 24 bis 33 des schweizerischen Obligationenrechtes mit; dieser Bericht wurde dem schweizerischen Justiz- und Polizeidepartement im März 1920 erstattet.

Das liechtensteinische Personen- und Gesellschaftsrecht stellt eine Momentaufnahme damaliger Anliegen und Trends gesetzgeberischer Natur auf dem Gebiete des Handelsrechts dar. Dementsprechend enthält das liechtensteinische Personen- und Gesellschaftsrecht Gedankengut insbesondere aus nachstehenden Quellen:

- Entwurf betreffend Revision der Titel XXIV bis XXVII des Obligationenrechts, Juni 1915;
- Entwurf eines Bundesgesetzes betreffend Revision der Titel XXIV bis XXXIII des Obligationenrechts, Vorlage an das schweizerische Justiz- und Polizeidepartement vom Dezember 1919 samt Bericht vom März 1920 (Entwurf und Bericht *Eugen Huber*);
- Zweiter Entwurf eines Bundesgesetzes betreffend Revision der Titel XXIV bis XXXIII des Obligationenrechts, Vorlage an das schweizerische Justiz- und Polizeidepartement samt Bericht vom Dezember 1923 (Entwurf und Bericht *Arthur Hoffmann*);
- Verhandlungen des 33. Deutschen Juristentages 1924 in Heidelberg, Berlin und Leipzig 1925;

- Protokoll der Expertenkommission zur Revision der Titel XXIV bis XXXIII des schweizerischen Obligationenrechts, im Jahre 1928 vom Eidgenössischen Justiz- und Polizeidepartement herausgegeben.

Die Regelung über die Verantwortlichkeit der Grossanteilshaber bei Bankunternehmungen und Treuhandgesellschaften entstammt dem österreichischen Bankhaftungsgesetz aus dem Jahre 1924.

Schliesslich enthalten die Abschnitte über die Treuhänderschaft im allgemeinen und über das Treuunternehmen besondere Verantwortlichkeitsbestimmungen wegen Treubruchs (Breach of Trust).

B. Die gesetzliche Regelung

Das liechtensteinische Personen- und Gesellschaftsrecht (PGR) enthält in den Art. 218 bis 228 Bestimmungen über die Organverantwortlichkeit bei Verbandspersonen (juristische Personen). Systematisch hat der liechtensteinische Gesetzgeber den Bestimmungen über die **Haftungsfälle** und den **Haftungsanspruch** eine allgemeine Regelung über die **Art des Verschuldens** vorangestellt. Die Bestimmungen über den Haftungsanspruch (Art. 222 bis 225 PGR) stehen mit den Bestimmungen über die Art des Verschuldens (Art. 218 PGR) in engem Zusammenhang. Klageberechtigung und Haftungsanspruch der Mitglieder und der Gläubiger der Verbandsperson hängen bei Geltendmachung des Ersatzes mittelbaren Schadens vom Verschuldensgrad der Pflichtwidrigkeit des Verantwortlichen ab.

Voraussetzungen für die Haftung aus dem Titel der Verantwortlichkeit sind in allen Fällen

- das Vorliegen eines Schadens,
- die Rechtswidrigkeit bzw. Pflichtwidrigkeit im Verhalten des Verantwortlichen,
- das Verschulden: Absicht oder Fahrlässigkeit sowie
- die Adäquanz zwischen Schaden und pflichtwidrigem, schuldhaftem Verhalten.

Für das Verantwortlichkeitsrecht ist die Unterscheidung zwischen **unmittelbarem** und **mittelbarem** Schaden von zentraler Bedeutung.

Mitgliedern und Gläubigern einer Gesellschaft kann auf zweifache Art Schaden zugefügt werden: Zum einen können die Verbandsperson, die Mitglieder oder die Gläubiger von den für die Verbandsperson handelnden Personen direkt, unmittelbar geschädigt werden; der daraus entstehende **direkte bzw. unmittelbare Schaden wird synonym auch primärer bzw. individueller Schaden** genannt. Wird lediglich ein Mitglied oder ein Gläubiger unmittelbar geschädigt, so bleibt die Sphäre der Verbandsperson unberührt. Wird dagegen die Sphäre der Verbandsperson durch pflichtwidriges und schädigendes Verhalten berührt, so werden mittelbar die Mitglieder und allenfalls auch die Gläubiger geschädigt; **mittelbarer Schaden wird synonym auch sekundärer oder indirekter Schaden** genannt[1].

Das allgemeine Haftpflichtrecht erblickt demgegenüber in der Unterscheidung zwischen unmittelbarem und mittelbarem Schaden als Schadensarten einen Aspekt des Kausalzusammenhanges. Von mittelbarem Schaden wird oft dann gesprochen, wenn zwischen einem schädigenden Ereignis und einem eingetretenen Schadensfall ein natürlicher, aber kein rechtlich relevanter adäquater Kausalzusammenhang besteht. Derartiger mittelbarer Schaden, dessen Eintritt nach dem gewöhnlichen Lauf der Dinge nicht voraussehbar war, ist nicht rechtsrelevant. Daneben wird der Begriff des mittelbaren Schadens für lucrum cessans im Gegensatz zu damnum emergens verwendet[2].

Mit der Unterscheidung zwischen unmittelbarem und mittelbarem Schaden hat das Verantwortlichkeitsrecht das **Problem der Zurechnung bzw. Zurechenbarkeit eines einmal eingetretenen Schadens gelöst**. Während die Verbandsperson – im Sinne des Verantwortlichkeitsrechtes – nur unmittelbaren Schaden erleiden kann, können Mitglieder und Gläubiger einer Verbandsperson sowohl unmittelbar als auch mittelbar geschädigt werden.

Der Anspruch auf Schadenersatz gegenüber dem Pflichtvergessenen steht **in erster Linie der geschädigten Gesellschaft** und im Falle des Konkurses ihrer Masse zu; der Gesellschaft wird für jedes Verschulden gehaftet, wobei die Haftung weder durch Statuten noch durch Vertrag vermindert oder wegbedungen werden kann. Klageberechtigung und

1 Vgl. *Bürgi W. F.*, Komm., Art. 753/754 OR, N 42.
2 Vgl. *Bürgi W. F.*, Art. 753/754 OR, N 50.

Haftungsanspruch der Mitglieder und der Gläubiger einer Gesellschaft sind bei indirektem Schaden, wenn also die Mitglieder oder Gläubiger durch Schädigung der Gesellschaft zu Schaden kommen, von der Art des Verschuldens des Pflichtvergessenen abhängig.

Die Haftung der nach Art. 218 ff. PGR verantwortlichen Personen steht ausdrücklich unter den Bestimmungen über die Haftung aus Vertrag. Die Frage der Rechtsnatur der Verantwortlichkeitsansprüche spielt heute in den geltenden Regelungen – nachdem die Fragen der Verjährung und der Solidarität verantwortlichkeitsspezifisch geregelt sind – praktisch keine Rolle mehr.

Ansprüche aus Verantwortlichkeit verjähren in **drei Jahren** von der Zeit an, zu welcher der Schaden und die Person des Beschädigers oder Ersatzpflichtigem dem Beschädigten bekannt wurden. Handelt es sich um wissentlich falsche Angaben oder absichtliche Schadenszufügung, so verjährt die Haftung in zehn Jahren von der Zeit an, zu welcher der Schaden und die Person des Beschädigers oder Ersatzpflichtigen bekannt wurden.

Mehrere aus derselben Schadenszufügung verantwortliche Personen haften für den Schadenersatz solidarisch. Solidarhaftung setzt nicht gemeinschaftliches Handeln voraus. Der Gesamtschaden ist jedem zurechenbar, der eine Voraussetzung für den gesamten Schaden gesetzt hat.

C. Haftungsbegründende Tatbestände bei der Gründung der Verbandsperson und nach Abschluss der Gründung

Art. 219 PGR behandelt die Verantwortlichkeit für ganz bestimmte Pflichtwidrigkeiten, und zwar:

Nach Abs. 1:

die bei der Gründung unter Verantwortlichkeit gestellten Sachverhalte:

Prospekthaftung (Ziff. 1),

Haftung bei qualifizierter Gründung (Ziff. 2),

Haftung bei Kenntnis der Zahlungs- bzw. Leistungsunfähigkeit der Zeichner (Ziff. 3) und

Haftung bei Erwirken der Eintragung der Gesellschaft im Öffentlichkeitsregister durch eine unrichtige Angaben enthaltende Bescheinigung oder Urkunde (Ziff. 4).

Nach Abs. 2:

sinngemässe Anwendung nach Abs. 1, wenn nach der Gründung gleiche Handlungen oder Unterlassungen zu Schaden führen.

Nach Abs. 3:

das Machen und Verbreiten von unwahren Angaben in Prospekten und Zirkularen nach der Gründung der Verbandsperson bei Ausgabe von Aktien, Anteilscheinen und Obligationen.

Nach Abs. 4:

Rückerstattung gesetzwidrig von der Verbandsperson erhaltener Zahlungen (z. B. Gewinne, Bauzinsen etc.) bei Bösgläubigkeit zur Zeit des Empfanges der Zahlung.

Nach Abs. 5:

Haftung im Umfange der Bereicherung auch bei Gutgläubigkeit, wenn Mitglieder oder – sofern es sich um unentgeltliche Rechtsgeschäfte handelt – Dritte, entgegen den Vorschriften des Gesetzes einen Liquidationsanteil bezogen haben.

Die unter Art. 219 PGR geregelten Haftungsfälle umfassen die haftungsbegründenden Tatbestände bei der Gründung der Verbandsperson einerseits und bestimmte haftungsbegründende Tatbestände nach Abschluss der Gründung der Verbandsperson andererseits. Abweichend vom schweizerischen Verantwortlichkeitsrecht unterstehen Handlungen oder Unterlassungen gemäss Art. 219 Abs. 1 Ziff. 1 bis 4, wenn sie nach der Gründung zu Schaden geführt haben (z. B. im Rahmen einer Kapitalerhöhung), ebenfalls der Gründungsverantwortlichkeit; **der Gründungsverantwortlichkeit untersteht** – im Gegensatz zur Haftung aus Geschäftsführung und Kontrolle – **ein umfassenderer Personenkreis**.

1. Die Gründungsverantwortlichkeit

1.1 Das Gründungsstadium

Bis zum Erwerb der Persönlichkeit stehen Personenverbindungen und Vermögenswidmungen, deren wirtschaftlicher Zweck darin besteht, ein Handels-, Fabrikations- oder anderes nach kaufmännischer Art geführtes Gewerbe zu betreiben, gem. Art. 107 Abs. 1 PGR unter den **Bestimmungen über die einfache Gesellschaft**. Ist für eine Verbandsperson gehandelt worden, bevor oder ohne dass dieselbe die Persönlichkeit erlangt hat, so haften nach Art. 108 Abs. 1 PGR die Handelnden, insbesondere Gründer oder bereits als Organe bezeichnete Personen, oder bei Versammlungen die beschliessenden Beteiligten nach den Bestimmungen über die einfache Gesellschaft, unter Vorbehalt des Rückgriffsrechts gegenüber den sonst Beteiligten.

Wer daher für eine zu gründende Verbandsperson, die mangels Eintragung in das Öffentlichkeitsregister noch nicht existent geworden ist, bei einem Vertragsabschluss handelt, haftet gemäss Art. 108 PGR unbeschränkt. Unerheblich ist, dass der für die zu gründende Verbandsperson Handelnde als Treuhänder auftritt; wer vertragliche Verpflichtungen eingeht, ohne ein Vollmachtsverhältnis anzudeuten, haftet persönlich[3].

1.2. Der verantwortliche Personenkreis

Der Verantwortlichkeit aus Art. 219 Abs. 1 und 2 PGR unterstehen **alle Personen, die bei der Gründung tätig sind**. Haftbar ist jeder, der einen in Art. 219 Abs. 1 Ziff. 1 bis 4 aufgezählten Tatbestand erfüllt. Unerheblich sind das Rechtsverhältnis der verantwortlichen Person zu der zu gründenden Gesellschaft[4] bzw. zu den durch das Verhalten der verantwortlichen Person Geschädigten und die Eigenschaft, in welcher die der Gründungsverantwortlichkeit unterstellte Person im Gründungsstadium auftritt.

1.3 Die Prospekthaftung

Die Bestimmungen über die Prospekthaftung sind in Art. 219 PGR und in Art. 13 Prospektgesetz[5] enthalten.

1.3.1. Prospekt und Zirkular

Ein erstmaliges öffentliches Angebot von Wertpapieren in Liechtenstein darf nur erfolgen, wenn ein nach den Bestimmungen des Prospektgeset-

3 Vgl. LES 1967 bis 1972, S. 89 f.

4 Vgl. *Henggeler J.* und *E.*, S. 17.

5 Gesetz vom 23.10.1997 über die Erstellung, Kontrolle und Verbreitung des bei öffentlichen Angeboten von Wertpapieren zu veröffentlichenden Prospekts, LGBl. Nr. 210 vom 19.12.1997.

zes erstellter und kontrollierter Prospekt durch die Person veröffentlicht wurde, die das Angebot vornimmt. Ein öffentliches Angebot ist eine sich nicht an bestimmte Personen wendende, auf die Veräusserung von Wertpapieren gerichtete Willenserklärung.

Ein Prospekt ist nicht zu erstellen, wenn der Verkaufspreis der Gesamtemission 40.000,– Euro nicht übersteigt.

Der Prospekt dient als Werbemittel und ist Voraussetzung des Erfolges. Neben seiner Funktion als Werbemittel dient der Prospekt als Mittel der Information und dem Schutz der Interessenten[6].

Unter den Zirkularen sind jene Schriftstücke zu verstehen, mit welchen ganz allgemein bezweckt wird, Zeichner anlässlich der Gründung, der Kapitalerhöhung oder der Ausgabe von Aktien, Anteilscheinen oder Obligationen zu gewinnen. Das Schriftstück muss zu Werbezwecken konzipiert sein und kann an einen unbestimmten oder an einen bestimmten Personenkreis gerichtet und ausgegeben werden. Inhaltlich sind unter Zirkularen alle jene schriftlichen Mitteilungen zu verstehen, die nicht den Inhaltserfordernissen des Prospektes genügen, jedoch Aufschluss über das Unternehmen insgesamt oder über unternehmensrelevante Grössen geben.

Unter die Zirkulare fallen[7]: Zeitungsinserate, Plakate, Flugblätter, Postwurfsendungen, Zeichnungsscheine, Werbebriefe, Notizen, Einladungen etc.

In Zirkularen, in denen das öffentliche Angebot angekündigt wird und die von der Person, die das öffentliche Angebot unterbreitet, verbreitet oder für das Publikum zur Verfügung gehalten werden, muss angegeben werden, dass ein Prospekt vorliegt und wo dieser Prospekt veröffentlicht worden ist.

Referate, mündliche Empfehlungen am Schalter, insbesondere am Bankschalter, oder andere mündliche Mitteilungen beratender oder empfehlender Natur werden von der Prospekthaftung nicht erfasst. Die Angabe muss in schriftlicher Form erfolgt sein. Allfällige Schadenersatzansprüche aus anderen als schriftlichen Angaben richten sich nach den allgemeinen Regeln des Schadenersatzrechtes.

6 Vgl. *Forstmoser P.*, Aktienrecht § 9, N 193.
7 Vgl. *Bürgi W. F.*, Art. 752 OR, N 9.

Wer in Prospekten oder Zirkularen unwahre Angaben macht oder verbreitet, haftet für den dadurch verursachten Schaden. Sind die Angaben unvollständig, oder wurde die Erstellung eines Prospektes unterlassen, so haften die Personen, welche den Prospekt erlassen haben oder hätten erlassen sollen.

1.3.2. Die verantwortlichen Personen

Das Gesetz stellt dem „Machen" ausdrücklich das „Verbreiten" von unwahren Angaben gleich. Der Prospekthaftpflicht sind daher grundsätzlich alle Personen unterworfen, die bei der Gründung oder bei der Emission tätig sind, indem sie eine **schriftliche Angabe** konzipiert oder verbreitet haben. Zum Kreise der haftpflichtigen Personen gehören demnach

- die Gründer;
- die Verfasser und Unterzeichner von Prospekten oder Zirkularen;
- die mit der Verwaltung und Kontrolle der zu gründenden bzw. der emittierenden Gesellschaft betrauten Personen sowie
- Banken und andere natürliche oder juristische Personen, die dazu beigetragen haben, dass unwahre Angaben über die Gesellschaft gemacht oder verbreitet werden.

Es obliegt bei sonstiger Haftung auch jenen eine sachliche Überprüfungspflicht, die nicht im eigenen Interesse, sondern lediglich im Auftrage oder fiduziarisch für Dritte auftreten und dabei die unwahren Angaben verbreiten[8].

Weiters haften, wenn die Angaben unvollständig sind oder wenn die Erstellung eines Prospektes unterlassen wurde, die Personen, welche den Prospekt erlassen haben oder hätten erlassen sollen.

1.4. Haftung bei qualifizierter Gründung

Die qualifizierten Gründungstatbestände – Sacheinlage, Sachübernahme und die Gewährung von Gründervorteilen – erfordern die **Beachtung besonderer Vorschriften zum Schutze der Gläubiger und der künfti-**

8 Vgl. *Forstmoser P.*, Die aktienrechtliche Verantwortlichkeit, N 647 ff.; *Bürgi W. F.*, Art. 752 OR, N 9 und 19; *Schoop K. E.*, S. 76 und dort zitierte Beispiele.

gen Mitglieder. Nachteilige Einlagen führen zu einer Schwächung der Gesellschaft, der Mitglieder und eventuell der Gläubiger.

1.4.1. Verfahrensvorschriften im Aktienrecht

Handelt es sich um die Einbringung von Sachen oder Rechten gegen Verrechnung mit einem Teil des Aktienkapitals oder sollen einzelnen Aktionären besondere Vorteile gewährt werden, so hat ein Sachverständiger der Generalversammlung bzw. bei Simultangründung der Gründerversammlung vor der Beschlussfassung schriftlich Bericht zu erstatten.

Der **Sachverständigenbericht** hat zu enthalten:

1. die Beschreibung des Gegenstandes jeder Einlage;
2. die bei der Wertermittlung der Einlagen angewandten Bewertungsmethoden;
3. die Angabe, ob die ermittelten Werte wenigstens der Zahl und dem Nennbetrag oder dem rechnerischen Wert und gegebenenfalls dem Mehrbetrag der dafür auszugebenden Aktien entsprechen;
4. die Auskünfte über die gewährten Gründervorteile sowie deren Grund und Angemessenheit.

In das Handelsregister eingetragen werden der Gegenstand der Sacheinlage und die dafür ausgegebenen Aktien, der Gegenstand der Sachübernahme und die Gegenleistung der Gesellschaft sowie der Inhalt und Wert der besonderen Vorteile.

1.4.2. Die Tatbestände qualifizierter Gründungshaftung

Der Haftungsumfang bei qualifizierter Gründung einer Gesellschaft mit Persönlichkeit oder einer ihr gleichgestellten Verbandsperson nach Art. 219 Abs. 1 Ziff. 2 PGR entspricht dem Haftungsumfang des Art. 753 Ziff. 1 OR.

Der Gründungshaftung unterliegt, wer absichtlich oder fahrlässig beim Verschweigen oder Verschleiern und bei der unrichtigen oder unvollständigen Angabe eines qualifizierenden Gründungstatbestandes mitgewirkt hat; haftungsbegründend ist sohin die Verletzung der für die qualifizierten Gründungsarten aufgestellten Publizitätsvorschriften[9]. Die gleiche

9 Vgl. *Forstmoser P.*, Verantwortlichkeit, N 609; sowie die ausführliche Darstellung bei *Schoop K. E.*, S. 77 ff.

Verantwortlichkeit trifft auch die mit der Gründungsprüfung betrauten Personen, sofern auch im fachmännischen Bericht eine Sacheinlage, Sachübernahme oder eine Begünstigung unrichtig oder unvollständig angegeben, verschwiegen oder verschleiert worden ist.

Dieser Verantwortlichkeit untersteht ferner, wer in anderer Weise bei der Genehmigung eines qualifizierenden Gründungstatbestandes dem Gesetze zuwider gehandelt hat; haftungsbegründend wirkt etwa die Verletzung von Quorums- oder Präsenzvorschriften, die Nichtvorlage von Übernahmeverträgen oder die Nichterteilung erforderlicher Auskünfte[10].

1.5. Haftung bei Kenntnis der Zahlungs- bzw. Leistungsunfähigkeit der Zeichner

Der liechtensteinische Gesetzgeber folgte bei der Formulierung dieses Tatbestandes den Beschlüssen der Expertenkommission aus dem Jahre 1925: Verantwortlich aus dem Titel der Gründerhaftung ist derjenige, der bei der Gründung tätig ist und die Zahlungsunfähigkeit der Zeichner kannte; der Zahlungsunfähigkeit wurde ausserdem die „sonstige Leistungsunfähigkeit" der Zeichner gleichgesetzt. Mit dieser Gleichstellung hat der Gesetzgeber klar gemacht, dass sich Art. 219 Abs. 1 Ziff. 3 PGR auf **alle Zeichnungsarten** erstreckt.

Wer bei der Gründung einer Gesellschaft mit Persönlichkeit oder einer ihr gleichgestellten Verbandsperson tätig ist, haftet für jedes fahrlässige Verhalten, das infolge Zahlungs- bzw. sonstiger Leistungsunfähigkeit der Zeichner das Eintreten eines Schadens bewirkt.

Haftungsbegründend wirkt selbstverständlich nur jene Zahlungs- und Leistungsunfähigkeit, die schon im Zeitpunkt der Annahme der Zeichnung bestand. Soll jedes Haftungsrisiko ausgeschlossen werden, so ist die Zahlungs- bzw. Leistungsfähigkeit vor der Zeichnung zu eruieren und allenfalls sicherzustellen.

Im Rahmen eines Kapitalerhöhungsverfahrens greift die gleiche strenge Verantwortlichkeit Platz, wenn sich ein Zeichner als zahlungs- bzw. leistungsunfähig erweist, da die Vorschriften des Art. 219 Abs. 1 PGR gem. Art. 219 Abs. 2 PGR sinngemässe Anwendung finden, wenn nach der Gründung gleiche Handlungen oder Unterlassungen zu Schaden geführt haben.

10 Vgl. *Forstmoser P.*, Verantwortlichkeit, N 609.

Während gemäss Art. 753 Ziff. 3 OR nur die **wissentliche Annahme von Zeichnungen zahlungsunfähiger Personen** haftungsbegründend wirkt, haftet nach Art. 219 Abs. 1 Ziff. 3 PGR der Gründungsverantwortliche **für jedes fahrlässige Verhalten**, das infolge Zahlungs- bzw. sonstiger Leistungsunfähigkeit der Zeichner das Eintreten eines Schadens bewirkt hat.

1.6. Haftung bei Erwirken der Eintragung der Gesellschaft im Öffentlichkeitsregister durch eine unrichtige Angaben enthaltende Bescheinigung oder Urkunde

Der Gründungshaftung unterliegt, wer dazu beigetragen hat, dass die Eintragung der Gesellschaft im Öffentlichkeitsregister aufgrund einer Bescheinigung oder Urkunde erlangt worden ist, die tatsächlich unwahre Angaben enthält. Diese Bestimmung wurde im wesentlichen unverändert aus dem altOR herübergenommen.

Hauptanwendungsfall für unwahre Angaben in Bescheinigungen oder Urkunden, aufgrund welcher die Eintragung einer Gesellschaft im Öffentlichkeitsregister erlangt wird, ist die sogenannte Bargründung oder Scheineinzahlung.

Der Gründer einer Verbandsperson hat dafür zu sorgen, dass dem Öffentlichkeitsregister gegenüber keine unrichtigen Angaben gemacht werden. **Der Kapitalnachweis muss darin bestehen, Mittel vorzuweisen, die tatsächlich dem Unternehmen gewidmet sind und diesem auch zugeführt werden**. Es genügt nicht, lediglich den in der Errichtungsurkunde, in den Statuten oder im Antrag an das Öffentlichkeitsregister angegebenen Kapitalsbetrag in bar vorzuweisen. Wenn die vorgewiesene Summe nicht dazu bestimmt ist, der gegründeten Verbandsperson als Kapital zu dienen, sondern lediglich dazu, die Eintragung im Öffentlichkeitsregister zu erwirken, und wird der bar vorgewiesene Kapitalsbetrag sofort nach erfolgter Eintragung der Verbandsperson wieder entzogen, so ist damit der Haftungstatbestand des Art. 219 Abs. 1 Ziff. 4 PGR erfüllt. Dabei ist unerheblich, ob der Gründer für eigene Rechnung oder nur als Beauftragter des Gründers tätig ist. Das interne Vertragsverhältnis zwischen dem fiduziarischen Gründer und seinem Auftraggeber ist nur für eine allfällige Auseinandersetzung im Innenverhältnis von Bedeutung[11].

11 Vgl. LES 1955 bis 1961, S. 58.

Der Haftungsfall des Art. 219 Abs. 1 Ziff. 4 PGR ist hingegen nicht erfüllt, wenn im Anschluss an eine sogenannte Bargründung das Gründungskapital auf ein auf Namen der gegründeten Verbandsperson lautendes Bankkonto einbezahlt wird und in die volle rechtliche und wirtschaftliche Verfügungsgewalt der Organe der Gesellschaft gelangt; diesfalls sind die beim Öffentlichkeitsregister deponierten Gründungsangaben nicht unwahr[12].

1.7. Rückerstattungspflichten

Anders als das schweizerische Obligationenrecht reiht das Personen- und Gesellschaftsrecht in Art. 219 Abs. 4 und 5 einzelne Rückgabepflichten unter die allgemeinen Haftungsfälle der Verantwortlichkeit:

- Rückgabepflicht gesetzwidrig von der Verbandsperson erhaltener Zahlungen wie Gewinne und Bauzinsen bei Bösgläubigkeit zur Zeit des Empfanges der Zahlung (Art. 219 Abs. 4 PGR) sowie
- Haftung im Umfange der Bereicherung auch bei Gutgläubigkeit, wenn Mitglieder oder – sofern es sich um unentgeltliche Rechtsgeschäfte handelt – Dritte, entgegen den Vorschriften des Gesetzes einen Liquidationsanteil bezogen haben (Art. 219 Abs. 5 PGR).

Während es sich bei der Rückerstattungspflicht eines ungerechtfertigt erhaltenen Liquidationsanteiles (Art. 219 Abs. 5 PGR) um einen Konditionsfall handelt, durchbricht die Rückerstattungspflicht gesetzwidrig von einer Verbandsperson erhaltener Zahlungen bei Bösgläubigkeit zur Zeit des Empfanges der Zahlung (Art. 219 Abs. 4 PGR) die allgemeinen Kondiktionsgrundsätze

Verfahrensmässige Voraussetzung für die Geltendmachung der Haftung gemäss Art. 219 Abs. 4 und 5 PGR ist die Feststellung der gesetzwidrig erfolgten Zuzahlung. Nur ein gesetzwidriger Beschluss des obersten Organes auf Zahlung von Gewinnen oder Bauzinsen bzw. auf Ausrichtung eines Liquidationsanteils vermag eine Rückerstattungspflicht auszulösen, nicht aber der bloss statutenwidrige und erfolgreich angefochtene Beschluss des obersten Organes.

12 Vgl. Beschluss des Fürstlich Liechtensteinischen Obersten Gerichtshofes vom 28.5.1971 zu GZ J 610/176, S. 17 f.

D. Die Verantwortlichkeit bei der Geschäftsführung

Zwei Besonderheiten des liechtensteinischen Personen- und Gesellschaftsrechts seien vorweggenommen:

a) Als Mitglieder eines Organes einer Verbandsperson können natürliche Personen, Verbandspersonen und Firmen bestellt werden. Mitglieder der Verwaltung einer Verbandsperson können sein: Die natürlichen Personen, jede Verbandsperson, die Kollektivgesellschaft, die Kommanditgesellschaft sowie die Kommanditärengesellschaft und die Kollektivgesellschaft mit beschränkter Haftung. Das PGR hält mit seiner Regelung konsequent am Gedanken der **Gleichstellung von natürlichen und juristischen Personen** fest.

b) Wenigstens ein zur Geschäftsführung und Vertretung befugtes Mitglied der Verwaltung einer Verbandsperson muss – von Ausnahmen abgesehen – ein dauernd im Inland wohnhafter Staatsangehöriger eines EWR-Mitgliedstaates sein und die berufliche Zulassung als Rechtsanwalt, Rechtsagent, Treuhänder oder Wirtschaftsprüfer oder eine von der Regierung anerkannte kaufmännische Befähigung besitzen.

1. Textgeschichte

Art. 673 und 674 altOR regelten die Verantwortlichkeit der mit der Verwaltung und Kontrolle einer Aktiengesellschaft betrauten Personen, deren Haftung gegenüber der Aktiengesellschaft in Art. 673 altOR wie folgt normiert war:

„Der Aktiengesellschaft sind die mit der Verwaltung und Kontrolle betreuten Personen solidarisch für denjenigen Schaden verantwortlich, welchen die Gesellschaft in Folge Verletzung oder Vernachlässigung der ihnen obliegenden Pflichten erleidet.“

In Art. 674 altOR war die Haftung gegenüber den einzelnen Aktionären und Gesellschaftsgläubigern wie folgt normiert:

„Den einzelnen Aktionären und den Gesellschaftsgläubigern sind die mit der Verwaltung und Kontrolle betrauten Personen solidarisch für allen Schaden verantwortlich, welchen sie jenen durch absichtliche Verletzung der ihnen obliegenden Verwaltungs- und Aufsichtspflichten verursacht haben.“

Im Manuskript 1915 war die Verantwortlichkeit aus Geschäftsführung und Kontrolle unter dem Marginale „3. Bei der Geschäftsführung und Aufsicht“ in Art. 666 wie folgt gefasst:

„Die mit der Verwaltung und Beaufsichtigung einer wirtschaftlichen Körperschaft betrauten Personen sind dieser für den Schaden verantwortlich, den sie ihr schuldhaft durch Verletzung oder Vernachlässigung der ihnen obliegenden Pflichten zufügen."

Art. 668 Entwurf 1 formulierte unter dem Marginale „3. Bei der Geschäftsführung und Kontrolle" die Verantwortlichkeit aus Geschäftsführung und Kontrolle einer Gesellschaft folgendermassen:

„Die mit der Verwaltung und Kontrolle einer Gesellschaft betrauten Personen sind für den Schaden verantwortlich, den sie absichtlich oder fahrlässig durch Nichterfüllung der ihnen obliegenden Pflichten verursachen."

Das Marginale zu Art. 220 PGR und der Wortlaut von Art. 220 Abs. 1 i.V.m. Art. 218 Abs. 1 PGR, wonach die Organe einer Gesellschaft mit Persönlichkeit und der ihnen gleichgestellten Verbandspersonen für den von ihnen verursachten Schaden der Verbandsperson gegenüber haften, wenn sie ihn absichtlich oder fahrlässig verschuldet haben, entsprechen inhaltlich Art. 668 Entwurf 1.

2. Board- und Aufsichtsratssystem

Das liechtensteinische Gesellschaftrecht kennt **sowohl das monistische Board-System als auch das dualistische Aufsichtsratssystem**.

Jede Verbandsperson muss gemäss Art. 180 Abs. 1 PGR eine Verwaltung haben, die aus einer oder mehreren natürlichen oder juristischen Personen oder Firmen bestehen kann und vom obersten Organe auf die Dauer von drei Jahren aus Mitgliedern der Verbandsperson oder Dritten bestellt wird. Der Verwaltung obliegt die Geschäftsführung und die Vertretung der Verbandsperson. Neben der Verwaltung können die Statuten einen Aufsichtsrat vorsehen, der nach den Vorschriften über die Verwaltung bestellt wird und dem die Funktion einer ständigen Aufsicht über die Geschäftsführung und einer Mitwirkung bei der Verwaltung zugewiesen werden kann (Art. 199 Abs. 1 PGR). Das liechtensteinische Gesellschaftsrecht lässt gemäss dispositiver Gesetzesvorschrift das Aufsichtsratssystem zu.

Geschäftsführung und Vertretung stehen im Board-System einzig der Verwaltung zu. Die Befugnisse der Verwaltung (Vorstand, Geschäftsführer) bzw. des Verwaltungsrates als Kollegialorgan umfassen die Verwaltung, Geschäftsführung sowie die Leitung und Vertretung der Verbandsperson. Demgegenüber ist das Aufsichtsratssystem durch eine Trennung der Verwaltungs- und Geschäftsführungsbefugnis in ein Leitungs- und ein Aufsichtsorgan gekennzeichnet. Dem Leitungsorgan obliegen die Geschäftsführung und die Vertretung, dem Aufsichtsorgan die Überwachung des Leitungsorgans[13].

3. Die mit der Verwaltung einer Gesellschaft betrauten Personen

Gemäss Art. 220 Abs. 1 PGR sind die mit der Verwaltung und der Kontrolle einer Gesellschaft betrauten Personen für den Schaden verantwortlich, den sie durch Nichterfüllung der ihnen obliegenden Pflichten verursachen. Die Anspruchsberechtigung richtet sich nach der Art des Schadens (unmittelbar oder mittelbar) und dem Verschuldensgrad. Das Gesetz verwendet den Begriff „Verwaltung" im institutionalen und im funktionalen Sinne. Verwaltung als Institution meint eine bestimmte formale Stellung im Sinne innerhalb der Organisation einer Verbandsperson. Als Verwaltung im institutionalen Sinne ist die in Art. 180 Abs. 1 PGR zwingend für jede Verbandsperson vorgesehene Verwaltung (Vorstand, Geschäftsführung) zu betrachten. **Verantwortlichkeitsrechtlich relevant ist nicht die Verwaltung als Institution, sondern die Verwaltung als Funktion**. Die von der Verwaltung wahrzunehmenden Funktionen ergeben sich aus dem Gesetz, den Statuten und den Reglementen der Verbandsperson. Aus den Funktionen der Verwaltung lassen sich ihre Aufgaben und ihre Pflichten ableiten.

Systematisch unterscheidet das Gesetz bei den Bestimmungen über die Verwaltung zwischen Geschäftsführung (Art. 181 bis 183 PGR) **und Vertretung** (Art. 184 bis 189 PGR)[14].

Geschäftsführung ist Willensbildung, Willensbetätigung und Willensverwirklichung für die Gesellschaft, ausgerichtet auf die Erreichung des Gesellschaftszweckes. Geschäftsführung in diesem weiten Sinne ist der Inbegriff aller auf die Verfolgung des Gesellschaftszweckes gerichteten Tätigkeit in tatsächlicher oder rechtlicher Hinsicht[15, 16]. Der so umschrie-

---

13 Vgl. *v. Greyerz Chr.*, Referat, S. 60; *ders.*, SPR VIII/2, S. 197.

14 Vlg. *Senn G.*, S. 19 ff.

15 Vgl. *Schulthess B.*, S. 70; *Bürgi W. F.*, Komm., Art. 717 OR, N 5; *v. Steiger W.*, SPR VIII/1, S. 397.

16 Von diesem Begriff der Geschäftsführung ging auch *Ostertag* im Rahmen der Beratung der Art. 727 bis 730 Entwurf 2 aus, wonach alles Handeln für

bene Begriff der Geschäftsführung hat eine interne und eine externe Seite: „Innere Geschäftsführung" oder „Geschäftsführung im engeren Sinne" einerseits und „Vertretung nach aussen" andererseits[17]. Geschäftsführung und Vertretung sind rechtlich streng auseinanderzuhalten[18]. Der Kurze Bericht zum PGR erwähnt zu diesen Begriffen lediglich, dass sie auseinandergehalten werden müssen und dass die Bestimmungen über die Geschäftsführung ergänzend auch für die Vertretung gelten[19].

Gemäss Art. 673 und 674 altOR waren die mit der Verwaltung betrauten Personen gegenüber der Gesellschaft, den Aktionären und den Gesellschaftsgläubigern unter bestimmten Voraussetzungen aktienrechtlich verantwortlich. Während der Herrschaft des altOR gehörte verbreiteter Meinung zufolge zur Verwaltung nach Art. 649 altOR nur, wer Mitglied des Verwaltungsrates war[20]. Mit der Verwaltung betraut waren demnach nur die Mitglieder des Organes Verwaltungsrat[21].

Die Revisionsentwürfe 1 und 2 verwendeten die Terminologie des altOR. Gemäss Art. 668 Entwurf 1 und Art. 769 Entwurf 2 sind „die mit der Verwaltung... betrauten Personen... verantwortlich...". Im Rahmen der Beratungen der Art. 727 bis 730 Entwurf 2 durch die Expertenkommission wurde die Frage aufgeworfen, was unter dem Begriff „Verwaltung" zu verstehen sei. Auslegungsschwierigkeiten bereitete insbesondere die Frage, ob Direktoren zur Verwaltung gehören und somit nach den Bestimmungen über die Verantwortlichkeit haften. Der Entscheidung dieser Frage wurde grosse Bedeutung beigemessen. Die Experten waren geteilter Meinung und kamen überein, das Problem im Zusammenhang mit den Bestimmungen über die Verantwortlichkeit zu

---

die Gesellschaft „Geschäftsführung" sei; die Geschäftsführung könne „Oberaufsicht" oder „eigentliche Geschäftsführung" sein; vgl. ProtExpKomm., S. 361.

17 Vgl. *Schulthess B.*, S. 70 ff.; *v. Steiger W.*, SPR VIII/1, S. 397.

18 Vgl. *Bürgi W. F., Komm,. Art. 717 OR, N 5.*

19 Vgl. Kurzer Bericht, S. 17.

20 Vgl. *Bächler H.*, S. 43 f.

21 A. M. *Vigier W.*, S. 14 ff. und *Wolfers A.*, S. 121: der Gesetzgeber schien vielmehr bestrebt zu sein, einen möglichst umfassenden Begriff zu finden; in den dem altOR vorangehenden Entwürfen habe sich das Bestreben gezeigt, alle leitenden Organe, mithin alle Organträger in die Haftung einzubeziehen: Kritik am unklaren Gesetzestext bei *Petipierre G.*, S. 114 ff.

diskutieren[22]. Eine grundsätzliche Diskussion der Frage, was unter dem Begriff „Verantwortung“ zu verstehen ist, fand im Rahmen der Beratung der Verantwortlichkeitsbestimmungen jedoch nicht statt. Die Expertenkommission befasste sich lediglich noch mit der Stellung der in Art. 730 Entwurf 2 genannten Dritten, denen Geschäftsführungs- und Vertretungsbefugnisse übertragen werden können. Die Expertenkommission beschloss, in Art. 730 Entwurf 2 auf Antrag Ostertag den Satz „Die auf diese Weise mit der Vertretung beauftragten Personen sind Organe“ aufzunehmen[23].

Mit der Verwaltung betraut und damit verantwortlichkeitsrechtlich fassbar war demnach nur ein rein formalistisch determinierter Kreis von Personen. Das Bundesgericht hat in BGE 14 S. 668 f. Erw. 6 den Ausdruck „die mit der Verwaltung betrauten Personen“ ausgelegt und den nach Art. 673/74 altOR haftenden Personenkreis umschrieben. Demnach gehörten zu den mit der Verwaltung betrauten Personen zunächst die Mitglieder der Verwaltung i. S. von Art. 649 altOR. Überdies gehörten zu diesem Personenkreis jene, welchen die Verwaltung statutengemäss „die Geschäftsführung oder einzelne Zweige derselben“ i. S. von Art. 650 altOR übertragen hat; diese Personen seien nicht ordentliche Mitglieder der „Verwaltung“, aber doch statutarisch „mit der Verwaltung betraut“. Das Bundesgericht hat, gestützt auf diese Auslegung des Ausdruckes „die mit der Verwaltung betrauten Personen“ den Direktor einer Bank, dem die Geschäftsführung übertragen worden war und der ausserordentlicherweise in Verhinderungsfällen im Verwaltungsrat beschliessende Stimme hatte, den Verantwortlichkeitsbestimmungen gemäss Art. 674 altOR unterstellt. Das Bundesgericht hat den verantwortlichkeitsrechtlich fassbaren Personenkreis funktional umschrieben. Der Entscheid aus dem Jahre 1888 blieb weder in der Literatur noch in der Rechtsprechung unangefochten. In BGE 34 II 493 nahm das Bundesgericht Bezug auf den vorgenannten Entscheid und beurteilte die rechtliche Stellung des Direktors einer Bank insbesondere danach, „ob er als ‚Organ der Verwaltung‘ im Sinne des Art. 673 altOR angesehen werden könne“. In casu war dem Verwaltungsrat als oberstem Verwaltungsorgan ein Direktionskomitee, dem die unmittelbare Leitung der Geschäfte oblag, unterstellt. Das Bundesge-

22 Vgl. ProtExpKomm., S. 358 ff.
23 Vgl. ProtExpKomm., S. 379 ff., insbes. S. 383.

richt betrachtete dieses Komitee als Verwaltungsorgan, da es für die ihm zugewiesenen Funktionen den Körperschaftswillen unmittelbar zum Ausdruck gebracht habe. Der Direktor hingegen habe an Sitzungen nur mit beratender Stimme und ohne Anspruch auf Präsenzgelder teilgenommen. Der Direktor sei nicht Mitglied des Direktionskomitees, sondern lediglich dessen vorbereitendes und ausführendes Organ gewesen, das unter der Aufsicht des Direktionskomitees stand. Diese Stellung könne nicht mehr als diejenige eines „Organes der Verwaltung“ bezeichnet werden. Der Direktor sei nicht Organ der Körperschaft, durch den der Körperschaftswille unmittelbar in Erscheinung trat, sondern er habe als Angestellter, als Untergebener des Direktionskomitees gehandelt, das sein unmittelbarer Vorgesetzter war[24].

Während Art. 673 altOR ausschliesslich die Begriffe „Verwaltung“ und „Kontrolle“, nicht dagegen den Begriff „Geschäftsführung“ verwendete, steht Art. 220 PGR unter dem Marginale „Bei der Geschäftsführung und Kontrolle“. Das Marginale zu Art. 220 PGR weist darauf hin, dass das Verantwortlichkeitsrecht von einer **funktionalen Betrachtungsweise** ausgeht.

Das Gesetz unterscheidet bei den Bestimmungen über die Verwaltung systematisch zwischen Geschäftsführung und Vertretung. Der Verwaltung als Institution bzw. den Mitgliedern der Verwaltung steht die Geschäftsführung zu, soweit es nicht anders bestimmt oder durch Beschluss des zuständigen Organes angeordnet ist (Art. 181 Abs. 1 PGR). Der Betrieb von Geschäften der Verbandsperson kann einzelnen Mitgliedern der Verwaltung oder sonstigen Bevollmächtigten oder Angestellten der Verbandsperson übertragen werden (Art. 184 Abs. 2 PGR). Daraus erhellt, dass die Verwaltung als Institution einerseits Verwaltungsfunktionen und andererseits Geschäftsführungs- und Vertretungsfunktionen erfüllt. Die Geschäftsführungs- und Vertretungsfunktionen sind delegierbar.

Aufgrund der funktionalen Betrachtungsweise finden die Normen über die Verantwortlichkeit auf alle mit Verwaltung, Geschäftsführung oder Vertretung einer Verbandsperson betrauten Personen

24 Vgl. BGE 34 II 493 Erw. 4.

Anwendung. Der Verantwortlichkeit gem. Art. 220 PGR unterstehen demnach:

- die Mitglieder der Verwaltung im institutionellen Sinne sowie
- alle jene Personen, die in massgebender Weise an der Willensbildung der Verbandsperson teilnehmen und korporative Aufgaben selbstständig ausüben; massgebend ist nicht die formale Stellung als Mitglied eines gesetzlichen oder statutarischen Organes, sondern lediglich die Funktion, die es im Rahmen der Verwaltung, Geschäftsführung oder Vertretung einer Verbandsperson auszuüben gilt; zu den mit der Verwaltung einer Verbandsperson betrauten Personen gehören auch fiduziarische Verwaltungsräte[25], Direktoren, Prokuristen, Handlungsbevollmächtigte und Geschäftsführer[26];
- **das faktische Organ**, das – „ohne dass ihm durch eine formelle Wahl oder schon durch eine allfällige Stellung als Gesellschafter Organqualität zukommt – dank seiner Möglichkeiten zur Einflussnahme in der Gesellschaft Funktionen ausübt, die idealtypischerweise den ordentlichen Organen zustehen“[27].

4. Die Befugnisse und Pflichten der Verwaltung

Die Verwaltung hat alle Befugnisse und Pflichten, die nicht einem anderen Organ übertragen oder vorbehalten sind (Art. 182 Abs. 1 PGR). Der Verwaltung einer Verbandsperson kommen, soweit es nicht anders bestimmt ist, die Befugnisse und Pflichten der Verwaltung einer eingetragenen Genossenschaft zu (Art. 182 Abs. 5 PGR). **Vertretungsberechtigung und Geschäftsführung können delegiert werden**[28]. Bei Aktiengesellschaften insbesondere können die Statuten gemäss Art. 348 Abs. 1 PGR bestimmen, dass die Geschäftsführung und die Vertretung von der

25 Vgl. *Jäggi P.*, S. 6.

26 Vgl. *Forstmoser P./Meier-Hayoz A.*, Einführung in das schweizerische Aktienrecht, Bern 1976, § 25, N 2; *Forstmoser P.*, Verantwortlichkeit, N 479 ff.; *Bürgi W. F.*, Komm., Art. 753/754 OR, N 119.

27 Vgl. *Gehriger P. O.*, der nachweist, dass faktische Organe den Verantwortlichkeitsbestimmungen für die ordentlichen Organe unterstehen, S. 91 ff.; vgl. Urteil des F. L. Obersten Gerichtshofes vom 30.4.1985 zu GZ 2 C 357/76, S. 45 f.

28 Vgl. Art. 184 Abs. 3 PGR.

Generalversammlung oder dem Verwaltungsrat an eine oder mehrere Personen, Mitglieder des Verwaltungsrates (Delegierte) oder Dritte, die nicht Mitglieder der Gesellschaft zu sein brauchen, übertragen werden, welche sodann ebenfalls den Vorschriften der Verantwortlichkeit unterstehen[29]. Die auf diese Art und Weise mit der Geschäftsführung und Vertretung betrauten Personen (Firmen) sind kraft gesetzlicher Anordnung in Art. 348 Abs. 3 PGR Organe der Gesellschaft. Art. 349 PGR zählt in Anlehnung an Art. 769 Entwurf 1[30] einzelne Pflichten des Verwaltungsrates auf, welche v. a. Aspekte der Oberleitung einer Verbandsperson beinhalten. Mangels anderer gesetzlicher und allenfalls statutarischer Regelung obliegen der Verwaltung nachstehende Aufgaben[31]:

- die Geschäftsführung; fallen während eines Geschäftsjahres einzelne von mehreren Verwaltungsmitgliedern weg oder sind sie an der Geschäftsführung verhindert, so können die verbleibenden bis zur nächsten Versammlung des obersten Organes die Geschäftsführung und Vertretung fortführen, soweit die Statuten es nicht anders bestimmen (Art. 181 Abs. 1 und Art. 180 Abs. 3 PGR);
- die Vertretung; mangels anderer gesetzlicher oder statutarischer Bestimmung umfasst die Geschäftsführungs- auch die Vertretungsbefugnis (Art. 184 Abs. 1 und Art. 180 Abs. 7 PGR);
- die Erhaltung des Grundkapitals (Art. 182 Abs. 1 PGR);
- die Verpflichtung, für die Sicherstellung und den Erfolg des Unternehmens im Rahmen ihrer gesetzlichen Pflichten und der dargebotenen Möglichkeiten besorgt zu sein (Art. 182 Abs. 1 PGR);
- Bestellung und Widerruf der Prokura (Art. 182 Abs. 1 PGR);
- die Verwaltung hat das Unternehmen der Verbandsperson mit Sorgfalt zu leiten und zu fördern und haftet für die Beobachtung der Grundsätze einer sorgfältigen Geschäftsführung und Vertretung (Art. 182 Abs. 2 PGR);

29 Im Unterschied dazu normiert Art. 716a der Botschaft des Bundesrates an die Eidgenössischen Räte vom 23.3.1983 unübertragbare Aufgaben, welche die Lehre bisher als undelegierbare Obliegenheiten des Gesamtverwaltungsrates entwickelt hat; vgl. *Hunziker A.*, S. 98; *Forstmoser P.*, Reformvorschläge, S. 65 f.

30 Vgl. Bericht 1, S. 133.

31 Vgl. dazu *Batliner H.*, S. 10 f.

- die Verwaltung ist der Verbandsperson gegenüber verpflichtet, alle Beschränkungen einzuhalten, die durch Gesetze, Statuten, Beschluss des zuständigen Organes oder in anderer Weise festgesetzt sind (Art. 182 Abs. 4 PGR);
- Anzeigepflicht bei Kapitalverlust und Überschuldung (Art. 182e und Art. 182f PGR).

Gemäss Art. 475 i.V.m. Art. 182 Abs. 5 PGR obliegen der Verwaltung insbesondere:

- der Geschäftsbetrieb, die Wahlen für statutarisch vorgesehene weitere Organe, soweit nicht ein anderes Organ ausdrücklich zuständig ist, wie Betriebskommission, Verwalter oder Geschäftsführer und des weiteren Personals, sowie die Abberufung der von ihr gewählten Personen (Art. 475 Ziff. 1 PGR);
- die Ausführung und erforderlichenfalls der Erlass von Ausführungsbestimmungen zu den vom obersten Organ aufgestellten Reglementen, die Bestimmungen des Geschäftsbetriebes und Erweiterung desselben in den statutarischen und reglementarischen Grenzen (Art. 475 Ziff. 2 PGR);
- die Behandlung von Beschwerden und das Rechnungswesen (Art. 475 Ziff. 3 PGR);
- die Verpflichtung, die Geschäfte des obersten Organes vorzubereiten und diesem die Jahresrechnung vorzulegen und einen nach den Umständen möglichst ausführlichen Jahresbericht zu erstatten, der dem obersten Organ einen Einblick in den Stand des Betriebs und eine selbstständige Beurteilung desselben gestattet (Art. 475 Ziff. 4 PGR).

Hinsichtlich der Befugnisse der Verwaltung verweist das Genossenschaftsrecht auf die Vorschriften über die Aktiengesellschaft (Art. 474 Abs. 3 PGR, bei den Bestimmungen über die Aktiengesellschaft insbesondere Art. 344 ff. PGR).

- Des weiteren obliegen der Verwaltung namentlich:
- Die Anfechtungspflicht, wenn der Verbandsperson wegen rechtswidriger Beschlüsse des obersten Organs Schaden droht[32];

32 Vgl. *Siegwart A.*, Anfechtung, S. 423; *Plangg U.*, S. 55.

– die cura in eligendo, instruendo et custodiendo bei Delegation von Aufgaben; erlaubte Delegation bewirkt Beschränkung der Haftung auf Verantwortlichkeit für diese curae[33, 34].

Die Geschäftsführung steht allen Mitgliedern der Verwaltung zu, soweit es nicht anders bestimmt oder durch Beschluss des zuständigen Organes angeordnet ist. Bei mehrgliedrigem Organ bedürfen Beschlüsse zu ihrer Gültigkeit der **einfachen Mehrheit** der zählbaren Stimmen; bei Stimmengleichheit gilt jene Meinung als Beschluss, welcher der Vorsitzende beitritt (Art. 112 Abs. 2, Art. 172 Abs. 7 und Art. 181 Abs. 1 PGR). **Bei mehrgliedriger Verwaltung darf** gemäss Art. 181 Abs. 2 PGR, mangels anderslautender statutarischer Vorschrift, **kein Mitglied der Verwaltung allein eine zur Geschäftsführung gehörende Handlung vornehmen**, wenn nicht Gefahr im Verzuge liegt. Die Statuten oder ein aufgrund der Statuten erstelltes Reglement können jedem Mitglied der Verwaltung die Befugnis zur Ausübung der Geschäftsführung übertragen (Einzelgeschäftsführung); **eine zur Geschäftsführung gehörende Handlung muss aber**, vorbehaltlich anderslautender statutarischer Bestimmung, **unterbleiben, wenn eines der Mitglieder der Verwaltung dagegen Widerspruch erhebt** (Art. 181 Abs. 3 PGR). Die Einzelgeschäftsführungsbefugnis steht lediglich unter dem Vorbehalt des Vetorechtes eines anderen Mitgliedes der Verwaltung. Vom Widerspruch eines Mitgliedes der Verwaltung gegen die Vornahme einer zur Geschäftsführung gehörenden Handlung durch ein anderes zur Einzelgeschäftsführung befugtes Mitglied der Verwaltung bleiben die Wirkungen gegenüber Dritten unberührt (Art. 181 Abs. 4 PGR).

33 Vgl. *Senn G.*, S. 95 ff; *Hirsch A.*, responsabilité des administrateurs, S. 258 ff., *Vischer F.*, Grenzen der Delegation, S. 266, *ders.*, Verantwortung, S. 78; *Bär R.*, S. 479 ff., *Bürgi W. F.*, Komm., Art. 753/754 OR, N 79 ff., *Forstmoser P.*, Verantwortlichkeit, N 230; *Lehner G. R.*, S. 92; *Diezi A.*, S. 25 f.; zur Frage der Haftung bei Delegation der Befugnisse des Verwaltungsrates inbes. *Lanz P. U.*, S. 68 ff.

34 Die Pflicht, die gebotene Sorgfalt bei der Auswahl, Unterrichtung und Überwachung wahrzunehmen, soll gemäss Art. 754 Abs. 2 Entwurf 1983 im schweizerischen Obligationenrecht ausdrücklich erwähnt werden; vgl. *Forstmoser P.*, Reformvorschläge, S. 67; neu ist überdies die Beweislastverteilung; der Beklagte soll nachweisen müssen, dass er bei Wahrnehmung der curae die nach den Umständen gebotene Sorgfalt angewendet hat; vgl. *Hunziker A.*, S. 103.

Art. 220 Abs. 2 bis 5 PGR enthalten eine besondere Ordnung der Verantwortlichkeit bei der Geschäftsführung und Kontrolle, wenn die Pflichtverletzungen auf die Fassung oder Unterlassung eines Beschlusses eines mehrgliedrigen Organes zurückgeht. **Grundsätzlich sind alle Mitglieder des Kollegialorganes, welche bei dem in Frage kommenden Beschluss mitzuwirken verpflichtet waren, für den aus der Pflichtverletzung resultierenden Schaden verantwortlich** (Art. 220 Abs. 2 PGR). Frei von der Haftung bleiben die Mitglieder, welche gegen die Fassung des die Verantwortlichkeit begründenden Beschlusses gestimmt oder, wenn es sich um eine die Pflichtverletzung begründende Unterlassung eines Beschlusses handelt, für den von der Mehrheit abgelehnten Beschluss gestimmt haben (Art. 220 Abs. 3 PGR). Stimmenthaltung wirkt haftungsbegründend, wenn die Abgabe der Stimme, die verschuldetermassen unterblieben ist, die Pflichtverletzung auf seiten des Kollegialorganes hätte verhindern können, oder wenn im nachgewiesenen Einverständnis mit ihnen Mitglieder die eine Pflichtverletzung begründende Haftung des Kollegialorganes herbeiführt haben (Art. 220 Abs. 4 PGR). Schliesslich trifft die Haftung bei pflichtwidriger Unterlassung eines Beschlusses, ohne dass hierüber vom Kollegialorgan verhandelt wurde, jedes Mitglied von dem Zeitpunkte an, seit dem es von dem Gegenstande Kenntnis erlangt und die in seiner Berechtigung gelegenen Schritte nicht unternommen hat, um die Verhandlung des Gegenstandes bei den Kollegialorganen herbeizuführen (Art. 220 Abs. 5 PGR)[35].

5. Die Vertretung von Verbandspersonen

Die Vertretung der Verbandsperson erfolgt durch die hiezu berufenen Organe oder sonstige besondere Vertreter nach Vorschrift der Statuten[36],

35 In der schweizerischen Literatur wurden zur Frage der Rechtsfolge bei Abwesenheit und Stimmenthaltung bzw. Stillschweigen folgende Grundsätze entwikkelt: verschuldete Abwesenheit vermag die Haftung nicht auszuschliessen, vgl.b *Schucany E.*, Verantwortlichkeit S. 229; *Hirsch A.*, responsabilité des administrateurs, S. 256; *Meier-Wehrli J.*, S. 32; *Bär R.*, S. 481; *Forstmoser/Meier-Hayoz*, Aktienrecht, § 25, N 25; *Forstmoser P.*, Verantwortlichkeit, N 220 und 223; Analoges gilt bei Stimmenenthaltung bzw. Stillschweigen; umstritten sind die Rechtsfolgen bei unverschuldeter Abwesenheit, Haftung wird mehrheitlich verneint; vgl. Literaturhinweise bei *Forstmoser P.*, Verantwortlichkeit, N 221.

36 Vgl. Art. 650 Abs. 1 Entwurf 1.

welche aber, im Gegensatz zur Verwaltung, einer **besonderen Vertretungsvollmacht** bedürfen (Art. 183 Abs. 1 PGR).

Art. 184 Abs. 2 PGR regelt i.V.m. Art. 181 Abs. 1 PGR die Frage der Kompetenzdelegation: Der Betrieb von Geschäften und die Vertretung der Verbandsperson in diesem Geschäftsbetrieb kann einzelnen Mitgliedern der Verwaltung oder sonstigen Bevollmächtigten oder Angestellten der Verbandsperson übertragen werden.

Art. 184 Abs. 3 PGR wiederholt den in Art. 111 Abs. 1 PGR sowie in Art. 180 Abs. 1 PGR festgelegten Grundsatz, wonach die Mitglieder der Verwaltung natürliche Personen, Verbandspersonen, oder Firmen sein können. Zur Vornahme aller Organ- bzw. Vertretungshandlungen sind die vertretungsberechtigten bzw. geschäftsführenden Personen der Verbandspersonen bzw. der Firmen befugt, sofern nicht besondere Delegierte dafür verantwortlich sind.

Beim Abschluss von Rechtsgeschäften der Verbandsperson, an denen ein Mitglied der Verwaltung interessiert ist, wie beispielsweise beim Abschluss von Rechtsgeschäften mit sich selbst, darf dieses gemäss Art. 186 Abs. 1 PGR – mit Ausnahme des Falles der Dringlichkeit – nicht mitwirken. Kann infolge einer Interessenkollision ein Beschluss nicht gefasst werden, so ist das Geschäft einem statutarisch vorgesehenen, und mangels einer solchen Bestimmung, dem obersten Organ zu unterbreiten; das oberste Organ betraut einen oder mehrere Spezialbevollmächtigte mit der Vertretung der Verbandsperson oder erledigt das Geschäft selbst (Art. 186 Abs. 2 PGR). Solche Interessenkonflikte rechtfertigen das Eingreifen des obersten Organs der Gesellschaft in die Verwaltungstätigkeit[37].

Die beiden ersten Ansätze von Art. 186 PGR gehen auf Art. 645 Entwurf 1 zurück. Im Unterschied zu Art. 186 Abs. 1 PGR, der den Fall der Dringlichkeit vorbehält, darf gemäss Art. 645 Abs. 1 Entwurf 1 ein Mitglied der Verwaltung keinesfalls beim Abschluss eines Rechtsgeschäftes die Gesellschaft vertreten. Abweichend von Art. 186 Abs. 2 PGR ist das Geschäft nach Art. 645 Abs. 1 Entwurf 1 nicht einem statutarisch vorge-

37 Vgl. *Bürgi W. F.*, Komm., Art. 721 OR, N 12: Eingriffe in den Kompetenzkreis der Verwaltung dürfen nur ausnahmsweise und unter besonderen Voraussetzungen erfolgen.

sehenen Organ, sondern nur der Mitgliederversammlung zu unterbreiten. Die Bestimmung über die Ausschliessung von der Vertretung ist dispositiver Natur und findet überdies keine Anwendung bei Verbandspersonen mit weniger als 30 Mitgliedern (Art. 186 Abs. 3 PGR). Der dispositive Charakter der Norm und deren Nichtanwendbarkeit bei kleinen Gesellschaften macht die Norm praktikabel[38].

Art. 187 PGR normiert die Vollmacht der Organe und Vertreter im Aussenverhältnis der Verbandsperson. Art. 187 Abs. 1 PGR bestimmt den Umfang der Vertretungsbefugnis: „**Die Organe sowie die anderen zur gesamten Geschäftsführung und Vertretung berufenen Personen** (Vertretungsorgane) **sind gutgläubigen Dritten gegenüber von Gesetzes wegen befugt, sämtliche Geschäfte für die Verbandsperson abzuschliessen.**" Diese Bestimmung dient dem Schutze gutgläubiger Dritter und ist dementsprechend weit auszulegen. Die Vertretungsmacht findet ihre Grenzen im nicht organschaftlichen privaten Verhalten des Handelnden[39]. **Vertretungswirkung tritt aber nicht nur bei rechtmässigem, sondern auch bei unerlaubtem, rechtswidrigem Verhalten der Organe und Vertreter der Verbandsperson ein[40].**

Die Vertretungsbefugnis der Handlungsbevollmächtigten richtet sich nach der ihnen erteilten Vollmacht; diese Vollmacht erstreckt sich im Zweifel auf alle Rechtshandlungen, welche die Ausführung derartiger Geschäfte gewöhnlich mit sich bringt (Art. 187 Abs. 5 PGR).

6. Der Haftungsumfang

Die Rechtsprechung zur Frage der Verantwortlichkeit der mit der Geschäftsführung und Kontrolle einer Gesellschaft betrauten Personen lässt die Tendenz zu ausserordentlich strenger Verantwortlichkeit und Haftung erkennen. Die Gerichte hatten sich häufig mit den in Art. 182 PGR statuierten Pflichten zu befassen. Gemäss Art. 182 Abs. 1 PGR hat die Verwaltung einer Verbandsperson insbesondere auch für die **Erhaltung des Grundkapitals** besorgt zu sein. **Diese Pflicht ist nicht delegierbar**. Werden Rechte und Pflichten der Geschäftsführung durch

38 Mangels Praktikabilität wurde Art. 645 Abs. 1 Entwurf 1 nicht in den Entwurf 2 aufgenommen, vgl. Bericht 2 S. 67.

39 Vgl. *Bucher E.*, Organschaft, S. 55.

40 Vgl. *Bucher E.*, Organschaft, S. 48.

Generalvollmacht delegiert, so hat die Verwaltung dafür zu sorgen, dass das Grundkapital in seiner Substanz erhalten bleibt. Wird das Grundkapital im Laufe der Geschäftstätigkeit der Verbandsperson angetastet, so hat die Verwaltung für den Zufluss entsprechender Einlagen zu sorgen. Die Bemühungen um die Erhaltung des Grundkapitals müssen bestimmt und geeignet sein, die gesetzlich obliegende Obsorge für die Erhaltung des Grundkapitals zu dokumentieren, und zwar ohne Rücksicht darauf, ob die Verbandsperson Geschäfte tätigte oder nicht[41].

Als Mindestmass der Obsorge einer mit der Verwaltung einer Gesellschaft betrauten Person für die Erhaltung des Grundkapitals hat der F. L. Oberste Gerichtshof folgende Pflichten herausgearbeitet[42]:

a) Das Verwaltungsorgan hat sich bei Ausstellung einer Generalvollmacht namens der Verbandsperson immer und ausnahmslos über die Vertrauenswürdigkeit und geschäftliche Qualifikation des Generalbevollmächtigten zu vergewissern, um so nicht fragwürdige Geschäfte zu ermöglichen und unstatthaften Unternehmungen Vorschub zu leisten;

b) die Überwachungspflicht muss der Verwaltungsrat in dem Mindestumfang ausüben, dass er sich über die Geschäftsführung des Generalbevollmächtigten laufend und wenigstens in groben Zügen informiert, Rapporte und nötigenfalls ergänzende Auskünfte verlangt und in zweifelhaften Fällen sogleich eine Abklärung veranlasst;

c) bei Unterlassung von Buchführung und jährlicher Bilanzierung sind diese Überwachungspflichten um so strenger durchzuführen;

d) bei Kenntnis von Verlustgeschäften, die das Grundkapital der Verbandsperson in wesentlichem Ausmass schmälern oder gänzlich aufzehren, so dass keine ausreichenden Vermögenswerte oder zu wenige oder gar nicht leicht realisierbare Sachwerte vorhanden sind sowie in den Fällen, in welchen nach dem gewöhnlichen Lauf der Dinge ohne unberechtigten Optimismus eine Wiederauffüllung des Grundkapitals innert kurzer Frist nicht zu erwarten steht, ist ohne Verzug das Eingehen weiterer Geschäfte zu unterbinden und das Insolvenzverfahren einzuleiten;

---

41 Vgl. End-Urteil des F. L. Obersten Gerichtshofes vom 28.8.1974 zu GZ J 628/332, S. 9 ff.

42 Vgl. LES 1982, S. 79 ff., sowie Urteil des F. L. Obersten Gerichtshofes vom 30.5.1983 zu GZ 4 C 394/78, Erw. 14 und 17

e) werden zu Lasten eines Unternehmens wirtschaftliche Dispositionen getroffen, die im Falle des Wirksamwerdens die Kapitalausstattung des Unternehmens um ein Vielfaches überschreiten, darf die mit der Verwaltung einer Gesellschaft betraute Person dazu nicht einfach in der Hoffnung schweigen, der Aussenstehende (im konkreten Fall der Zessionar von Gründerrechten einer Anstalt) werde sich zeitgerecht für die notwendige finanzielle Verstärkung sorgen, sondern sie muss handeln: Einerseits aufklärend in Richtung der vom Gründerrechtsinhaber herangeschafften präsumtiven Geschäftspartner und andererseits Sicherheiten fordernd in Richtung des Gründerrechtsinhabers selbst.

E. Die Verantwortlichkeit der Grossanteilshaber

Bei Bankunternehmungen und **Treuhandgesellschaften** untersteht der Grossanteilshaber der Haftung aus dem Titel der Verantwortlichkeit gemäss Art. 221 PGR. Die Bestimmung hat ihren Ursprung im österreichischen Bankhaftungsgesetz aus dem Jahre 1924.

1. Der Grossanteilshaber

Grossanteilshaber im Sinne von Art. 221 Abs. 2 PGR ist, wer aufgrund eigenen Anteilsbesitzes oder aufgrund eines anderen Rechtstitels über das Stimmrecht für wenigstens den zehnten Teil oder doch so einen grossen Teil des Grundkapitals bzw. Eigenvermögens der Verbandsperson verfügt, dass die ihm zustehenden Stimmen mit Rücksicht auf die Höhe des Grundkapitals oder Eigenvermögens, das erfahrungsgemäss bei Versammlungen des obersten Organes der betreffenden Gesellschaften vertreten ist, ausschlaggebend ins Gewicht fallen. Dem Besitz des Grossanteilshabers werden diejenigen Anteile zugerechnet, die einer anderen Person zum Zwecke der Umgehung von Art. 221 PGR übertragen werden; eine Absicht der Gesetzesumgehung wird vermutet, wenn die Übertragung auf den Ehegatten oder auf einen Verwandten bis zum zweiten Grade erfolgt.

2. Der Haftungsumfang

Der Grossanteilshaber bei Bankunternehmungen oder Treuhandgesellschaften, der nicht der Verwaltung angehört, aber mittelbar oder unmittelbar veranlasst, dass Mitglieder der Verwaltung einer solchen Unternehmung bei ihrer Geschäftsführung die Sorgfalt eines ordentlichen Geschäftsmannes verletzen, haftet solidarisch mit solchen Mitgliedern der Verwaltung für den der Verbandsperson daraus entstandenen Schaden; vorbehalten bleibt das Rückgriffsrecht der von der Verbandsperson verantwortlich gemachten Mitglieder gegenüber dem Grossanteilshaber. Mit Art. 221 PGR, wodurch Grossanteilshaber der Haftung aus dem Titel der Verantwortlichkeit unterstellt wurden, sollte der Vorstellung „vollkommene Verantwortungslosigkeit trotz vollkommenen Einflusses" entgegengesteuert werden.

F. Die Klageberechtigung und der Haftungsanspruch

1. Klageberechtigung und Art des Verschuldens

Der Gesellschaft gegenüber sind die mit der Verwaltung und Kontrolle der Gesellschaft betrauten Personen für den auf jegliche Art verschuldeten Schaden verantwortlich; die Haftung kann weder durch Statuten noch durch Vertrag vermindert oder wegbedungen werden[43].

Nach Art. 752 ff. OR genügt für die Verantwortlichkeit in allen Haftungsfällen jedes persönliche Verschulden, unabhängig davon, welches klageberechtigte Rechtssubjekt – Aktiengesellschaft, Aktionär oder Gläubiger – eine Verantwortlichkeitsklage anhebt. Nur ausnahmsweise, und zwar bei der Annahme von Zeichnungen zahlungsunfähiger Personen, setzt die Verantwortlichkeit die Verschuldensform der Wissentlichkeit voraus. Während das schweizerische Verantwortlichkeitsrecht zwischen Verantwortlichkeit einerseits und Klageberechtigung sowie Haftungsanspruch andererseits bezüglich der geforderten Verschuldensart „Deckungsgleichheit" aufweist, ist die Frage der Beschränkung des Klagerechts der Mitglieder und Gläubiger einer Gesellschaft im liechtensteinischen Verantwortlichkeitsrecht kontrovers.

Das PGR regelt die Klageberechtigung der Mitglieder der Gesellschaft in den Bestimmungen über die Art des geforderten Verschuldens in Art. 218 Abs. 2 und 3 PGR. Steht der Verbandsperson kein Schadener-

43 Vgl. *Bürgi W. F.*, Art. 753/754 OR, N 89.

satzanspruch zu, handelt es sich also um unmittelbar einem Mitglied zugefügten Schaden, so sind die Organe einer Gesellschaft mit Persönlichkeit und einer ihr gleichgestellten Verbandsperson bei Nichterfüllung der ihnen obliegenden Pflichten dem Mitgliede gegenüber sowohl für den absichtlich als auch für den fahrlässig verursachten Schaden verantwortlich (Art. 218 Abs. 2 PGR). **Bei mittelbarem Schaden**, d. h. wenn der Verbandsperson ein Schadenersatzanspruch zusteht, **haben die Mitglieder** der Gesellschaft **nur bei absichtlich zugefügtem Schaden einen selbständigen Anspruch** (Art. 218 Abs. 3 PGR).

Eine Norm über die Klageberechtigung der Gesellschaftsgläubiger fehlt in Art. 218 PGR, findet sich aber bei den Normen über den Haftungsanspruch bei Verantwortlichkeit. Gemäss Art. 223 Abs. 1 PGR ist der einem Gläubiger unmittelbar zugefügte Schaden diesem direkt zu ersetzen; dieser Anspruch besteht bei jeglicher Art des Verschuldens. **Die Gesellschaftsgläubiger können hingegen bei mittelbarem Schaden Ersatz des der Gesellschaft zugefügten Schadens zugunsten der Gesellschaft nur verlangen, falls die Schädigung absichtlich erfolgte**; des weiteren setzt dieser Anspruch voraus, dass über die Gesellschaft der Konkurs eröffnet worden ist und die Konkursmasse auf die Geltendmachung des Anspruches verzichtet oder denselben trotz Aufforderung binnen Monatsfrist nicht geltend macht (Art. 223 Abs. 2 PGR).

2. Der Haftungsanspruch der Gesellschaft

Gemäss Art. 222 Abs. 1 PGR steht der Anspruch auf Schadenersatz in erster Linie der geschädigten Gesellschaft und im Falle des Konkurses ihrer Masse zu. Das Gesetz unterscheidet Haftung gegenüber der Gesellschaft einerseits und gegenüber den Mitgliedern andererseits: **Der Gesellschaft wird für Absicht und Fahrlässigkeit gehaftet**, einem Mitgliede der Gesellschaft jedoch nur für Absicht, wenn der Verbandsperson selbst ein Schadenersatzanspruch zusteht. Soweit die Gesellschaft auf die Geltendmachung eines Anspruches verzichtet oder denselben binnen drei Monaten nach Aufforderung durch ein Mitglied nicht geltend macht, kann jedes einzelne Mitglied – vorbehaltlich eines verbindlichen Entlastungsbeschlusses – auf Ersatz des der Gesellschaft absichtlich zugefügten Schadens zugunsten der Gesellschaft klagen (Art. 222 Abs. 3 PGR). Der Gesetzgeber hat mit Art. 222 Abs. 3 PGR die sogenannte

Wieland'sche Lösung übernommen, welcher sich im Jahre 1918 auch das schweizerische Bundesgericht angeschlossen hat[44].

3. Der Haftungsanspruch der Mitglieder der Gesellschaft

Art. 222 PGR enthält Bestimmungen über den Anspruch der Gesellschaft und der einzelnen Mitglieder.

Gemäss Art. 222 Abs. 1 PGR steht – soweit es sich um Schaden der Gesellschaft handelt – der Anspruch auf Schadenersatz in erster Linie der geschädigten Gesellschaft und im Falle des Konkurses ihrer Masse zu.

Erleidet das einzelne Mitglied durch das Verhalten einer oder mehrerer verantwortlicher Personen einen unmittelbaren Schaden und besitzt die Verbandsperson daher keinen Anspruch, so kann jedes Mitglied nach Art. 222 Abs. 2 PGR verlangen, dass der ihm zugefügte Schaden **ihm direkt** vergütet werde.

Ist ein Mitglied einer Gesellschaft **mittelbar geschädigt**, so hängt der Bestand des direkten Anspruches auf Schadenersatz zum einen **vom Verschuldensgrad** des Verantwortlichen und zum anderen **vom Verhalten der Verbandsperson** gegenüber dem Verantwortlichen **sowie vom Verhalten des Ansprechers** ab.

Art. 222 Abs. 2 PGR gewährt dem einzelnen Mitglied einen **direkten Ersatzanspruch für mittelbar zugefügten Schaden**, wenn es sich um eine **absichtliche Schädigung** des Verantwortlichen handelt.

Gemäss Art. 222 Abs. 3 und 4 PGR gilt bei absichtlicher Schädigung der Verbandsperson der Grundsatz:

Direkte Geltendmachung des indirekt zugefügten Schadens, und zwar unter folgenden Voraussetzungen:

- **Verzicht der Gesellschaft** auf die Geltendmachung des Anspruches oder Ausbleiben der Geltendmachung des Anspruches durch die Gesellschaft binnen drei Monaten nach Aufforderung durch ein Mitglied;

44 Vgl. *Wieland A.*, Die Haftbarkeit des Verwaltungsrates der Aktiengesellschaft gegenüber dem Aktionär und dem Gläubiger nach O. R. Art. 674, in: ZSR 1904, S. 260 ff., BGE 44 II 38.

- **keine oder ablehnende Mitwirkung bei der Fassung des Entlastungsbeschlusses bzw. Erwerb der mitgliedschaftlichen Stellung nach und in Unkenntnis des Entlastungsbeschlusses.**

Das einzelne Mitglied kann aber den absichtlich der Gesellschaft zugefügten Schaden **nur zugunsten der Gesellschaft**, nie direkt an sich, einklagen. Mit der Geltendmachung eines Anspruches zugunsten der Gesellschaft nimmt das einzelne Mitglied die Interessen der Gesellschaft wahr.

4. Der Haftungsanspruch der Gesellschaftsgläubiger

Sind die Gläubiger der Gesellschaft geschädigt, so können sie gemäss Art. 223 Abs. 1 PGR verlangen, dass **der ihnen zugefügte Schaden ihnen direkt ersetzt werde, wenn die Gesellschaft keinen Anspruch besitzt**. Art. 223 Abs. 1 PGR gewährt dem einzelnen Gesellschaftsgläubiger einen Anspruch auf Ersatz des Schadens, den ihm ein Verantwortlicher zugefügt hat, ohne dass die Gesellschaft dabei geschädigt worden ist.

Art. 223 PGR unterscheidet zwischen unmittelbarem und mittelbarem Schaden des Gesellschaftsgläubigers. Nur der direkt geschädigte Gläubiger hat gemäss Art. 223 Abs. 1 PGR einen Anspruch auf direkten Ersatz des ihm zugefügten Schadens.

Zur Geltendmachung des der Gesellschaft absichtlich zugefügten Schadens ist der einzelne Gläubiger nach Art. 223 Abs. 2 PGR **nur unter folgenden Voraussetzungen legitimiert**:

a) wenn über die Gesellschaft der **Konkurs eröffnet worden** ist und

b) **die Konkursmasse auf die Geltendmachung des Anspruches verzichtet oder den Anspruch trotz Aufforderung binnen Monatsfrist nicht geltend macht.**

Ist der Gesellschaftsgläubiger mittelbar geschädigt, so kann der Gläubiger nur im Falle einer absichtlichen Schädigung der Gesellschaft Ersatz des der Gesellschaft zugefügten Schadens, und zwar **ausschliesslich zugunsten der Gesellschaft verlangen**. Der Gesellschaftsgläubiger hat in diesem Falle aber keinen eigenen Anspruch gegen den Verantwortlichen, sondern ein **bedingtes Klagerecht**.

Nach früherer Auffassung des F. L. Obersten Gerichtshofes war der Gesellschaftsgläubiger in jedem Falle mittelbarer Schädigung aktivlegitimiert, sofern die Gesellschaft das Recht auf Geltendmachung ihres Anspruches verwirkt hat. Das Klagerecht – die Aktivlegitimation – ging in subsidiärer Reihenfolge auf die Gesellschaftsgläubiger über. Durch das Verwirken der Geltendmachung des Anspruches besass die Gesellschaft im Sinne von Art 223 Abs. 1 keinen Anspruch mehr. Nach früherer Auffassung des F. L. Obersten Gerichtshofes war das Klagerecht für Gesellschaftsgläubiger nicht auf die absichtliche Schädigung der Gesellschaft beschränkt[45].

In einer kürzlich ergangenen Entscheidung[46] revidierte der F. L. Oberste Gerichtshof seine Rechtssprechung. Demnach hat der Gläubiger der Gesellschaft gemäss Art. 223 Abs. 1 PGR nur Anspruch auf Ersatz des Schadens, den ihm ein Verantwortlicher unmittelbar (direkt) zugefügt hat, ohne dass die Gesellschaft dabei geschädigt worden ist. Bei mittelbarer Schädigung kann der Gläubiger nur mehr unter den in Art. 223 Abs. 2 PGR oben angeführten Voraussetzungen das Organ in Anspruch nehmen.

5. Die Beweislastumkehr

Wird ein Organ in Anspruch genommen, um einen der Gesellschaft zugefügten Schaden zu ersetzen, so muss dem Organ eine Pflichtverletzung nachgewiesen werden. Steht aber die Pflichtverletzung fest, so ist es Sache des Organes, zu seiner Entlastung den Beweis seiner Schuldlosigkeit zu führen. Grundlage für die Umkehr der Beweislast im Sinne von § 1298 ABGB ist die aus dem schweizerischen Rechtsbereich abgeleitete Erwägung, dass zwischen dem Organ und der Gesellschaft eine vertragliche Bindung besteht, kraft der das Organ verpflichtet ist, die gesetzlichen Bestimmungen einzuhalten[47].

6. Der Entlastungsbeschluss

Die Entlastungsmodalitäten und deren Auswirkung auf das Klagerecht der Mitglieder und Gläubiger sind in Art. 224f. PGR grundlegend anders geregelt als in Art. 758 OR. Der Entlastungsbeschluss kann gemäss Art. 224 Abs. 2 PGR mit einer Gegenleistung der verantwortlichen und

45 Vgl. LES 1980/01, S. 129.
46 Vgl. LES 2001/01, S. 4: ff.
47 Vgl. LES 1988/04, S. 154.

haftpflichtigen Person verbunden werden; wird durch Vergleich ein Mass an Verantwortlichkeit auferlegt, das seinem mutmasslichen Umfang in genügender Weise Rechnung trägt, so ist das einzelne Mitglied an den Beschluss gebunden, wie wenn es bei der Beschlussfassung mitgewirkt hätte. Ein Entlastungsbeschluss der Gesellschaft kann im Falle der Schädigung der Gesellschaft dem klageberechtigten Mitglied oder Gläubiger entgegengehalten werden, wenn nicht nachgewiesen wird, dass den entlasteten Personen gar keine oder nach Massgabe ihres Verschuldens und ihrer Leistungsfähigkeit eine offenbar ungenügende Entschädigungspflicht auferlegt worden ist. Die Entscheidung über die Frage der Wirksamkeit eines Entlastungsbeschlusses liegt demzufolge in den Händen des Richters.

G. Ausblick de lege ferenda

Die Praxis der liechtensteinischen Gerichte zeigt, dass die allgemeinen Bestimmungen über die Verantwortlichkeit – im Zusammenhalt mit dem ausgebauten Pflichtenheft der Organe – den heutigen Verhältnissen nicht mehr entsprechen. Die Gesetzesrevision müsste meines Erachtens bei der Redimensionierung der Pflichtenhefte aller potentiell verantwortlichen Personen ansetzen und den Grad der Verantwortlichkeit neu ausmessen.

Im einzelnen:

- Pflichtenhefte redimensionieren;
- Delegationsbefugnisse ausdrücklich regeln;
- Sorgfaltsstandards formulieren, die den Grundsätzen der Verschuldenshaftung entsprechen;
- Gründungsverantwortlichkeit auf das Gründungsstadium beschränken;
- Haftung für die Zahlungs- bzw. sonstige Leistungsunfähigkeit der Zeichner auf den Fall der Wissentlichkeit beschränken;
- keine Verantwortlichkeit im Kollegialorgan bei unverschuldeter Abwesenheit und Stimmenthaltung;
- Haftung der Grossanteilshaber auf alle Unternehmensarten ausdehnen;

- Solidarhaftung auf das eigene Verschulden beschränken;
- Tragweite eines ordnungsgemässen Entlastungsbeschlusses präzisieren.

Abkürzungsverzeichnis

ABGB	Allgemeines bürgerliches Gesetzbuch für Österreich vom 1. Juni 1811, vom Fürstentum Liechtenstein am 18. Februar 1812 durch Einführungsgesetz rezipiert.
altOR	Bundesgesetz über das Schweizerische Obligationenrecht vom 14. Juli 1881
AT	Allgemeiner Teil
BGE	Amtliche Sammlung der Entscheidungen des Schweizerischen Bundesgerichtes, Lausanne
F. L.	Fürstlich Liechtensteinisch
FS	Festschrift
GV	Generalversammlung
GZ	Geschäftszahl
HGB	Liechtensteinisches Handelsgesetzbuch
HRV	Schweizerische Verordnung über das Handelsregister vom 7. Juni 1937/3. Dezember 1954
i. d. F. d. G.	in der Fassung des Gesetzes
JBl	Juristische Blätter
LES	Amtliche Sammlung von Entscheidungen liechtensteinischer Gerichtshöfe und Verwaltungsbehörden
LGBl.	Landesgesetzblatt des Fürstentums Liechtenstein
LJZ	Liechtensteinische Juristen-Zeitung
LVG	Gesetz vom 21. April 1922 über die allgemeine Landesverwaltungspflege (LGBl. 1922/24)
N	Note
OGH	F. L. Oberster Gerichtshof

OR	Bundesgesetz über das Schweizerische Obligationenrecht vom 30. März 1911/18. Dezember 1936
PGR	Personen- und Gesellschaftsrecht vom 20. Januar 1926 (LGBl. 1926/4) einschliesslich das Gesetz über das Treuunternehmen vom 10. April 1928 (LGBl. 1928/6)
ProtExpKomm.	Protokoll der Expertenkommision für die Revision der Titel 24 bis 33 des Schweizerischen Obligationrechts, 1928
SAG	Die Schweizerische Aktiengesellschaft
SemJud	Semaine Judicaire
SchlT	Schlusstitel
SJZ	Schweizerische Juristen-Zeitung
SPR	Schweizerisches Privatrecht, Helbing & Lichtenhahn Verlag AG, Basel und Frankfurt am Main
SR	Sachenrecht vom 31. Dezember 1922 (LGBl. 1923/4)
StenBullNR	Stenographisches Bulletin über die Verhandlungen des Nationalrates
StenBullStR	Stenographisches Bulletin über die Verhandlungen des Ständerates
ZBJV.	Zeitschrift des Bernischen Juristenvereins
ZGB	Schweizerisches Zivilgesetzbuch vom 10. Dezember 1907
ZPO	Zivilprozessordnung vom 10. Dezember 1912 (LGBl. 1912/9)
ZSR	Zeitschrift für Schweizerisches Recht

Literaturverzeichnis

In den Fussnoten wird nur nach Namen und abgekürztem Vornamen des Verfassers bzw. nach dem Herausgeber, bei Zeitschriftenaufsätzen zusätzlich nach dem Jahrgang und bei Kommentaren nach Artikel und Randnoten zitiert. Eine abweichende Zitierweise ergibt sich aus dem nachstehenden Verzeichnis.

Bächler, Hans: Die Pflichten der Verwaltungs- und Aufsichtsorgane von Aktiengesellschaften, Sonderabdruck aus dem ‚Schweiz. Kaufm. Centralblatt', Nrn. 33/37. Zürich 1912

Bär, Rolf: Verantwortlichkeit des Verwaltungsrates der Aktiengesellschaft, Probleme bei einer Mehrheit von verantwortlichen Personen, in: ZBJV 1970, S. 457 ff.

Batliner, Herbert: Organhaftung unter besonderer Berücksichtigung der Treuhänder-Verantwortlichkeit, Vaduz 1975

Bucher, Eugen: Organschaft, Prokura, Stellvertretung, zugleich Auseinandersetzung mit BGE 95 II 442 („Prospera GmbH"), in: Lebendiges Aktienrecht, FS Bürgi, Zürich 1971, S. 39 ff. zit.: Bucher E., Organschaft

Bürgi, Wolfhart F.: Kommentar zum Schweizerischen Zivilgesetzbuch, V. Band: Obligationenrecht, 5. Teil: Die Aktiengesellschaft, b/2: Art. 698–738, Zürich 1969

Bürgi, Wolfhart F.: Kommentar zum Schweizerischen Zivilgesetzbuch, V. Band: Obligationenrecht, 5. Teil: Die Aktiengesellschaft und die Kommanditaktiengesellschaft, b/3: Art. 739–771, Zürich 1979

Diezi, Alfred: Versicherbarkeit der aktienrechtlichen Verantwortlichkeit, Untersuchung der Verantwortlichkeit von Verwaltungsrat und Geschäftsführung und ihre Versicherbarkeit unter Berücksichtigung der Verhältnisse in den USA, Diss., Zürich 1982

Forstmoser, Peter: Die Verantwortlichkeit der Verwaltungsräte, in: Forstmoser P. (Hrsg.), Referate, S. 27 ff.

Forstmoser, Peter: Die aktienrechtliche Verantwortlichkeit. Die Haftung der mit der Verwaltung, Geschäftsführung, Kontrolle und Liquidation einer AG betrauten Person, Band 30 der Schweizer Schriften zum Handels- und Wirtschaftsrecht, herausgegeben von Prof. Dr. Peter Forstmoser, Zürich 1978

Forstmoser, Peter: Schweizerisches Aktienrecht, Band I/Lieferung 1, Grundlagen, Gründung und Änderungen des Grundkapitals, Zürich 1981

Forstmoser, Peter: Kritische Beurteilung der Reformvorschläge für die Verwaltung, in: Aktienrechtsform, Band 59 der Schriftreihe der schweizerischen Treuhand- und Revisionskammer, Zürich 1984, S. 57 ff.

Forstmoser, Peter/Meier-Hayoz Arthur: Einführung in das schweizerische Aktienrecht, Bern 1976

Gehriger, Pierre-Olivier: Faktische Organe im Gesellschaftsrecht, Diss., St. Gallen 1979

v. Greyerz, Christoph: Die Verwaltung in der privaten Aktiengesellschaft, in: Forstmoser P. (Hrsg.), Referate, S. 57 ff.

Henggeler J. und *E.*: Die zivilrechtlichen Verantwortlichkeiten im Bankengesetz und im neuen schweizerischen Aktienrecht, Zürich 1937

Hirsch, Alain: La responsabilité des administrateurs dans la société anonyme, in SemJud 1967, S. 249 ff.

Hunziker, Anton: Neuerungen in der Stellung und Verantwortlichkeit der Organe, in: Rechtliche und betriebswirtschaftliche Aspekte der Aktienrechtsreform, Band 74 der Schweizer Schriften zum Handels- und Wirtschaftsrecht herausgegeben von Prof. Dr. Peter Forstmoser, Zürich 1984, S. 89 ff.

Jäggi, Peter: Ein Gerichtsurteil über den „anhängigen" (fiduziarischen) Verwaltungsrat, in: SJZ 1960, S. 1 ff.

Lanz, Paul Ulrich: Die Delegation der Befugnisse des Verwaltungsrats, Bern 1969

Lehner, Georg Rudolf: Die Verantwortlichkeit der Leitungsorgane von Aktiengesellschaften in rechtsvergleichender und internationalprivatrechtlicher Sicht, Diss., Basel 1981

Meier-Wehrli, Jörg: Die Verantwortlichkeit der Verwaltung einer Aktiengesellschaft bzw. einer Bank gemäss Art. 754 ff. OR/41 ff. BkG., Diss., Zürich 1968

Plangg, Urs: Die Anfechtung von Generalversammlungsbeschlüssen einer Aktiengesellschaft durch die Verwaltung, Diss., Zürich 1960

Schoop, Katharina Elisabeth: Die Haftung für die Überbewertung von Sacheinlagen bei der Aktiengesellschaft und bei der Gesellschaft mit beschränkter Haftung, Diss., Zürich 1980

Schucany, Emil: Verantwortlichkeit wegen Absenz und Stimmenthaltung im Verwaltungsrat, in: SJZ 1964, S. 229 f.

Schulthess, Bernhard: Funktionen der Verwaltung einer Aktiengesellschaft, Diss., Zürich 1967

Senn, Guido: Die Verantwortlichkeit der Organe einer Aktiengesellschaft und einer Kommanditaktiengesellschaft gegenüber der Gesellschaft, den Aktionären und Gläubigern, Diss., Basel 1947

Siegwart, Alfred: Die Anfechtung von Beschlüssen der Verwaltung einer Aktiengesellschaft, in: SJZ 1942/43, S. 421 ff.

v. Steiger, Werner: Gesellschaftsrecht, in: Schweizerisches Privatrecht, Band VIII, Handelsrecht, erster Halbband, Basel und Stuttgart 1976

Vischer, Frank: Die Stellung der Verwaltung und die Grenzen der Delegationsmöglichkeit bei der grossen AG, in: FS Wilhelm Schönenberger, Freiburg 1968, S. 345 ff.

Vigier, Wilhelm: Die Verantwortlichkeit der Organe einer Aktiengesellschaft gegenüber den Gläubigern nach schweizerischem Obligationenrecht, mit besonderer Berücksichtigung der deutschen Handelsgesetzgebung, Aarau 1907

Wieland, Alfred: Die Haftbarkeit des Verwaltungsrates der Aktiengesellschaft gegenüber dem Aktionär und dem Gläubiger nach OR Art. 674, in: ZSR 1904, S. 260 ff.

Wolfers, Arnold: Die Verwaltungsorgane der Aktiengesellschaft nach schweizerischem Recht unter besonderer Berücksichtigung der Verhältnisse von Verwaltungsrat und Direktion, Diss., Zürich 1917

Gesetzesmaterialien

A. Liechtenstein

Kurzer Bericht über die Revision des Personen- und Gesellschaftsrechts, verfasst von Dr. Wilhem Beck, 1925.
zit.: Kurzer Bericht

Bericht und Antrag der Fürstlichen Regierung an den Hohen Landtag betreffend die Erlassung eines Gesetzes über die Abänderung des Personen- und Gesellschaftsrechtes vom 16. Mai 1963
zit.: Bericht und Antrag vom 16.5.1963

Landtagsprotokoll vom 28. Mai 1963, Band 1, S. 56 ff.
zit.: Landtagsprotokoll 1963, Bd. 1

Bericht und Antrag der Fürstlichen Regierung an den Hohen Landtag betreffend die Erlassung eines Gesetzes über die Abänderung des Gesetzes über die allgemeine Landesverwaltungspflege vom 31. Mai 1963
zit.: Bericht und Antrag vom 31.5.1963

Landtagsprotokoll vom 4. Juni 1963, Band 1, S. 114 ff.
zit.: Landtagsprotokoll vom 4.6.1963, Bd. 1

Bericht über die Reform des liechtensteinischen Gesellschaftsrechts vom 3. April 1979
zit.: Bericht vom 3.4.1979

Bericht und Antrag der Fürstlichen Regierung an den Hohen Landtag zur Gesetzesvorlage betreffend die Abänderung des Gesetzes vom 13. November 1968 über die Rechtsanwälte, Rechtsagenten, Treuhänder, Vermögensverwalter, Buchprüfer, Finanzberater, Wirtschaftsberater, Steuerberater vom 27. April 1979
zit.: Bericht und Antrag vom 27.4.1979

Landtagsprotokoll vom 28. Mai 1979, Band 1, S. 122 ff.
zit.: Landtagsprotokoll vom 28.5.1979 Bd. 1

Bericht und Antrag der Fürstlichen Regierung an den Hohen Landtag über die Reform des liechtensteinischen Gesellschaftsrechts vom 12. Juni 1979
zit.: Bericht und Antrag vom 12.6.1979

Landtagsprotokoll vom 5. Juli 1979, Band 2, S. 309 ff.
zit.: Landtagsprotokoll vom 5.7.1979, Bd. 2

Bericht der Landtagskommission zur Beratung der Reform des liechtensteinischen Gesellschaftsrechts zu den Gesetzesvorlagen betreffend die Abänderungen des Personen- und Gesellschaftsrechts und des Steuergesetzes vom 4. März 1980
zit.: Bericht vom 4.3.1980

Landtagsprotokoll vom 15. April 1980, Band 1, S. 13 ff.
zit.: Landtagsprotokoll vom 15.4.1980, Bd. 1

B. Schweiz

Entwurf, Schweizerisches Handelsrecht, Juni 1864 (Entwurf Walther Munzinger)
zit.: Entwurf 1864

Motive zu dem Entwurf eines schweizerischen Handelsrechtes, im Auftrage des Tit. schweiz. Justiz- und Polizeidepartments, verfasst von dem Redaktor des Entwurfes, Prof. Dr. Walther Munzinger, Bern 1865
zit.: Munzinger W., Motive

Entwurf einer neuen Redaktion des 20. Titels nach Beschlüssen des Ständerates und der nationalrätlichen Kommission vom 23. Oktober 1880
zit.: Entwurf 1980

Entwurf betreffend Revision der Titel XXIV bis XXVII des Obligationenrechts, Juni 1915
zit.: Manuskript

Entwurf eines Bundesgesetzes betreffend Revision der Titel XXIV bis XXXIII des Obligationenrechts, Vorlage an das schweizerische Justiz- und Polizeidepartement vom Dezember 1919 (Entwurf Eugen Huber)
zit.: Entwurf 1

Bericht über die Revision der Titel 24 bis 33 des schweizerischen Obligationenrechts, Beilage zum Entwurf vom Dezember 1919. Dem schweizerischen Justiz- und Polizeidepartement erstattet im März 1920 (Bericht Eugen Huber)
zit.: Bericht 1

Zweiter Entwurf eines Bundesgesetzes betreffend Revision der Titel - XXIV bis XXXIII des Obligationenrechts, Vorlage an das eidgenössische Justiz- und Polizeidepartement vom Dezember 1923 (Entwurf Arthur Hoffmann)
zit.: Entwurf 2

Zweiter Bericht der Revision der Titel 24 bis 33 des schweizerischen Obligationenrechts. Beilage zum zweiten Entwurf vom Dezember 1923. Dem schweizerischen Justiz- und Polizeidepartement erstattet im Dezember 1923 (Bericht Arthur Hoffmann)
zit.: Bericht 2

Protokoll der Expertenkommission zur Revision der Titel XXIV bis XXXIII des schweizerischen Obligationenrechts, herausgegeben vom Eidgenössischen Justiz- und Polizeidepartement, Bern 1928
zit.: ProtExpKomm

Gesetzesentwurf über die Revision der Titel XXIV bis XXXIII des schweizerischen Obligationenrechts vom 21. Februar 1928
zit.: Entwurf 3

Amtliches Stenographisches Bulletin der Bundesversammlung, Ständerat, Bern 1931
zit.: StenBull StR 1931

Amtliches Stenographisches Bulletin der Bundesversammlung, Ständerat, Bern 1931
zit.: StenBull StR 1935

Amtliches Stenographisches Bulletin der Bundesversammlung, Ständerat, Bern 1931
zit.: StenBull NR 1934

Amtliches Stenographisches Bulletin der Bundesversammlung, Ständerat, Bern 1931
zit.: StenBull NR 1935

C. Österreich

II. Bericht des Sonderausschusses im Sinne des Bankkommissionsgesetzes über den Gesetzentwurf, betreffend zivilrechtliche Haftungen beim Betriebe der Bankunternehmungen vom 1. Juli 1924, 141 der Beilagen, Nationalrat, II. Gesetzgebungsperiode 1923 bis 1924

Anlage zum Bericht des Finanz- und Budgetausschusses vom 25. Juli 1924, 185 der Beilagen zu den Protokollen des Nationalrates (II. Gesetzgebungsperiode) der Republik Österreich, 1923 bis 1924, II. Band (enthaltend die Beilagen 113 bis 193), Wien 1924

Stenographische Protokolle über die Sitzungen des Nationalrates (II. Gesetzgebungsperiode) der Republik Österreich, 1923 bis 1924, 52. Sitzung, I. Band, Wien 1924

Versicherungen für Verwaltungsräte[1]

Assessor Klaus Hütte, Winterthur

Inhaltsübersicht

---

1 Die hier dargestellten Ausführungen sind das Ergebnis einer mehrere jahrzehntelangen Erfahrung im Vermögensschaden-Haftpflichtbereich. Es sind persönliche Gedanken des Verfassers, welche die Winterthur Versicherungen, bei der er tätig ist, nicht binden. Im Schadenfall stellt jeder Versicherer auf den Versicherungsvertrag und die Bedingungen ab. Im Lichte dieser Gegebenheiten werden auch noch die Möglichkeiten für ein Kulanzverhalten geprüft. Je defizitärer eine Branche verläuft, desto weniger kann der Kunde mit Kulanz rechnen.

„It is common place nowadays for the Courts, when considering policy, to take insurance into account“[2].

Eigentlich müssten die Versicherer Herrn Ebner dankbar sein. Als 1995 die UBS die Einheitsaktie einführen wollte, klagte Herr Ebner via BK-Vision den Verwaltungsrat der Grossbank ein. Damit wurde die Jagd auf die Verwaltungsräte sogar börsenkotierter Gesellschaften angeblasen[3]. Das Halali

2 *Lord Denning* i. S. Lamb/Camden London Borough, zitiert nach Sieg, Tendenzen und Entwicklungen der Managerhaftung in Deutschland PHI 2001/3/90.

3 Finanz und Wirtschaft vom 6.6.2001 und Handelszeitung vom 19.10.1995 S. 28.

führte – trotz Vergleichs – zu einem Boom i. S. Organhaftpflichtversicherung. In der Zwischenzeit bestätigen Flops bei anderen angesehenen Firmen, dass die Organhaftpflichtversicherung alles andere als ein Luxus ist. Verwaltungsräte von Swissair, Kuoni, Sulzer u. a. können ein Lied davon singen.

Die von der Sedgwick AG per 1995 herausgegebene Statistik über die Häufigkeit von Klageursachen[4] kann die „Winterthur" nicht bestätigen. Bei ihr sind Klagen von Gesellschaften, über die der Konkurs eröffnet wurde, und Klagen der im Konkurs der AG geschädigten Gläubiger die Regel. Klagen von Kunden, Aktionären, Mitarbeitern sind dagegen die Ausnahme. Ihnen begegnet man wohl eher in den USA.

1. Problemstellung

1.1 Deckung/Haftung bei der Schadenerledigung

Wer sich als Schadensachbearbeiter einer Versicherung mit der Abwicklung aktienrechtlicher Verantwortlichkeitsansprüche befassen muss, der muss zwei Problemkreise bejahen und dabei oftmals gegensätzliche Vorstellungen auf einen Nenner bringen, bevor er die Angelegenheit zur Zufriedenheit des Versicherten und des Anspruchstellers abschliessen kann. Er muss prüfen:

a) Ist das gemeldete Ereignis versichert?
   Wenn ja:

b) Haftet der Versicherte?
   Wenn ja, in welchem Umfang?

Die Erfahrung zeigt, dass sich der Versicherte, wird er das Ziel (begehrlicher) Anspruchsteller, oft keine Vorstellung über den ersten Bereich macht. In Sachen Versicherung hat sich sein Interesse und seine Aktivität in der Vergangenheit – wohl im Vertrauen, Versicherung sei nichts anderes als ein notwendiges, aber teures Übel, im wesentlichen darauf beschränkt, zu „wissen" oder darauf zu vertrauen, dass Versicherungsschutz besteht.

Die zu beurteilenden Fragen sind gänzlich unterschiedlich. Im ersten Fall geht es um eine weitgehend vom Verschulden losgelöste Vertragsauslegung, im zweiten um behauptete Pflichtwidrigkeiten des Versicher-

4 Handelszeitung vom 19.10.1995.

ten. Wird die erste Frage verneint, muss sich der Versicherte auf der ganzen Linie alleine wehren. Der Versicherer ist nicht leistungspflichtig. Auf die Möglichkeit fehlenden Versicherungsschutzes ist der Versicherte im „Schadenfall" in der Regel nicht vorbereitet.

1.2 Risiken aktienrechtlicher Verantwortlichkeit

Herr Kollege *Ruoss* hat den zweiten Komplex behandelt, also die Fragen, welche die Sorgfalt der Verwaltungsräte betreffen. Wer Fehler macht und andere schädigt, muss gewärtigen, dass man ihn zur Verantwortung zieht. Das gilt auch für Verwaltungsräte nur mit dem Unterschied, dass diese meist nicht einsehen wollen, dass sie die in sie gesetzten Erwartungen nicht erfüllen bzw. nicht erfüllt haben.

Diese Verantwortung kann bald einmal Dimensionen annehmen, die für den Betroffenen ruinös werden können. Ruinös in verschiedener Richtung, nämlich mit Bezug

- auf die Höhe des zu leistenden Schadenersatzes, also geldmässig,
- auf die Organisation der Abwehr unbegründeter oder übersetzter Ansprüche (wie will sich jemand erfolgreich wehren, der nicht weiss oder erst erfahren muss, von wo der Angriff kommt?), d. h. zeit- und aufwandmässig,
- auf die psychischen Belastungen, die mit jeder Abwehr auf Dauer verbunden sind und die zu einer Rufschädigung führen,
- auf strafrechtliche Konsequenzen gewisser Verhaltensweisen.

Damit sind dann Kosten, Zeitaufwand, Existenzängste u. a. verbunden. Es geht daneben um das Sammeln von Beweisen, die Instruktion von Anwälten, die Koordination verschiedener Abwehrmassnahmen zu Fragen wie:

- Soll man sich alleine wehren?
- Kann man mit anderen Organen zusammenspannen?
- Werden die Kollegen aus vergangener Zeit sich darauf konzentrieren, nur die eigene Haut zu retten oder kann man mit ihnen eine gemeinsame Strategie erreichen?
- Werden die andern auch ihren finanziellen Beitrag leisten?

Nicht selten wird der Lebensabend eines Ex-VR durch solche Auseinandersetzungen wesentlich vergällt.

1.3 Übersicht über das Vorgehen bei der Deckungsprüfung

Worum geht es nun bei der Frage nach der Versicherungsdeckung? Es geht um die Frage, ob das Organ selbst oder ob an seiner Stelle ein Haftpflichtversicherer für den Schaden aufkommen muss. Besteht Versicherungsschutz, geht es für den Haftpflichtversicherer nur noch um die Erfüllung eines Vertrages. Der Versicherungsvertrag ist ein ganz normaler gegenseitiger, schuldrechtlicher Vertrag zwischen dem Versicherer und evtl. einem Organ oder einem Dritten, z. B. der Gesellschaft. Besteht kein Versicherungsschutz, wird der Versicherer sich weigern, die Angelegenheit zu bearbeiten oder Schäden zu bezahlen.

Im „Schadenfall" prüft daher der Schuldner (Versicherungsgesellschaft) wie bei jedem anderen Vertrag:

- Ist der Vertrag zustandegekommen?
- Ist er noch in Kraft (im Zeitpunkt der Anspruchserhebung)?
- Entspricht das die Haftpflicht begründende Ereignis (Schadenfall) der versicherten Gefahr?
- Liegen Gründe vor, welche die versprochene Versicherungsdeckung beeinträchtigen?

Anders als bei der Frage der Haftpflicht werden diese Fragen in der Regel weitgehend unabhängig von den allfälligen Verschuldensfragen oder den Umständen, die zur (vermeintlichen) Haftpflicht führ(t)en, untersucht.

1.4 Zeitlicher Ablauf

Im Schadenfall prüft der Versicherer also, bevor er sich an die Prüfung der Haftpflicht macht, zunächst die Deckung.

Lässt sich diese Frage nicht auf Anhieb beantworten, z. B. weil der Tatbestand im Zeitpunkt der Schadenmeldung noch alles andere als klar ist (und das ist die Regel), dann steigt der Sachbearbeiter vernünftigerweise sofort in die eigentliche Prüfung der gemeldeten Angelegenheit ein. Er wird aber dabei das Ziel nicht aus den Augen verlieren: Schadenerledigung nur, soweit Deckung besteht und zu gegebener Zeit wird er auf die Prüfung der Frage, ob das Ereignis versichert ist, zurückkommen.

Zeigt sich erst im Verlauf der Schadenbehandlung, dass Versicherungsschutz nicht besteht, oder dass der Versicherer fälschlich von Deckung ausging, dann wird der Versicherte sich bald einmal alleine und auf eigene Kosten wehren müssen.

Je länger der Versicherer diesen Fragekreis offen lässt, desto schwieriger wird es, später den Versicherten vom Fehlen des Versicherungsschutzes zu überzeugen, hat sich der Versicherte doch mit der Zeit ganz darauf eingestellt, dass der Versicherer für den Schaden aufkommt. Er vergisst, dass er unter Umständen Kosten zurückerstatten muss und die weitere Bearbeitung der Angelegenheit selbst an die Hand nehmen muss. Allgemein gilt daher die Regel: Man schaffe über die Versicherungsdeckung so schnell wie möglich Klarheit und erinnere bei unklarer Situation immer wieder schriftlich an diese Pendenz.

2. Abgrenzungsfragen zwischen Haftung und Deckung

Tabelle 1

Deckung	ja	ja	nein	nein
Haftung	ja	nein	nein	ja
Betrifft dieser Fall die Haftpflichtversicherung?	ja	ja	nein	nein
Was schuldet der Haftpflichtversicherer?	Abwehr übersetzter Ansprüche (Rechtsschutz), Bezahlung ausgewiesener Ansprüche.	Nur Abwehr ungerechtfertigter Ansprüche (Rechtsschutz).	Keine Leistungspflicht. Schadenabwehr und Kosten gehen z. L. Organ.	Keine Leistungspflicht. Schaden + Schadenbehandlung gehen z. L. Organ.

2.1 Oft sind die Voraussetzungen von Deckung und Haftung erfüllt: **Deckung ja, Haftung ja**. In diesem Fall ist der Versicherer gehalten, den Fall zu bearbeiten, ungerechtfertigte (z. B. übersetzte oder unbegründete) Ansprüche abzuwehren, begründete, ausgewiesene Ansprüche zu bezahlen. Der Versicherer führt die Verhandlungen mit dem Anspruchssteller. Auch das kann zu Meinungsverschiedenheiten führen. Der Versicherte will Ruhe haben, der Versicherer will nicht zahlen.

2.2 Ist zwar die Deckung aber nicht die Haftung gegeben **(Deckung ja, Haftung nein)**, dann ist der Versicherer nur verpflichtet, die **Abwehr** der **unbegründeten Ansprüche** an die Hand zu nehmen. Das kann u. U. lange dauern und gelegentlich entstehen dann Meinungsunterschiede zwischen Versicherten und der Gesellschaft. Der Versicherte möchte Ruhe oder er möchte bestimmte Geschäftsbeziehungen nicht gefährden. Er scheut die intensive, oft mit erheblichem Aufwand verbundene Instruktionsarbeit; das Risiko unangenehmer public relations u. a. sind ihm Anlass genug, vom Versicherer eine mangels Haftpflicht „nicht geschuldete" Leistung zu fordern. Die Unterscheidung zwischen Deckung und Haftung ist ihm dabei meist nicht bewusst.

2.3 Anders ist die Situation, wenn die Voraussetzungen sowohl von Deckung als auch von Haftung nicht erfüllt sind (**Deckung nein, Haftung nein**). In diesem Fall wird das angegangene Organ sich auf eigene Faust und Kosten wehren müssen. Es hängt vom Goodwill des Versicherers ab, ob er seinem Kunden auf freiwilliger Basis zumindest seinen Rat zur Verfügung stellt oder ob er für Empfehlungen bereitsteht.

Beratungsleistungen des Versicherers:

- Wahl/Empfehlung eines ausgewiesenen mit der Materie vertrauten Anwaltes
- Empfehlungen betr. Beweissicherungsmassnahmen
- Prüfung von Ansprüchen und Verhaltensempfehlungen.

Das ändert nichts daran, die finanziellen Risiken lasten auf dem Organ.

2.4 Die letzte Variante ist schliesslich: **Deckung nein, Haftung des VR ja**. Schaden und Schadenbehandlungskosten gehen zu Lasten des nicht versicherten Organs (vgl. Ziff. 2.3).

Fehlt der Versicherungsschutz, gehen Schaden und Schadenbehandlungskosten zu Lasten des Versicherten. Beim Versicherten hinterlässt das dann nicht selten das Gefühl, der Versicherer versuche sich „wie zu erwarten", einmal mehr um seine Leistungspflichten zu drücken. „Prämie: ja, Leistung im Schadenfall: nein". Es fällt ihm schwer, einzusehen, dass es allein um die Erfüllung vertraglicher Verpflichtungen geht.

Wo keine Deckung versprochen wurde, wird der Versicherer unter keinem Aspekt leistungspflichtig, also auch nicht unter dem Aspekt „Abwehr ungerechtfertigter Ansprüche".

Das kann zur Folge haben, dass das ins Recht gefasste Organ sich auf zwei Ebenen auf einen Prozess einlassen muss, als Organ auf einen Passivprozess, als Versicherungsnehmer auf einen Aktivprozess.

3. Die Versicherungsdeckung

Versicherungen – insbesondere Haftpflichtversicherungen – verkaufen **keine all risk Deckung**. Der Versicherungsnehmer tut daher gut daran, sich beim Abschluss der Versicherung über 2 Dinge zu erkundigen:

a) Wer und was ist versichert bzw. wer und was ist nicht versichert? – Man sollte sich beim Vertragsabschluss dabei Gedanken darüber machen, was man braucht –
und

b) Wie sieht das benötigte verkaufte Produkt aus, wenn es darauf ankommt, d. h. im Schadenfall?

   Dabei sollte vorab interessieren, welche Erfahrung und welchen Ruf hat der Versicherer im Schadenfall?

   Ist er kleinlich, kulant, nach welchen Kriterien bestellt er seine Anwälte, übernimmt er die Instruktion eines Anwalts im Prozessfall selbst oder bietet er zumindest Unterstützung?

   Ist er in der Lage, Schadenbehandlungsstrategien zu entwickeln?[5]

Was versichert ist, wirft im Schadenfall in der Regel keine Probleme auf. Weil der Versicherer den den Selbstbehalt übersteigenden Aufwand tragen muss, überlässt man ihm die Schadenbehandlung in

5 Sich hier nur auf die Zusicherungen eines nicht speziell geschulten Versicherungsagenten zu verlassen, kann u. U. heikel werden. Wer sich medizinisch einer gefährlichen Operation unterzieht, erkundigt sich bekanntlich ebenfalls beizeiten nach der Qualität des behandelnden Arztes. Die Suche der Antwort auf diese Frage ist in der Regel aber sehr schwer, denn welcher Versicherte „mit Erfahrung" berichtet schon gerne über sein eigenes vergangenes Unvermögen?

der Erwartung/Hoffnung, diese verursache (dem Versicherten) nicht einen allzu grossen, nicht ersatzfähigen, weiteren Aufwand.

Deckungsablehnungen hingegen sind oft mit Problemen verbunden, Erwartungen werden enttäuscht. Irrige Vorstellungen müssen ausgeräumt werden.

Im folgenden sollen die Interessenlagen der Vertragsparteien (Versicherungsnehmer/Versicherer) speziell mit Blick auf das nicht versicherte Risiko untersucht werden. Dabei interessiert vorab die Frage:

Worauf kommt es dem Versicherer an bei seinem Entscheid, dem Organ Risiken abzunehmen? Er entscheidet schliesslich, ob er die Offerte des Versicherungsnehmers annimmt oder nicht.

3.1 Interesse des Versicherten

Das Interesse des Versicherten ist einfach formuliert: Er möchte **möglichst umfassenden Versicherungsschutz zu einer günstigen Prämie und eine Garantie, dass im Schadenfall der Schadendienst im Sinne der eigenen Erwartungen funktioniert.**

3.2 Interesse des Versicherers

Der **Versicherer** umgekehrt möchte wissen:

Kurz: Wer ist für was, wann, wie und wo zu versichern? M. a. W.:

- Mit wem kontrahiere ich?
- Welche Haftungsrisiken werden mir angetragen?
- Sind bereits Indizien vorhanden, die einen Schaden ankündigen?

Aus den Antworten hierauf versucht er, eine risikogerechte Prämie zu ermitteln.

Vom Ergebnis der Risikoprüfung, von der Grösse des „ermittelten“ Risikos hängt die Bereitschaft des Versicherers zur Übernahme des Risikos (Versicherbarkeit) und die Berechnung der Gegenleistung (Prämie) ab.

Die Art des Risikos hat einen Einfluss

- auf die Versicherbarkeit
- auf die Höhe der Versicherungssumme
- auf den Selbstbehalt

- auf besondere Deckungsumschreibungen
- die Prämienberechnung
- sowie auf die eigene Sicherheitspolitik des Versicherers, welcher seinerseits gewisse Risiken rückversichert.

3.3 Risikobereiche aktienrechtlicher Verantwortlichkeit

Versichern heisst, Risiken gegen eine Prämie übernehmen. Leistung und Gegenleistung sollten sich nach Möglichkeit entsprechen. Für seinen Entscheid muss der Versicherer das Risiko kennen.

Risiken können *von der Gesellschaft* an sich *aus* gehen. Es gibt Gesellschaften, die scheinen auf Anhieb gefährlich (frisch gegründete Finanzgesellschaften, Gesellschaften mit Venture-Charakter, Gesellschaften in krisengefährdeten Branchen, Gesellschaften ohne genügende Eigenmittel, etc.).

Risiken können aber auch *von der Organisation der Gesellschaft*
und
nicht zuletzt *von* der Ausbildung und der mangelnden Erfahrung *der zu versichernden Person* ausgehen.

3.4 Beurteilungsgrundlagen für den Entscheid des Versicherers

Versicherungsantrag und Fragebögen sind die Beurteilungsgrundlagen für den Entscheid, ob der Versicherer Versicherungsschutz gewährt. Mit den eingeholten Informationen versucht sich der Versicherer ein Bild über das zu versichernde Risiko zu machen und die nicht versicherbaren Risiken auszusondern. Es muss verhindert werden, dass sich der Versicherungsnehmer für etwas „versichert", was gar nicht versicherbar ist. Beispiel: Ist die Gesellschaft bereits bei Anmeldung des Mandates überschuldet, kann das Mandat nicht mehr versichert werden.

Dazu verlangt der Versicherer mit Bezug auf die Organhaftpflicht Auskünfte:

- Zum Zweck der AG: Ist die Zweckbestimmung klar gefasst? Ist es eine Gesellschaft mit risikoreichem Tätigkeitsbereich, mit spekulativem Charakter?
- Zur Grösse: Ist das Aktienkapital angemessen hoch?

- Zur Revisionsstelle: Ist sie unabhängig?
- Zum Revisionsstellenbericht: Konnte er innert der vom Gesetz vorgesehenen Frist abgegeben werden? ohne Vorbehalte?
- Zur Organisation der Gesellschaft und der Funktion des zu Versichernden.
- Zu Vorschäden sowie Vorversicherer: Wurde bereits ein Antrag für die gewünschte Versicherung abgelehnt?
- Bei der Einzelversicherung wird zusätzlich Ausbildung und Erfahrung des Antragstellers geprüft.

An diesen gefahrserheblichen Tatsachen orientiert sich der Versicherer bei der Prüfung, ob er ein Risiko zeichnen will. Wer es hier mit der Wahrheit nicht genau nimmt, riskiert den Verlust der Deckung, wenn später die Unrichtigkeit der gemachten Angaben entdeckt wird.

3.5 Vertiefte Risikoprüfung insbesondere bei Kollektivversicherungen für den Gesamtverwaltungsrat und D & O-Versicherungen

Bei der Kollektiv-[6] und D & O-Versicherung[7] geht die Risikoprüfung noch weiter. Geprüft werden auch Bonität und insbesondere Zukunftschancen der Unternehmung. Der Versicherer orientiert sich am wirtschaftlichen Erfolg der Gesellschaft, was dazu führt, dass Organe von Gesellschaften, die hohe Verluste verzeichnen oder erhebliche Liquiditätsprobleme aufweisen, keinen Versicherungsschutz finden. Zudem muss sich die Gesellschaft über eine mehrjährige erfolgreiche Geschäftstätigkeit ausweisen, was zur Folge hat, dass die D & O-Deckung bei neu gegründeten Gesellschaften praktisch nicht versicherbar ist – dies stellt insbesondere ein Problem dar für junge Unternehmungen aus dem Bereich der New Economy. Auch findet die Verwaltung von Gesellschaften in konjunkturabhängigen Branchen nicht so einfach Versicherungsschutz. Besonders vorsichtig ist der Versicherer zudem bei Gesellschaften

6 Zum Begriff Kollektiv-Versicherung vgl. nachstehend Ziff. 4.2.2 und 4.2.3.

7 Nachdem der neudeutsche Begriff Directors' and Officers' liability insurance = D & O in der Fachsprache für Haftpflichtversicherung für geschäftsleitende Organe rezipiert wurde, wird dieser Begriff auch hier für Direktoren und Geschäftsleitungsmitglieder übernommen. Darunter versteht man die Organhaftpflichtversicherung für alle Organe einer AG inkl. der faktischen Organe und ihrer Tochtergesellschaften (Art. 2 Organhaftpflichtversicherung).

mit sehr niedrigen Bilanzsummen, aber auch bei Finanzgesellschaften und Banken. Ein weiteres zu prüfendes Kriterium bei der Risikoevaluation stellt der Aktionärskreis (Familien-, Gruppen- oder Streubesitz) dar. Bei Familiengesellschaften ist der Versicherer besonders zurückhaltend.

3.6 Vertragsunterlagen, die Auskunft über die vereinbarte Deckung geben

- die Police
- die allgemeinen und besonderen bzw. ergänzenden Vertragsbedingungen
- das Antragsformular
- der Fragebogen für Organhaftpflichtversicherungen
- allenfalls noch ergänzende Korrespondenz.

Im folgenden soll versucht werden, der Versicherungsdeckung mit Hilfe der Vertragsbedingungen (AVB 1.333.311-01.94) und der speziellen Bedingungen mit dem Titel Organhaftpflichtversicherungen nachzugehen.

4. Einzelfragen

In den Jahren 1996 und 1997 organisierten die Winterthur Versicherungen 2 öffentliche Seminarveranstaltungen zum Thema „Die Sorgfalt des Anwalts in der Praxis". Unter dem Titel „Der Anwalt – Risiko oder nicht?" wurden dabei generell im Rahmen der anwaltlichen Berufshaftpflicht Fragen der Versicherbarkeit behandelt[8]. Zum gleichen Thema finden sich Ausführungen in der Zeitschrift AJP[9]. Im wesentlichen kann heute immer noch auf die dort publizierten Ausführungen verwiesen werden. In der Haftpflichtversicherung des Anwalts hat sich praktisch nichts verändert.

Basis des Versicherungsvertrages sind zumeist die Allgemeinen und Besonderen Versicherungsbedingungen, gelegentlich noch Einzelvereinbarungen, alles auf der Grundlage der Antragsunterlagen. Diese sind an sich verständlich aufgebaut, aber oft kompliziert formuliert.

8 Die Sorgfalt des Anwalts in der Praxis, Bern 1997, S. 102–128.
9 AJP 1998/1294–1307.

4.1 Aufbau der Allgemeinen Versicherungsbedingungen (AVB), soweit im Schadenfall relevant

Die AVB sind gegliedert in 3 Abschnitte, in die Bestimmungen über den Versicherungsumfang (Art. 1–6), die allgemeinen Bestimmungen (Art. 7–19) und die sog. Besonderheiten (Art. 20–25). Nicht alle Bestimmungen spielen in der Praxis die gleiche Rolle. Im einzelnen werden die folgenden wichtigen Fragen geregelt:

- Was ist versichert? – Art. 1 AVB Versicherte Haftpflicht.
- Wer ist versichert? – Art. 2 AVB Versicherte Personen.
- Was schuldet der Versicherer? – Art. 3 AVB Bezahlung begründeter/Abwehr unbegründeter Ansprüche/Serienschadenklausel.
- Was geht zu Lasten des Versicherten? – Art. 4 AVB Selbstbehalt.
- Wo und wann gilt der Versicherungsschutz? – Art. 5 AVB (Örtlicher und zeitlicher Geltungsbereich).
- Was ist nicht versichert? – Art. 6.II AVB (Deckungsausschlüsse).
- Wann ist ein „Schadenfall" zu melden? – Art. 12 AVB.
- Wie wird der Schaden behandelt? – Art. 13 AVB Schadenbehandlung durch den Versicherer. Treuepflicht des Versicherten.
- Was gilt bei vertragswidrigem Verhalten des Versicherten im Schadenfall? – Art. 14 AVB.
- Was gilt für die Organhaftpflicht? – Art. 20 AVB.
  - Sonderrisiko VR.
    - Nicht geschäftsführend (Begriff, Ausnahmen).
    - Geschäftsführung.
  - Schäden der Gesellschaft (Bedeutung der Beteiligungsverhältnisse des Versicherten an der Gesellschaft).
  - Bedeutung der Überschuldung.
  - Besondere Obliegenheiten.
    - Orientierung über den Geschäftsverlauf.
    - Mandatsvertrag.
  - Anmeldepflicht.

Analog aufgebaut sind die allgemeinen Vertragsbedingungen für die Organhaftpflichtversicherung der geschäftsführenden Organe (D & O)[10].

4.2 Wer ist Versicherungsnehmer/Versicherter? (AVB Art. 2)[11]

Die Bedingungen unterscheiden nicht zwischen dem Versicherungsnehmer und dem Versicherten.

Tabelle 2

Versicherungsnehmer	**Das einzelne Mitglied** des VR der namentlich benannten AG	Der **Arbeitgeber** des Mitglieds des VR (Treuhandbüro, Anwaltskanzlei)	**AG/Stiftung**	**Konzern**
Versicherter	Versicherungsnehmer als Organ der A-AG und B-AG für die gesetzliche Haftpflicht aus nicht geschäftsführender Tätigkeit.	Das einzelne bezeichnete Mitglied des VR der einzeln bezeichneten AG im Rahmen der kollektiv gezeichneten Police für Haftpflicht aus nicht geschäftsführender Tätigkeit.	Die nicht geschäftsführenden Verwaltungsräte der AG.	Alle ehemaligen, gegenwärtigen und künftigen Mitglieder des VR/Aufsichtsrates,der Geschäftsleitung und Inspektorate der AG und ihrer Töchter. (Art. 2 Organhaftpflichtversicherung)

10 Vgl. AVB Organhaftpflicht (nachstehend [Art.] Organhaftpflichtversicherung).

11 AVB 1.333.311 – 01.94 (nachstehend AVB).

Versicherungsnehmer	**Das einzelne Mitglied** des VR der namentlich benannten AG	Der **Arbeitgeber** des Mitglieds des VR (Treuhandbüro, Anwaltskanzlei)	**AG/Stiftung**	**Konzern**
Worauf ist zu achten?	Sind alle Mandate vom Versicherungsnehmer gemeldet? Hat der Versicherer alle gemeldeten Mandate versichert? Wenn nein, welche nicht? Warum? Ist sichergestellt, dass neue Mandate während der Vertragsdauer gemeldet werden? AVB 20, V.			Wie sind Beherrschungsverhältnisse über Tochtergesellschaften (Art. 2 I b Organhaftpflichtversicherung)?

4.2.1 Im Vordergrund der Einzelversicherung steht das namentlich zu bezeichnende, einzeln zu versichernde VR-Mandat in einer bestimmten Gesellschaft. Ein jeder VR sorgt selbst für seinen Versicherungsschutz. Jeder hat den Schutz, den er persönlich einkauft.

Beispiel: RA X versichert im Rahmen seiner Berufshaftpflichtversicherung die VR-Mandate in den Gesellschaften A und B.

Denken Sie daran: Der Versicherer lässt Ihnen nicht die Wahl, nur die „schlechten“, d. h. die gefährlichen Mandate zu versichern. Anzumelden sind alle Mandate.

4.2.2 Eine andere Variante ist die Versicherung durch den Arbeitgeber (Treuhandgesellschaft, Anwalts-Sozietät). Hier wird das VR-Mandat kollektiv aber doch für jedes Verwaltungsratsmandat einzeln erfasst und abgedeckt. Auch hier wird jedes Mandat einzeln tarifiert und versichert. Auch hier: Jedes Mandat jedes Versicherten ist zu melden.

Der Versicherte hat in der Regel keinen Einfluss auf die Gestaltung des Versicherungsvertrages. Der Arbeitgeber stellt ihm den Versicherungsschutz zur Verfügung, gewissermassen als Teil des Arbeitsvertrages. Man darf davon ausgehen, dass die erworbene Deckung sich im Rahmen des Üblichen bewegt. Nicht selten ist sie besser.

4.2.3 Die „Kollektiv„-Haftpflichtversicherung durch die AG selbst. Sie gewährt ihren Verwaltungsräten den von ihr selbst begehrten Versicherungsschutz. Hier sind gewisse Punkte zu beachten. Sie sollten bei Vertragsschluss dokumentiert werden.

a) Stellen Sie sicher bzw. seien Sie sich bewusst, dass, und wenn ja, welche Schäden der Gesellschaft mitversichert sind (Art. 20.II.1 Einzug AVB). Schäden der Gesellschaft sind begrifflich Eigenschäden des Versicherungsnehmers, also nicht Schäden Dritter, i. S. von Art. 6 I a. AVB. Gehört die AG dem VR, so fügt er sich via AG einen nicht versicherbaren Eigenschaden zu. Schäden von Gläubigern im Konkurs sind hingegen versichert.

b) Stellen Sie sicher, dass die Versicherungssumme ausreicht. Eine Million Franken Deckungssumme für 5 Verwaltungsräte genügt gerade für 200.000 Franken für jeden. Entscheidend ist das Risikopotential der AG. Oft wird es aber schwer sein, eine 2 Mio Fr. übersteigende Deckung zu erhalten.

c) Stellen Sie sicher, dass der Kreis der Versicherten klar umschrieben ist.

d) Verschaffen Sie sich Klarheit über den Gegenstand der Versicherung (D & O oder übliche Haftpflichtversicherung für nicht geschäftsführende VRe).

e) Stellen Sie sicher (z. B. via Personalabteilung), dass in regelmässigen Abständen abgeglichen wird, dass/ob der Kreis der Versicherten noch richtig erfasst und fortgeschrieben wird.

4.2.4 In vieler Mund ist schliesslich die Organhaftpflichtversicherung für Directors & Officers (D & O).

Die D & O Versicherung bietet Verwaltungsräten/Aufsichtsräten, Geschäftsleitungsmitgliedern und den Mitgliedern der internen Revisionsstelle Schutz gegen die Folgen mangelhafter Organtätigkeit beim Versicherungsnehmer (der Gesellschaft) und seinen Töchtern (Beteiligung von mehr als 50 % bzw. mehr als 20 %, sofern beherrschender Einfluss auf die Geschäftsführung).

Der wesentliche Unterschied zu den Organhaftpflichtversicherungen, welche Einzelmandate abdecken, liegt in dem Einschluss der Haftung aus Tätigkeiten der Geschäftsführung.

Und weil die Gesellschaft auf diese Weise die Folgen des Nichtfunktionierens der eigenen Organe abdeckt, schützt sie sich vor den schuldhaft durch ihre Organe verursachten Eigenschäden. Diese Art von „Kasko"- oder „Krankenversicherung" der Gesellschaft wird daher von den Versicherungs-Gesellschaften nicht wahllos angeboten. Bis vor kurzem stand sie überhaupt nicht zur Verfügung. Auch sind die Erfahrungen mit diesem Produkt noch wenig aussagekräftig. Angesichts einiger markanter Ereignisse und Prozesse ist hier in nächster Zeit noch mit mancher Entwicklung/Überraschung zu rechnen.

Zusammengefasst lässt sich sagen, es gibt im wesentlichen zwei Arten von VR-Haftpflichtversicherungen,

- die, in welcher der Versicherungsnehmer für sich selbst oder für seinen Mitarbeiter die Deckung der Haftpflicht aus einem bestimmten Mandat erwirbt, und
- die, in der sich die Gesellschaft um Versicherungsschutz für ihre eigenen Organe bemüht. Wo die Gesellschaft die Versicherungsdeckung einkauft, besteht unter gewissen Voraussetzungen die Möglichkeit, sich gegen die Folgen fehlerhafter Geschäftsführung via D & O zu schützen.

Man könnte D & O als eine kollektive Kasko-Versicherung der Lenker der Gesellschaft (Versicherungsnehmer) bezeichnen.

4.3 Versicherter Gegenstand

Versicherter Gegenstand ist die gesetzliche Haftpflicht (AVB 1 + 20) der versicherten Person für reine Vermögensschäden aus bestimmten Verhaltensweisen (Tun oder meist Unterlassen), d. h. kein Vermögensschaden als Folge eines Sach- oder Personenschadens. Versichert wird also das Risiko, von Dritten für Schäden in Anspruch genommen zu werden, die das Organ dem Anspruchsteller oder der Gesellschaft schuldhaft und widerrechtlich zugefügt hat.

4.3.1 Versicherungsmöglichkeiten

Tabelle 3 – Deckung für Vermögensschäden aus einer Berufshaftpflichtversicherung für Rechtsanwälte und Treuhänder unter Einschluss des Sonderrisikos VR

	Haftung als geschäftsführendes Organ	**Haftung als nicht geschäftsführender VR (nicht Direktor)**	**Strafrechtsschutz**	**Versicherte Anspruchsgrundlage**
Das/die Einzelmandat(e) des Organes	Nicht versichert	Versichert	Nicht versichert	Schweizerische gesetzliche Haftpflichtbestimmungen
Der Arbeitgeber als Versicherungsnehmer	Nicht versichert	Versichert	Nicht versichert	Europäische Haftpflichtbestimmungen
Die AG als Versicherungsnehmer der einzelnen VRe.	Nicht versichert	Versichert	Nicht versichert, evtl. als Sonderrisiko	
Gesellschaft/ Konzern als Versicherungsnehmerin einer D & O Haftpflichtversicherung	Versichert	Versichert	Versichert bis 500.000.–. (Art. 5)	Weltweite Deckung

4.3.2 Versicherte Anspruchsgrundlage

Versteckt in den AVB ist das für die versicherte Haftpflicht massgebliche Recht. Je nach Tätigkeitsrayon der Gesellschaft kann schweizerisches, europäisches oder weltweites Haftpflichtrecht zur Anwendung gelangen.

Gegenstand der Einzelhaftpflichtversicherung für Verwaltungsräte sowie der Kollektivversicherung für den Gesamtverwaltungsrat ist der Versicherungsschutz gegen Schadenersatzansprüche, die aufgrund **schweizerischer** gesetzlicher Haftpflichtbestimmungen[12] gegen die versicherten Personen wegen Vermögensschäden erhoben werden.

Die Versicherung von Verwaltungsratsmandaten als Sonderrisiko im Rahmen einer Berufshaftpflichtversicherung erweitert den Versicherungsschutz auf gesetzliche Haftpflichtbestimmungen **europäischer Staaten**.

Noch umfassenderen Versicherungsschutz bieten die D & O-Versicherungen, welche in Bezug auf die angerufenen Haftpflichtbestimmungen **weltweite** Deckung für Vermögensschäden (inkl. USA/Kanada) gewähren[13].

Der Gerichtsstand liegt allerdings für Streitigkeiten aus dem Versicherungsvertrag immer in der Schweiz.

In den vergangenen 20 Jahren musste diese Deckungseinschränkung, soweit ersichtlich, nie angerufen werden.

4.3.3 Sachlicher Geltungsbereich

Versichert wird das Haftpflichtrisiko des Versicherten, also das Risiko, von Dritten für Vermögensschäden zur Verantwortung gezogen zu werden. Der Begriff „**Vermögensschäden**" wird, vereinfacht definiert, verstanden als in Geld messbarer Schaden, der nicht die Folge eines Personen- oder Sachschadens ist.

Für die Deckung von Personen- und Sachschäden und die daraus folgenden Vermögensschäden ist die Betriebshaftpflichtversicherung (der Gesellschaft) gedacht.

4.4 Versicherung nur für nicht geschäftsführende Verwaltungsräte

In der konventionellen Deckung für Verwaltungsräte ist zu unterscheiden zwischen geschäftsführendem und nicht geschäftsführendem Verwaltungsrat. In der Vielzahl der Fälle wird nur die Haftung des nicht geschäftsführenden Mitgliedes des VR versichert. Risiken aus der Geschäftsführung lassen sich in der Schweiz nur via D & O versichern.

---

12 Art. 1 Abs. 1 AVB Verwaltungsräte 1.333.311 – 01-94 (nachstehend nur noch AVB).

13 Art. 1 Abs. 1 Organhaftpflichtversicherung.

Tabelle 4 – Funktionen der Geschäftsführung

Nicht geschäftsführender VR ist	Nach Art. 20 I AVB
das Mitglied eines mehrköpfigen VR einer AG	das weder Präsident noch Delegierter ist
der Verwaltungsratspräsident (VRP)	sofern ein anderes Mitglied des VR oder als Delegierter im Rahmen eines Organisationsreglementes mit der Geschäftsführung beauftragt ist;
der VRP oder der einzige VR	sofern eine separate Direktion, die nicht dem VR angehört, mit der Geschäftsführung beauftragt ist;
der VR einer Domizilgesellschaft.	sofern das Mandat im Auftrag und nach Instruktion des Klienten ausgeübt wird. Mandatsvertrag – Inhalt – schriftl. Instruktionen – und hold harmless Klausel (Art. 20 IVb).

Die **Versicherung** einzelner VR-Mandate ist primär für Vertreter aus Wirtschaft, Wissenschaft und Politik vorgesehen, welche aufgrund ihrer Ausbildung/Erfahrung, ihrer Aufgaben in leitenden Positionen und des dort erworbenen Know-hows in die Verwaltung von Aktiengesellschaften gewählt werden. Erfahrungsgemäss sind sie nicht in die Geschäftsführung integriert.

Davon zu unterscheiden sind die **Berufshaftpflichtversicherungen** für Rechtsanwälte, Steuerberater, Treuhänder, Wirtschaftsprüfer etc., welche neben dem *Grundrisiko* (der eigentlichen Berufshaftpflicht) im Rahmen eines zusätzlich versicherbaren *Sonderrisikos* noch die Haftpflicht aus Verwaltungsratstätigkeit abdecken. Diese Berufsgruppen nehmen – neben ihren vielseitigen Tätigkeiten als Rechts-, Steuer- und Wirtschaftsberater – vielfach Einsitz im Verwaltungsrat der von ihnen beratenen Unternehmen, auch sie, ohne mit dem Tagesgeschäft befasst zu werden, also auch ohne das Risiko der Geschäftsführung.

Gegenstand der Einzel- und der Berufshaftpflichtversicherung ist ausschliesslich die Haftpflicht der *nicht geschäftsführenden Verwaltungsräte*. „Nicht geschäftsführend" heisst nicht, die Geschicke der Gesellschaft nicht zu verfolgen und darauf keinen Einfluss zu nehmen. Was der Versicherer darunter versteht, wird in den allgemeinen Versicherungsbedingungen (AVB) genau umschrieben[14].

Als nicht geschäftsführend gilt ausschliesslich (Art. 20 I c AVB) die Tätigkeit:

- als Mitglied eines mehrköpfigen Verwaltungsrats, das weder Präsident noch Delegierter ist
- als Verwaltungsratspräsident, sofern ein anderes Mitglied des Verwaltungsrats aufgrund eines Organisationsreglements gemäss Art. 716b OR als Delegierter mit der Geschäftsführung beauftragt ist
- als Verwaltungsratspräsident oder einziges Mitglied des Verwaltungsrats, sofern ausserhalb des Verwaltungsrats aufgrund eines Organisationsreglements eine separate Geschäftsleitung (Direktion) bestellt ist
- als Verwaltungsrat einer Sitz- oder Domizilgesellschaft, sofern aufgrund eines Mandatsvertrags[15] nach Auftrag und Instruktion des Klienten gehandelt wird.

Im Normalfall ist das geschäftsführende Mitglied des VR nicht versichert. Prüfen Sie daher anhand der allgemeinen Vertragsbedingungen, ob Sie die Voraussetzungen fehlender Geschäftsführung im Sinne dieser Vorschriften erfüllen.

Gelegentlich tauchen Abgrenzungsschwierigkeiten auf, ob **eigentliche Beratungsfunktionen** zur Organtätigkeit zu rechnen sind oder separat davon laufen. Speziell dort, wo ein Partner einer Anwaltssozietät die Vertretung wahrnimmt und dabei nicht seine Organeigenschaft, sondern allzu deutlich die Infrastruktur der Bürogemeinschaft in den Vordergrund stellt, können Schwierigkeiten entstehen (z. B. er schreibt auf Geschäftsbriefbogen der Kanzlei in der Wir-Form statt in der Ich-Form, Honorare werden auf Sammelkonto entgegengenommen, usw.).

14 Art. 20 Abs. 1 lit. a und b AVB.

15 Art. 20 Abs. 1 lit. b i.V.m. Art. 20 Abs. 4 lit. b AVB Berufshaftpflichtversicherung 1.333.311 – 01.94; gilt nicht für die Einzelversicherung.

4.5 Versicherung für geschäftsführende Verwaltungsräte und die Geschäftsleitung im weiteren Sinn, d. h. inkl. faktische Organe (D & O-Versicherung)

Soll auch die Haftpflicht aus Geschäftsführung versichert werden, ist eine D & O-Versicherung für das ganze Kollegium anzustreben. Ob der Versicherer diese zeichnet, ist offen. Zur Zeit stehen die Aussichten dafür nicht schlecht. Noch nicht!

Im Gegensatz zur üblichen VR-Haftpflichtversicherung, deckt die D & O-Versicherung sämtliche geschäftsführenden Organe einer einzelnen, unabhängigen Gesellschaft, meistens jedoch eines ganzen Konzerns. Diese Versicherung ist ausgerichtet auf mittlere und grössere Gesellschaften. Versichert sind bisherige, gegenwärtige und neue Mitglieder der Verwaltungsräte, Delegierte und Präsidenten, sämtliche Mitglieder der Geschäftsleitungen und die internen Revisionsstellen der Konzerngesellschaften (Organhaftpflichtversicherung Art. 2 AVB).

Versicherungsnehmer ist bei der *D & O-Versicherung immer die AG; Versicherungsnehmerin und Versicherte sind also meist nicht identisch* (Art. 4 Organhaftpflichtversicherung). Dies hat zur Folge, dass der Versicherte selbst über den Abschluss und Inhalt „seiner“ Haftpflichtversicherung nur über die Geschäftsleitung Einfluss und Kontrolle ausüben kann. Er muss sich daher über seine Rechte aus einem Vertrag zu seinen Gunsten Klarheit verschaffen.

Probleme kann in der D & O der Gegenstand der Versicherung aufwerfen. Heute ist die Deckung in der Schweiz noch umfassend, deckt die D & O doch die Ansprüche der Gesellschaft gegen ihre Organe. In Deutschland scheint man da schon vorsichtiger. Gedeckt werden im Rahmen der sogenannten „Innenhaftung“ nicht die eigentlichen Ansprüche der Gesellschaft (z. B. aus einer mangelhaft geplanten und durchgeführten Investition), sondern Ansprüche der Aktionäre. Das kann für die Organe unter Umständen Probleme schaffen; wenn sie namens der Gesellschaft gegen ihre pflichtwidrigen Kollegen persönlich im VR vorgehen müssen[16], wäre das Ereignis nicht versichert. Unterlassen sie das, werden sie selbst ersatzpflichtig, sollten die Aktionäre später gegen sie vorgehen.

16 *Thümmel*, Persönliche Haftung von Managern und Aufsichtsräten, 2. Auflage 1998, Rz. 357.

4.6 Versicherte Leistung (Art. 3 AVB)

4.6.1 Garantiesumme

Was kann man im Schadenfall von seinem Versicherer erwarten?

- Entschädigung begründeter Ansprüche,
- Abwehr unbegründeter Ansprüche.

  Beides im Rahmen der zur Zeit der Anspruchserhebung vereinbarten Versicherungssumme, die um den im Vertrag vereinbarten Selbstbehalt gekürzt ist. Von der Versicherungssumme erfasst werden alle externen Kosten (Anwalts-, Gerichts-, Schiedsgerichts-, Gutachter- und Vermittlungskosten, Zinsen, Parteientschädigung etc.), nicht aber die internen Bearbeitungskosten des Haftpflichtversicherers.
- Beratungsdienstleistungen im Schadenfall. Diese werden zwar in den AVB nicht ausdrücklich erwähnt, sieht man einmal von Art. 13 AVB ab. Sie liegen aber einerseits im beidseitigen Interesse und andererseits dürften sie der Ausfluss vertraglicher Nebenpflichten sein.

Probleme können allenfalls auftreten, wenn der Versicherte auf einen Abschluss der Schadenbehandlung in Form eines Vergleiches drängt, um Ruhe zu haben oder um eine Geschäftsbeziehung nicht zu gefährden und wenn gleichzeitig der Versicherer überzeugt ist, nichts zu schulden. Hier fällt dem Versicherten seine Obliegenheit zur Mitwirkung im Schadenfall unter Umständen sehr schwer.

Die Leistungen des Versicherers werden durch die um den Selbstbehalt reduzierte Versicherungssumme begrenzt: Beispiel: Versicherungssumme Fr. 2 Mio, Selbstbehalt Fr. 100.000. Der Versicherer leistet höchstens Zahlungen in Höhe von Fr. 1.900.000.–.

Hat die Deckung z. B. infolge Vertragsanpassung geändert, bestimmen sich Art und Höhe der Leistungen nach den im Zeitpunkt der erstmaligen Anspruchserhebung geltenden Bestimmungen.

Diskussionen entwickeln sich gelegentlich über die Frage, ob oder **wann erstmals Ansprüche erhoben** wurden. Bedarf es dazu der Bezifferung einer Forderung? Genügt es, dass der Konkursverwalter verjährungsunterbrechende Massnahmen vorkehrt?[17]

17 Vgl. dazu nachstehend Ziff. 5.1.

Die Erfahrung zeigt, dass Anspruchsteller ihre Begehren und Gerichte ihre Urteile statt am „verursachten und verschuldeten Schaden" an vorhandenen oder vermuteten Versicherungssummen und den Vermögenssubstraten der Verwaltungsräte orientieren. Folge: Es ist nicht unbedingt vorteilhaft, die Seite der Anspruchsteller (von Anfang an) über die bestehende Versicherungsdeckung inkl. Garantiesumme zu orientieren.

4.6.2 Gleiche Ursache oder dieselbe Angelegenheit (Art. 3 II AVB)

Grundsätzlich steht die Versicherungssumme (= Garantiesumme) bei jedem vom Versicherten verursachten Schadenereignis von neuem zur Verfügung. Um zu vermeiden, dass die Garantiesumme aufgrund **derselben Schadenursache** in verschiedenen Angelegenheiten **oder** aufgrund verschiedener Schadenursachen in **derselben Angelegenheit** mehrmals geleistet werden muss und das Versicherungsrisiko nicht mehr berechenbar wäre, begrenzt der Versicherer für diesen Fall seine Leistungspflicht[18]. Von einem solchen einheitlichen Schaden wird auch ausgegangen, wenn mehrere Versicherte des gleichen Versicherungsnehmers (z. B. eine Treuhandgesellschaft stellt mehrere Verwaltungsräte) verschiedene Mandate bei der gleichen Unternehmung ausüben. Als einheitliches Ereignis kann zudem die Ausübung eines Mandates im Rahmen eines Konzerns bei verschiedenen verbundenen Gesellschaften verstanden werden. Man denke an den Dominoeffekt bei Zusammenbrüchen grosser Imperien. Grundsätzlich gelten **Serienschäden** deshalb als **ein Schadenereignis**, d. h. es werden alle erhobenen Ansprüche als eine Einheit behandelt; die Versicherungssumme steht nur einmal zur Verfügung. Der Selbstbehalt wird nur einmal geschuldet.

4.6.3 Maximierungsklausel

Sie regelt, wie oft während einer bestimmten Vertragsdauer die vereinbarte Versicherungssumme höchstens zur Verfügung steht, wenn mehrere Schadenereignisse gemeldet werden. Bei Einzel- und Berufshaftpflichtversicherungen sowie bei Kollektivversicherungsverträgen für den Gesamtverwaltungsrat beschränkt der Versicherer seine gesamten Versicherungsleistungen während einer Frist von 5 Jahren oder bei einer kür-

18 Art. 3 Abs. 2 AVB. Art. 6 Abs. 4 AVB Organhaftpflichtversicherung.

zeren Vertragsdauer in der Regel auf das Dreifache der pro Schadenereignis vereinbarten Versicherungssumme[19]. Diese Bestimmung kann aber ohne weiteres abgeändert werden.

Bei D & O-Versicherungen mit viel höheren Garantiesummen wird hingegen üblicherweise nur eine Einmalgarantie/Versicherungsjahr gewährt[20].

4.6.4 Was, wenn die Garantiesumme nicht ausreicht?

Beispiel einer „Schadenabrechnung“:

Die Gesellschaft X fällt in Konkurs. Verlust (geschätzt):	Fr. 300 Mio.
Fortsetzungsverlust von den Gläubigern behauptet (unterstellt, es liegt kein Deckungseinwand gem. Art. 20 III AVB vor):	Fr. 100 Mio.
Versicherungssumme:	Fr. 2 Mio.
abzüglich Selbstbehalt:	Fr. 100.000
Klage auf Bezahlung von:	Fr. 50 Mio.
Vergleich:	Fr. 1,5 Mio.
Anwaltskosten:	Fr. 400.000
Der Versicherer zahlt:	Fr. 1.500.000
./. Selbstbehalt	Fr. 100.000
	Fr. 1.400.000
Anwaltskosten* (z. L. Versicherer – zu vereinbaren, s. u.)	(Fr. 200.000)
./. Honorar (nicht verdientes, AVB Art. 6 II i)	p. m.
./. Kürzungen gem. VVG 14 II	p. m.

* Die **Anwaltskosten** betreffen im Rahmen von Fr. 48.100.000 einen nicht versicherten Schaden. Die ersten Gebühren sind aber an sich immer die höchsten und der Hauptaufwand dient natürlich der Abwehr versicherter Ansprüche. Die Parteien müssen sich da auf einen gemeinsamen Kostenteiler verständigen, wobei es kaum gerechtfertigt erscheint, dass der Versicherer entsprechend dem Prozessergebnis nur 3 % der Anwaltskosten übernimmt.

19 Art. 3 Abs. 5 AVB.

20 Art. 6 Abs. 2 AVB Organhaftpflichtversicherung.

4.7 **Der Selbstbehalt** (Art. 4 AVB)

Der Selbstbehalt stellt eine Beteiligung des Versicherungsnehmers oder Versicherten am Schadenaufwand dar. Er wird für den eigentlichen Schadenersatz und für die (versicherungsexternen) Kosten der Abwehr ungerechtfertigter Ansprüche geschuldet. Seine Höhe unterliegt der Vereinbarung. Als Gegenleistung für die Vereinbarung des Selbstbehaltes gewährt der Versicherer auf die Prämie einen Rabatt.

Der Selbstbehalt kann auf unterschiedliche Weise vereinbart werden, entweder:

- Als fixer Selbstbehalt (bestimmte Summe) oder
- als prozentualer Selbstbehalt mit einer Maximierungsklausel (d. h. in Prozenten der Garantiesumme, jedoch durch eine maximale Summe begrenzt, z. B. 20 %, maximal Fr. 100.000).

Der Selbstbehalt wird von der Garantiesumme abgezogen, sodass die Garantiesumme schlussendlich niedriger ist, als in der Police dokumentiert[21]. Der fixe, vom Versicherungsnehmer zu bezahlende Selbstbehalt wird i. d. R. vorweg fällig, d. h. bevor der Versicherer seine Leistungen (Schadenersatzzahlung oder Kosten der Abwehr ungerechtfertigter Ansprüche) ausrichtet. Ob sich ein hoher Selbstbehalt auszahlt, ist im Einzelfall zu prüfen. Ein speziell hoher Selbstbehalt führt nicht immer zu einer adäquat reduzierten Prämie, garantiert umgekehrt aber das Recht auf die eigene Schadenbehandlung, denn würde ein hoher fixer Selbstbehalt vereinbart und liegt die gestellte Schadenersatzforderung vollumfänglich innerhalb dieses Betrags, muss sich der Versicherungsnehmer deshalb auf eigene Kosten um die Abwehr dieser Ansprüche kümmern. Empfehlenswert ist aber der enge Kontakt zum Versicherer, da zu Beginn einer Schadenbehandlung der Schaden oft noch nicht überschaubar ist.

Anders beim prozentualen Selbstbehalt. Er wird erst nach der Schadenerledigung oder im Wege von Zwischenabrechnungen vom Versicherungsnehmer eingefordert.

21 Art. 3 Abs. 1 AVB. Art. 7 AVB Organhaftpflichtversicherung.

5. Zeitliche Geltung (Art. 5 I und II AVB)

Muss die Versicherungsdeckung bestehen im Zeitpunkt, in welchem eine Pflichtwidrigkeit begangen wird (in welchem also die Voraussetzung einer Haftung entsteht?), im Zeitpunkt, in dem der Schaden entsteht oder wenn Ansprüche erhoben werden?

Tabelle 5 – Zeitliche Anforderungen an die Deckung

Ein Ereignis ist: versichert	wenn die mündliche oder schriftliche Anspruchserhebung gegen einen Versicherten während der Dauer der Police erfolgt ist. → Der Versicherer nimmt die Schadenbehandlung auf.
versichert	wenn während der Dauer der Police erstmalig Umstände bekannt werden, nach denen mit Ansprüchen zu rechnen ist. Der Versicherungsnehmer erfährt z. B. von den Gläubigern, dass sie sich die Prozessführungsrechte abtreten liessen (SchKG 260 II).
nicht versichert	wenn während der Dauer der Police nur nicht versicherte Ansprüche erhoben werden, z. B. nur die AHV meldet ihre Ansprüche an.
versichert	bei Beendigung des Mandates, wenn die Police fortgeführt wird.
nicht versichert	bei Beendigung des Mandates und Beendigung der Police.
versichert	bei Beendigung des Mandates, wenn eine Nachversicherung vereinbart wird.
versichert	Schäden, verursacht vor dem Inkrafttreten der Versicherung: wenn diese ausdrücklich vereinbart wurden (ausser in D & O).

Organhaftpflichtversicherungen werden in der Regel für eine feste Dauer von mehreren Jahren abgeschlossen.

Anders die D & O. Sie muss jedes Jahr erneuert werden[22].

Trotz festem Endtermin kann der Vertrag im Schadenfall (ausserordentlich) **vorzeitig gekündigt** werden und zwar durch beide Parteien.

22 Art. 10 I AVB Organhaftpflichtversicherungen.

Die Beendigung des Vertrages hat unter Umständen Auswirkungen auf die Deckung von vor der Vertragsbeendigung verursachten, latenten Haftpflichtansprüchen. Versichert sind nämlich nur Ansprüche, die während der Vertragsdauer erhoben werden.

5.1 Claims made – Prinzip der Anspruchserhebung

Es gilt das **Anspruchserhebungsprinzip**. Die Police muss in Kraft sein, wenn die Ansprüche erstmals erhoben werden.

Ansprüche werden erhoben, wenn

- sie mündlich oder schriftlich geltend gemacht werden von einem dazu berechtigten Anspruchsteller;
- wenn der Versicherte von Umständen Kenntnis erlangt oder hätte erhalten können, nach denen mit Ansprüchen zu rechnen ist.

Sämtliche Ansprüche aus einem Schadenereignis gelten als erhoben, sobald erstmals ein (versicherter) Anspruch erhoben wird (AVB 5 III).

Frage:

- Genügt eine Konkurseröffnung bereits, um von Umständen Kenntnis zu haben, die zu Ansprüchen führen können? Man wird diese Frage solange verneinen müssen, als nicht konkrete Forderungen angekündigt werden.
- Genügt die Kenntnis von erhobenen nicht versicherten Ansprüchen? Man wird die Frage verneinen müssen. Damit muss sich der Versicherer nicht befassen. Er kann daher diese Situation auch nicht nützen, den Vertrag vorzeitig zu beenden.
- Genügt es, wenn ein nicht aktivlegitimierter Gläubiger Ansprüche anmeldet?

Die Aktivlegitimation ist eine Frage des materiellen Rechts. Meldet der „Gläubiger" Ansprüche mündlich oder schriftlich an, so gilt der Anspruch als für alle Gläubiger erhoben.

Die Situation ist wie bei der Verjährungsunterbrechung. Auch hier kommt es nicht auf die materielle Rechtslage an. Allerdings wirkt die Verjährungsunterbrechung nur für den handelnden „Gläubiger", nicht auch für die „Untätigen".

Voraussetzung ist allerdings, dass versicherte Ansprüche konkret angekündigt oder gestellt werden.

Um hier keine Risiken zu laufen, sollte man sich nicht scheuen, notfalls auch vor der Erhebung konkreter Ansprüche mit dem Versicherer Kontakt aufzunehmen und die aktienrechtliche Verantwortlichkeit allenfalls zusammen mit andern haftungsbegründenden Ereignissen zu besprechen (z. B. unmittelbare Schädigung Dritter).

5.2 Vorrisiko

Dies bedeutet, dass nicht bekannte oder erkannte Schäden, welche vor Vertragsbeginn (d. h. vor Wirksamkeit der Police) verursacht wurden, nicht gedeckt sind, solange das Vorrisiko nicht ausdrücklich in die Dekkung eingeschlossen wurde[23].

→ Vorsicht daher bei einem Wechsel des Versicherers im Rahmen der Einzel- oder der Berufshaftpflichtversicherung.

Anders die D & O-Versicherung: Dort sind auch ohne besondere Vereinbarung Haftpflichtansprüche versichert, die vor Vertragsbeginn verursacht, aber innerhalb der Vertragsdauer gegen die versicherten Personen erhoben werden.

Beiden Deckungsarten (normale VR und D & O) ist gemeinsam: Versicherungsschutz nur, sofern die versicherten Personen bei Vertragsbeginn von keinen ihre Haftpflicht begründenden Handlungen oder Unterlassungen Kenntnis hatten und nach den Umständen hätten haben können.

5.3 Nachdeckung

Bei Einzel- sowie Berufshaftpflichtversicherungen gewährt der Versicherer ohne Prämienzuschlag eine Nachversicherung für Ansprüche aus Schäden, die während der Vertragsdauer verursacht wurden[24] und zwar:

- Bei Aufgabe *einzelner* Verwaltungsratsmandate während der Dauer des Versicherungsvertrags (der „Wirksamkeit der Police“), sofern dieser weiterhin bestehen bleibt[25].

23 Art. 5 Abs. 5 AVB. Art. 8 Abs. 2 AVB Organhaftpflichtversicherung.
24 Art. 5 Abs. 6 AVB.
25 Art. 5 IV AVB.

– Bei Aufgabe aller Verwaltungsratsmandate bei Einzelversicherungen oder der Aufgabe der Praxis bei Berufshaftpflichtversicherten (Art. 5 VI AVB).
– Beim Tod des Versicherungsnehmers[26].

→ Stellen Sie falls erforderlich sicher, dass die vorgeschriebenen Anträge auf Nachversicherung gestellt werden. (Diese Deckungseinschränkung findet sich nur in den älteren Policen. Heute wird die Nachdeckung automatisch gewährt).

Bei der *Kollektivversicherung* für den Gesamtverwaltungsrat gilt eine Nachversicherung für diejenigen Personen, die während der Vertragsdauer aus dem versicherten Verwaltungsrat austreten, für Schäden, die während der Vertragsdauer („Wirksamkeit der Police“) verursacht und geltend gemacht wurden[27].

Auch bei der *D & O-Versicherung* bleiben die ehemaligen Organe nach Aufgabe ihrer Funktion weiterhin versichert, solange der Versicherungsvertrag läuft[28].

Eine weitergehende Nachdeckung für drei Jahre ist heute in der D & O üblich.

Nicht versichert bleiben allerdings grundsätzlich Ansprüche aus Schäden, die nach Vertragsende („Wirksamkeit der Police“) verursacht worden sind.

6. Die Versicherungsausschlüsse

In keinen AVB fehlt die Klausel mit dem Titel: „Einschränkungen des Versicherungsumfanges“, auf deutsch: „**Was ist nicht versichert?**“

Man könnte diese Klauseln fett drucken. Sie würden auch dann vor Vertragsschluss nur selten gelesen oder diskutiert. Es gibt zuviele davon! Im folgenden sollen die Klauseln aufgezeigt werden, die für die Versicherungsdeckung des VR am ehesten Bedeutung erlangen können.

26 Art. 5 VI AVB.
27 Art. 4. Ziff. 4.2. BVB Kollektivversicherung gesamter Verwaltungsrat.
28 Art. 2 AVB Organhaftpflichtversicherungen.

In Art. 6 I AVB finden sich 19 Einwendungen. Sie betreffen alle nicht die Vermögensschadenhaftpflicht. Wir können sie also im Rahmen der VR-Haftpflichtversicherung ohne weiteres vergessen.

In Art. 6 II AVB finden sich für die Vermögensschäden 17 Einschränkungen. Nicht alle entfalten in der Schadenpraxis die gleiche Bedeutung.

In Art. 11 AVB finden sich weitere 3 Einschränkungen wegen Obliegenheitsverletzungen. Das sind Einwendungen, die gelegentlich Anlass zu Auseinandersetzungen bieten.

In Art. 20 I bis III AVB finden sich 4 Einschränkungen.

In Art. 9 AVB Organhaftpflichtversicherungen finden sich für die D & O Versicherung 9 bzw. 13 Einschränkungen.

Daneben können gewisse Risiken im Rahmen besonderer Bestimmungen wegbedungen werden, wie umgekehrt aber auch gewisse Deckungsausschlüsse durch besondere Vereinbarung im Rahmen eines Einschlusses als Sonderrisko aufgehoben werden können. Es spielt die Vertragsfreiheit. Man sieht also, **der Versicherer zeichnet nicht blind jedes Risiko**.

Manchen dieser Einwendungen begegnet der Schadensachbearbeiter nie. Andere werden ständig diskutiert. Hier sollen nur die Klauseln behandelt werden, die in der Praxis immer wieder Anlass zu Diskussionen geben.

Das ganze Konstrukt der zahlreichen „kleingedruckten" Einwände sieht bereits weniger furchterregend aus, konzentriert man sich auf die häufigsten in der Praxis angerufenen Deckungseinwände.

Tabelle 6 – Die in der Praxis am häufigsten diskutierten Deckungsausschlüsse der Vermögensschadenhaftpflichtversicherung

Nicht versichert im Rahmen der VR-Vermögensschadenhaftpflichtversicherung sind gem.:	**Ansprüche aus Schäden:**
Art. 6 II a AVB Art. 9 I d Organhaftpflichtversicherung.	Aus der Auszahlung oder Empfangnahme von Geldern ...
Art. 6 II f AVB Art. 20 I AVB	Aus geschäftsführender Tätigkeit, es sei denn D & O.

Nicht versichert im Rahmen der VR-Vermögensschadenhaftpflicht-versicherung sind gem.:	**Ansprüche aus Schäden:**
Art. 6 II h AVB Art. 9 I c Organhaftpflichtversicherung.	verursacht anlässlich der vorsätzlichen Begehung von Verbrechen, Vergehen sowie von einer Übertretung von gesetzlichen oder behördlichen Vorschriften;
Art. 6 II i AVB	in Höhe des zu Unrecht bezogenen, weil wegen mangelhafter Mandatserfüllung nicht verdienten VR-Honorars;
Art. 6 II k AVB Art. 9 I e Organhaftpflichtversicherung.	Leistungen mit Strafcharakter;
Art. 6 II m AVB	Ansprüche öffentlich rechtlicher Art; (z. B. nicht bezahlte Steuern oder Sozialversicherungsbeiträge);
Art. 6 II o AVB	gegen einen Revisor, der gleichzeitig für die Buchführung der AG verantwortlich zeichnet.
Art. 6 II q AVB Art. 9 I f Organhaftpflichtversicherung.	aus Umweltbeeinträchtigungen. Aber in D & O zivile Rechtsschutzdeckung bis Fr. 500.000.–.
Art. 6 II r AVB	aus Produkteschäden.
Art. 20 II AVB	welche der VR der juristischen Person zufügt, deren Organ er ist, im Rahmen des ihm gehörenden Anteils an der AG (Eigenschaden).
Art. 20 III AVB	aus Fortführung einer überschuldeten AG. Findet sich nicht in D & O.
Art. 11 AVB	wegen (nicht aus) Verletzung der Obliegenheit des Abschlusses eines Mandatsvertrages.
Art. 11 AVB	Verletzung von Obliegenheiten im Schadenfall.
Art. 9 I h. Organhaftpflichtversicherung.	von versicherten Personen untereinander.
Art. 9 I I Organhaftpflichtversicherung.	von Aktionären, die stimmrechtsmässig an der AG zu mehr als 15 % (bzw. 30 %) beteiligt sind.
Art. 9 II Organhaftpflichtversicherung.	diverse, für Schäden bezüglich der USA/Kanada Deckung.

Man erkennt daraus, dass die meisten der eingangs erwähnten 56 Deckungseinschränkungen in den AVB bedenkenlos weggesteckt werden können. Und von den 37 Ausschlüssen für die Vermögensschadenhaftpflichtversicherung (inkl. Organhaftpflichtversicherung) gibt ebenfalls nur ein Bruchteil im Schadenfall Anlass zu Diskussion.

Die acht wichtigsten davon sind:

- Schäden im Zusammenhang mit der Fortführung einer überschuldeten Gesellschaft (häufigster Auslöser von Verantwortlichkeitsansprüchen) Art. 20 III AVB, sowie Ansprüche öffentlich rechtlicher Art. Art. 6 II m AVB.
- Schäden aus Geschäftsführung Art. 20 I AVB.
- Das zu Unrecht bezogene (weil wegen mangelhafter Leistung nicht verdiente) VR-Honorar. Art. 6 II l AVB.
- Schäden aus der vorsätzlichen Begehung von Verbrechen/Vergehen, etc. Art. 6 II h AVB.
- Strafverfahren.
- Besondere Deckungseinwände in der D & O.
- Verletzung von Obliegenheiten im Schadenfall. Art. 14 AVB.
- Gelegentlich finden noch Einschränkungen aus dem VVG Anwendung (VVG 14 II).

Die Deckungseinschränkungen im Lichte der in der täglichen Schadenpraxis häufigsten Anspruchsursachen:

6.1 Fortführung einer überschuldeten Gesellschaft

6.1.1 Häufigster Auslöser aktienrechtlicher Verantwortlichkeit ist der Konkurs.

Anspruchsteller sind in diesem Fall

- die Konkursverwaltung, handelnd für die Masse;
- die Gemeinschaft der Gläubiger, handelnd durch die sog. Abtretungsgläubiger (SchKG 260 II); alle Abtretungsgläubiger müssen gemeinsam klagen – notwendige Streitgenossenschaften;

- die Gläubiger für ihren eigenen unmittelbaren, d. h. direkt vom schädigenden Organ ihnen zugefügten Gläubigerschaden; jeder Gläubiger prozessiert aus eigenem Recht;
- die AHV/IV bzw. die Eidgenössische Steuerverwaltung,
- (nur) ausnahmsweise der Aktionär. – Das könnte in der Zukunft schnell ändern, wenn die D & O Deckung sich erst einmal im Bewusstsein der Aktionäre festgesetzt hat. Schliesslich hat die Gesellschaft die Prämien auch dafür entrichtet. Frage allerdings: VVG 14?

6.1.2 Überschuldung der Gesellschaft[29]

Die **wichtigste** Deckungseinschränkung in der konventionellen Deckung der nicht geschäftsführenden Verwaltungsräte findet sich im Zusammenhang mit der Überschuldung der Gesellschaft. Eine Haftpflichtversicherung kann nicht dazu dienen, eine nicht mehr lebensfähige Gesellschaft zu reanimieren oder am Leben zu erhalten.

Zwei Tatbestände gilt es auseinanderzuhalten:

- Die Gesellschaft ist bereits überschuldet, wenn der Verwaltungsrat das Mandat übernimmt oder es zur Versicherung beim Haftpflichtversicherer meldet. Solche Mandate sind nicht versicherbar. Das Haus ist bereits abgebrannt oder brennt bereits.
- Tritt die Überschuldung im Laufe der Vertragsdauer ein, ohne dass ein Gesellschaftsgläubiger im Ausmass der Unterdeckung im Rang hinter alle anderen Gesellschaftsgläubiger zurücktritt, so erlischt der Versicherungsschutz für Ansprüche insoweit, als haftpflichtbegründende Handlungen oder Unterlassungen nach dem Bekanntwerden der Überschuldung oder nach Einreichung des Stundungsgesuchs begangen wurden. Der VR unternimmt nichts, um den Brand zu löschen. Die Bilanz wird nicht deponiert. Die dadurch bedingte Schadenvergrösserung geht nicht zu Lasten des Versicherers.

Dieser Deckungsausschluss findet sich (noch) nicht in den Bedingungen für D & O-Versicherungen. Die D & O regeln weder die Pflichtwidrigkeiten im Zusammenhang mit der Fortführung einer konkursiten Gesell-

29 Art. 20 Abs. 3 lit. a und b AVB.

schaft, noch Fragen im Zusammenhang mit öffentlich rechtlichen Ansprüchen.

Aus dem Prinzip, „versichert ist alles, was nicht ausdrücklich ausgeschlossen ist“, folgt, dass im Schadenfall Diskussionen vorprogrammiert sind. Es wird daher wohl nur eine Frage der Zeit sein, bis die Versicherer sich der Risiken bewusst werden, welche damit verbunden sind, ein brennendes Haus nicht zu löschen. Heute wird man mit gröbstem Geschütz auffahren (VVG 14 I).

Der Wortlaut der D & O Bedingungen belegt, dass sich die Väter der europäischen D & O (im Gefolge eines Marktleaders von jenseits des Atlantiks) zur Zeit wohl noch am eigentlichen Risikobereich in Europa vorbeibewegen, weil die **Risiken im Ursprungsland** dieser Versicherungsart doch anders liegen als „hierzulande“.

6.1.3 Ansprüche der Sozialversicherer/Ansprüche öffentlich-rechtlicher Art[30]

Ansprüche öffentlich-rechtlicher Art sind nicht versichert[31], lassen sich aber unter Umständen als Sonderrisiko versichern. Es handelt sich dabei um nicht bezahlte Steuern (Art. 15 VStG sowie Art. 25 MWStVO) in erster Linie aber um nicht abgeführte Sozialversicherungsbeiträge (Art. 52 AHVG). Unzählig sind die Verfahren wegen unterbliebener Bezahlung von Sozialversicherungsbeiträgen. Obwohl AHVG 52 als Haftungsvoraussetzung grobe Fahrlässigkeit postuliert, bejaht die Rechtsprechung regelmässig das Vorliegen dieses Erfordernisses und somit die Haftung. Derartige Forderungen (insbesondere diejenigen gem. Art. 52 AHVG) stellen keine Schadenersatzansprüche im haftpflichtrechtlichen Sinn dar[32], weshalb sie mit gutem Grund vom üblichen Deckungsumfang ausgeschlossen werden.

30 Art. 6 Abs. 2 lit. m AVB Berufshaftpflichtversicherung 1.333.311 – 01.94.

31 Art. 6 Abs. 2 lit. m AVB Berufshaftpflichtversicherung 1.333.311 – 01.94.

32 *Hütte*, Die Risiken des Verwaltungsrates aus der Sicht der Versicherung, Schweizer Schriften zum Handels- und Wirtschaftsrecht, Band 87, Zürich 1986, S. 41 ff., 44. Diese Ansicht ist von der Rechtsprechung gelegentlich nicht uneingeschränkt geteilt worden. Ein Urteil über die Versicherungsdekkung ist bisher nicht bekannt geworden, ist aber auch angesichts des klaren Wortlautes dieser Vertragsklausel nicht (mehr) zu erwarten.

Der Wortlaut des Ausschlusses für Ansprüche öffentlich-rechtlicher Art findet sich nicht in den Bedingungen der D & O-Versicherung. Das muss nicht unbedingt bedeuten, dass sie über D & O versichert sind. Handelt es sich um ein Erfüllungssurrogat, also um den ursprünglichen Anspruch gegen die Gesellschaft, nur jetzt wegen fehlender Aktiven gegen das Organ gerichtet, dann fällt der Anspruch **nicht** unter den „Gegenstand“ einer **Haftpflicht**versicherung.

Immerhin stellen sich hier ganz allgemein, angesichts der groben Fahrlässigkeit als Haftungsvoraussetzung, zusätzlich Kürzungsfragen gem. VVG 14 II, die besser bereits bei Vertragsschluss im Rahmen der Bedingungen geklärt würden.

6.2 Pflichtwidrigkeiten ausserhalb der Überschuldung

Ausserhalb vom Konkurs werden Verantwortlichkeitsansprüche im Vergleich zu den in Ziff. 6.1 behandelten Ansprüchen nur selten verfolgt (zumindest heute noch, es ist aber wohl nur eine Frage der Zeit, bis im Rahmen der D & O sich die Anspruchsteller vorwiegend auf diese Art von Ansprüchen konzentrieren werden); immerhin zeichnen sich auch hier bereits gewisse gleichartige Haftungs-Tatbestände ab:

6.2.1 Anspruchsteller/Typ Haftungstatbestände

Mitwirken an bzw. Untätigkeit angesichts von gefährlichen Einzelgeschäften (Eingehen von Klumpenrisiken, Darlehen der Gesellschaft an einen Aktionär [non versé], welche zum Schaden der Gesellschaft führen. Fälle des non versé waren vor wenigen Jahren durchaus üblich, haben hingegen, vielleicht auch dank steter Warnungen vor den damit verbundenen Risiken, in den letzten Jahren abgenommen).

Darunter fallen aber auch die Fälle (Plünderungen der AG), in denen der VR über eine erstaunlich lange Zeit die Kasse der AG mit dem eigenen Portemonnaie verwechselt. Es werden Aufwendungen zu Lasten der Gesellschaft getätigt, von denen die Gesellschaft nicht im geringsten profitiert. Man hält sich bedenkenlos Vorteile zu (nicht nur die üblichen fringe benefits), auf die kein Anspruch besteht.

Die Folgen daraus werden in der Regel erst bekannt entweder im Anschluss an den Verkauf einer AG oder bei internen Spannungen in der

Geschäftsleitung bzw. zwischen der Geschäftsleitung und den Aktionären oder weil der Bogen überspannt wird.

Haftungsrechtlich kommt bei den nicht geschäftsführenden Verwaltungsräten am häufigsten der VR vor, der nichts merkt, z. B. weil er nur selten oder nie (ausser bei der GV) den Fuss in die Gesellschaft setzt oder weil er ohnehin konzeptionslos ist. Gerade diese VR-Kategorie wird meistens erst im Konkurs wach. Sie gibt sich dann mit einem speziell ausgeprägt guten Gewissen.

Als Anspruchsteller begegnen wir in diesen Fällen der Gesellschaft (handelnd durch die Geschäftsleitung) oder den Aktionären.

6.2.2 Schäden aus Geschäftsführung (Art. 6 II f AVB/20 I AVB)

Stellt man Art. 6 II f AVB dem Art. 20 I AVB gegenüber, so stellt man fest, im ersten Fall wird nur von der Tätigkeit gesprochen, im zweiten Fall werden darunter auch Funktionen und Amtsstellung angesprochen (vgl. oben Ziff. 4.1).

Eine leicht verständliche Trennung von geschäftsführender und nicht geschäftsführender Tätigkeit ist mit Art. 6 II f AVB allerdings noch nicht erreicht, auch wenn dort beispielsweise Direktoren, faktische Organe, Geschäftsführer, Sekretär usw. genannt werden. Art. 20 I AVB stellt auf andere, ohne weiteres objektivierbare Kriterien wie die Funktion/Stellung des Amtsinhabers in der Organisation der AG ab.

Orientiert man sich am Tätigkeitsbereich, so sollte der geschäftsführende VR zuständig für das Tagesgeschäft sein, was auch immer darunter fällt. Der nicht geschäftsführende VR wäre dann zuständig für die grossen Linien (Strategien) und die Überwachung.

In der Praxis wirkt sich das dahingehend aus, dass Pflichtwidrigkeiten des geschäftsführenden VR das Tun und Unterlassen im Zusammenhang mit den täglich anfallenden Entscheidungen des Geschäftsbetriebes betreffen. Pflichtwidrigkeiten des nicht geschäftsführenden VR sind hingegen durchwegs durch Unterlassungen, mangelhafte/fehlerhafte Strategieentscheide oder fehlende Überwachung geprägt. Die Überwachung der Geschäftsleitung spielt nicht. Diese Überlegung führt dazu, dass ein VR, der mit Angelegenheiten des Tagesgeschäftes betraut ist, damit nicht notwendig geschäftsführende Tätigkeit i. S. von AVB 20 a ausüben muss. Nur darf er dann in einem mehrköpfigen VR weder Präsident, noch Delegierter der AG sein.

Die Funktionsbeschreibung, welche in den Bedingungen als massgebendes Kriterium für die Umschreibung der Geschäftsführung gewählt wurde, schliesst die Deckung aus Entscheidungen des Tagesgeschäftes dann nicht aus, wenn ein „aktiver" VR als Mitglied eines mehrköpfigen VR Aufgaben des Tagesgeschäftes erfüllt.

Es wäre zu wünschen, wenn dieses Thema bei einer Überarbeitung der Bedingungen im Interesse aller Parteien neu überdacht und formuliert würde.

6.2.3 Directors' and Officers' liability insurance (D & O) und Werbung dafür

Obwohl die D & O bereits den Kinderschuhen entwachsen ist, blickt man schadenbezogen noch auf keine grosse Erfahrung zurück. Die Abgrenzung geschäftsleitende/nicht geschäftsleitende Tätigkeit spielt in der D & O-Deckung keine Rolle. Das folgt aus Art. 1 in Verbindung mit Art. 2 a AVB (Organhaftpflichtversicherung). Genau das führt dann auch dazu, dass als Schadenbeispiele für diese Art von Versicherung alle möglichen, bisher in Europa nur selten angesprochenen, Anspruchsursachen aufgeführt werden, wie Folgen von arbeitsrechtlichen Streitigkeiten (Diskriminierung, ungerechtfertigte Entlassung, sexuelle Belästigung am Arbeitsplatz, die sog. EPL-Fälle [employment practices liability], nicht autorisierte Rentenzusagen), Folgen von Manipulationen von Bilanzen[33], usw., wohingegen die eigentlichen Auseinandersetzungen (verfehlte Geschäftspolitik, Engagement in fremden Märkten, Aussaugen von Tochtergesellschaften, Probleme mit den Gewerkschaften, usw.) jetzt erst die eigentliche Kost zu versprechen drohen.

6.3 Schicksal des zu Unrecht bezogenen Honorars[34]

Dieser Deckungseinwand ist eigentlich nur die Klarstellung einer gesetzlichen Regelung zur Vermeidung einer ungerechtfertigten Bereicherung.

Dem Beauftragten steht kein oder nur ein geminderter Anspruch auf Gegenleistung zu, wenn er seine Arbeit nicht oder nur zum Teil korrekt

33 Vgl. Handelszeitung 19.10.1995, S. 21.

34 Siehe *Hütte*, Der Anwalt – Risiko oder nicht, in: Die Sorgfalt des Anwalts in der Praxis, Bern, 1997, S. 115 und die dort zitierte Literatur und Rechtsprechung.

erfüllt. Würde er bei dieser Situation das volle Honorar behalten dürfen, wäre er ungerechtfertigt bereichert. Er hätte Geld erhalten, welches ihm nicht zusteht. Der Auftraggeber umgekehrt ist durch die Leistung des Versicherers so gestellt, wie er stehen würde, wäre der Auftrag korrekt erfüllt. Es ist daher angemessen, wenn das nicht verdiente Honorar als Beitrag an die Deckung des Schadens eingesetzt wird.

Diskussionen können allenfalls über den Umfang der Zurückerstattung des bezogenen Honorars entstehen, wenn die schlechte Arbeit des Organs nur teilweise den Schaden verursacht hat oder wenn der VR daneben auch gute Arbeit geleistet hat.

Aus dem Umstand, dass sich diese Klausel nicht in den Bedingungen der D & O findet, kann nicht zwingend abgeleitet werden, dass dieser Ausfluss aus dem Recht der ungerechtfertigten Bereicherung dort nicht gelten soll.

6.4 Straftatbestände: Verbrechen, Vergehen, Übertretungen[35]

Nicht versichert sind Schäden, die anlässlich der vorsätzlichen Begehung von Verbrechen, Vergehen sowie Übertretungen von gesetzlichen und behördlichen Vorschriften verursacht werden. Dabei ist unerheblich, ob die Ansprüche erhoben werden

- gegen den Täter selbst (sie sind bereits nach Art. 14 I VVG nicht versicherbar) oder
- gegen versicherte Personen, welche auch ohne Vorsatz für die Handlungen oder Unterlassungen des Täters einzustehen haben (z. B. das Einstehenmüssen des Verwaltungsrats bei Veruntreuungen oder Betrugshandlungen eines Direktors).

Die Bedeutung dieses Ausschlusses wird leicht verkannt. Es kommt nicht darauf an, dass der Versicherte selbst vorsätzlich gegen Gesetze verstossen hat. Der vorsätzliche Verstoss gegen gesetzliche oder behördliche Vorschriften genügt, wenn der Schaden aus diesem Anlass abgeleitet werden muss. Es ist eine Tatfrage, ob die Voraussetzungen für das Einstehenmüssen der Versicherten für den Täter erfüllt sind. Wie weit ein VR für den veruntreuenden Finanzchef einstehen muss, wird in den Bedingungen nirgends gesagt.

35 Art. 6 Abs. 6 lit. h AVB, Art. 9 Abs. 1 lit. c AVB Organhaftpflichtversicherung.

Der Versicherer übernimmt **aber**, bezogen auf das entsprechende versicherte Mandat als Verwaltungsrat, die Abwehr unberechtigter Haftpflichtansprüche (**Rechtsschutz**), (Art. 6, II h 3. Einzug).

Erfahrungsgemäss bestreiten die Täter den Vorsatz. Dann muss der Versicherer oftmals den Ausgang des Strafverfahrens abwarten, bevor eine abschliessende Deckungsbeurteilung erfolgen kann.

Die Bedeutung dieser Klausel wird auch dadurch unterstrichen, dass sie fast wörtlich in die D & O Bedingungen übernommen wurde, ja in der D & O sogar noch verschärft wurde (wissentliche Pflichtverletzungen). Ein Hinweis auf Art. 14 I VVG drängt sich auf.

6.5 Strafverfahren

Schwierigkeiten können sich für den VR auch aus dem Strafrecht ergeben. Solche ziehen erfahrungsgemäss zivilrechtliche Verantwortlichkeitsansprüche (auch) gegen die übrigen Mitglieder des VR nach sich. Zumindest wird in der Regel jeder einzelne VR dann daraufhin untersucht, ob bzw. inwieweit er zivilrechtlich mitverantwortlich ist/sein könnte.

Kosten aus einem Strafverfahren sind keine haftpflichtrechtlich zu ersetzenden Schadenersatzansprüche. Daher sind sie auch nicht versichert. Trotz allem hat der Versicherer ein Interesse am Ausgang des Strafverfahrens. Endet dieses in einem Freispruch, fehlt es zumeist an einer haftpflichtbegründenden Pflichtwidrigkeit. Endet es mit einem Urteil wegen Vorsatzes, entfällt die Deckung.

Unabhängig davon gewährt die D & O Strafrechtsschutz bis zum Betrag von Fr. 500.000.–, wobei die eigentlichen Strafen selbstverständlich nicht gedeckt werden können (Art. 5 Organhaftpflichtversicherung).

6.6 Besondere Deckungseinwände in der D & O

6.6.1 **Nicht versichert sind:** Ansprüche von versicherten Personen untereinander, gleichgültig, ob die Ansprüche durch diese selbst, auf deren Veranlassung oder auf deren Weisung durch ein Organ geltend gemacht werden (Art. 9h Organhaftpflicht). Mit anderen Worten: Ein VR oder Mitglied der Geschäftsleitung kann nicht gegen seinen Organkollegen vorgehen, will er den Versicherungsschutz nicht gefährden.

Das darf nun nicht dazu führen, dass die Geschäftsleitung untätig bleibt, d. h. die Ansprüche nur deshalb nicht einfordert, um durch Warten zu erreichen, dass ein Aktionär die Ansprüche einfordert. Auf diese Weise würde ansonsten eine „wunderbare“ Deckung für „nicht versicherte“ Ansprüche geschaffen.

6.6.2 **Ansprüche von Aktionären** die am Aktienkapital stimmrechtsmässig mit mehr als 15 % (30 %) beteiligt sind.

6.6.3 **Beschränkte Deckung** im Zusammenhang mit Umweltschäden, nämlich nur der zivilrechtliche Rechtsschutz bis zu einer vereinbarten Garantiesumme (Fr. 500.000).

6.7 Verletzung von Obliegenheiten im Schadenfall

Bei den Verletzungen von Obliegenheiten im Schadenfall handelt es sich nicht um einen Deckungsausschluss, sondern um die Regelung der Folgen eines vertragswidrigen Verhaltens des Versicherten im Schadenfall. Der Versicherte sollte sich bewusst sein, dass die **Schadenbehandlung**, soweit das Ereignis versichert ist, **beim Versicherer** liegt. Stimmt sich der Versicherungsnehmer nicht von Anfang an mit dem Versicherer ab, läuft er das Risiko, dass (ein Teil des) Schaden(s) an ihm haften bleibt.

6.7.1 Schadenanzeige und Schadenbehandlung

Die Schadenbehandlung ist Sache des Versicherers. Dazu hat der Versicherungsnehmer unverzüglich dem Versicherer den Eintritt eines Ereignisses, dessen Folgen die Versicherung betreffen können, zu melden[36]. Unverzüglich heisst: spätestens, wenn konkrete Ansprüche gestellt werden. Dazu genügt es, wenn Ansprüche zwar noch nicht im einzelnen begründet, aber globale Vorwürfe erhoben wurden. Grundsätzlich gilt, je früher eine Schadenanzeige beim Haftpflichtversicherer eintrifft, desto besser. Solange aber kein Anspruch in Sicht ist, besteht kein Grund zur Unruhe.

Der vorsichtige Versicherungsnehmer nimmt mit dem Versicherer Kontakt auf, sobald über die Gesellschaft der Konkurs eröffnet wird, also bereits bevor Ansprüche erhoben werden. Der Versicherer prüft dann,

36 Art. 12 Abs. 1 und 2 AVB; Art. 13 Abs. 1 und 2 AVB Organhaftpflichtversicherung.

welche Massnahmen (zum Beispiel die Sicherung von Beweismitteln) vorsorglich vorgekehrt werden sollten, ob bereits mit Ansprüchen zu rechnen ist, ob bereits eine Schadenakte angelegt werden soll.

Er kann sich gemeinsam mit dem Versicherten auf die Abwehr unberechtigter Ansprüche bereits einrichten. Es ist oftmals überzeugender, wenn man, sobald Ansprüche erhoben werden, mit Argumenten statt mit Fristerstreckungsgesuchen aufwarten kann.

Bei schuldhafter Verletzung der Anzeigepflicht hat der Versicherungsnehmer die darauf zurückzuführenden Folgen selber zu tragen, wenn er nicht beweist, dass diese Folgen auch bei pflichtgemässem Verhalten eingetreten wären. Kann der Versicherer aufgrund der verspäteten Schadenanzeige z. B. schadenmindernde Massnahmen nicht mehr ergreifen, muss sich der Versicherungsnehmer den erhöhten Schadenaufwand zurechnen lassen. Aus der Praxis ist ein Schadenfall bekannt, der erst nach zwölfjährigem Prozessieren angemeldet wurde. Dabei erfolgte die Schadenanzeige nicht einmal durch den Versicherungsnehmer selbst, sondern durch dessen Makler. Erst nach beharrlichem Nachhaken des Versicherers wurde mitgeteilt, dass das Organ vor letzter kantonaler Instanz zur Bezahlung von CHF 900.000.– verurteilt worden war. Zudem stellte sich heraus, dass es der Versicherungsnehmer vor erster Instanz nicht einmal für nötig befunden hatte, eine Klageantwort einzureichen und dadurch seine Rechte ungenügend gewahrt hatte, zumal in zweiter Instanz nur noch rechtliches, aber nicht auch tatsächliches Vorbringen vom Gericht gewürdigt werden konnte. Eine nähere Überprüfung des Falles ergab, dass der Versicherer mit hoher Wahrscheinlichkeit bei rechtzeitigem Eingreifen, die Angelegenheit vergleichsweise durch eine wesentlich niedrigere Schadenzahlung hätte erledigen können oder auch, dass das Urteil bei guter Prozessführung für den Versicherungsnehmer vorteilhafter ausgefallen wäre. Der Versicherte darf sich da nicht wundern, dass der Versicherer unter solchen Umständen nicht bereit ist, für den vollen zugesprochenen Schaden plus Kosten aufzukommen.

Der Haftpflichtversicherer übernimmt für den Versicherten verbindlich die Schadenbehandlung insoweit, als die versicherten Ansprüche den vereinbarten Selbstbehalt übersteigen[37]. Er führt auf seine Kosten die

37 Art. 13 Abs. 1 AVB. Art. 14 Abs. 1 und 3 AVB Organhaftpflichtversicherung.

Verhandlungen mit den Geschädigten. Er hat die Prozessherrschaft: Er entscheidet über Durchführung des Prozesses, er bestellt in Absprache mit dem Versicherungsnehmer für den Prozessfall einen geeigneten Rechtsanwalt und instruiert den Rechtsvertreter. Der Versicherer entscheidet auch, ob während des Prozesses ein Vergleich geschlossen werden soll. Dass er dabei die Interessen des Versicherten wahren muss und sich nicht alleine von eigenem Vorteilsdenken leiten lassen darf, folgt aus den vertraglichen Nebenpflichten. Der Versicherte hat den Versicherer dabei zu unterstützen.

Der Versicherte darf insbesondere keine direkten Verhandlungen mit dem Geschädigten oder dessen Vertreter über Ersatzansprüche ohne Zustimmung des Versicherers führen.

6.7.2 Die Wahl des Anwalts

Der Versicherer bestimmt, wann und welchen Anwalt er zu welchen Bedingungen einschalten will. Formell bleibt hingegen der Versicherte (materiell allerdings nur i. S. der Weisung des Versicherers) Auftraggeber. Nicht immer drängt sich teurer anwaltlicher Rat eines oftmals in Verantwortlichkeitsprozessen nicht speziell bewanderten Anwaltes auf. In der Regel besitzt der Versicherer genügend Know-How, um bis zum Prozess ohne anwaltliche Unterstützung verhandeln zu können.

Wer also auf eigene Faust seinen Anwalt ohne Rücksprache mit dem Versicherer mandatiert, muss beim Versicherer unter Umständen zunächst Überzeugungsarbeit leisten mit dem Risiko, den „nicht benötigten" vorzeitigen Anwaltseinsatz aus eigener Tasche bezahlen zu müssen.

6.7.3 Verhandlungen mit den Anspruchstellern

Sie binden den Versicherer nur, wenn dieser den Verhandlungen zugestimmt hat. Ohne Einwilligung des Versicherers darf der Versicherte weder die Ansprüche der Gläubiger anerkennen, noch seine Deckungsansprüche diesem zedieren. Mit der Zession würde sich der Versicherte zudem in einen unlösbaren Interessenkonflikt begeben. Auf der einen Seite ist er verpflichtet, den Versicherer bei der Abwehr ungerechtfertigter Ansprüche zu unterstützen, auf der anderen Seite würde die Vertragstreue den Versicherten verpflichten, dem Zessionar bei der Durchsetzung der erworbenen Ansprüche gegen den Versicherer zu helfen.

Wer sich nicht rechtzeitig um die Zustimmung des Versicherers bemüht, riskiert, den Versicherungsschutz wegen Obliegenheitenverletzung im Schadenfall ganz oder teilweise zu verlieren (AVB 14).

6.7.4 Verbindlichkeit der Schadenerledigung durch den Versicherer

Der Versicherte erkennt die **Schadenerledigung** des Versicherers an. Das zeigt sich u. a. im Verzicht auf Einreden bei der Einforderung des Selbstbehaltes.

6.7.5 Prozessentscheid

Der **Prozessentscheid** liegt beim Versicherer. Dieser wird allerdings in der Regel diesen Entscheid nur nach Rücksprache mit dem Versicherten treffen.

6.8 Rechte und Pflichten aus dem VVG

Abschliessend seien noch die Rechte und Pflichten der Vertragsparteien aus dem VVG erwähnt, die auch eine Rolle spielen können.

7. Der ausländische Versicherer

Die Instruktion beinhaltet nicht selten das Erfordernis der Preisgabe von Berufsgeheimnissen. Ungeklärt ist bisher, inwieweit solche Geheimnisse Versicherern mit Sitz im Ausland anvertraut werden dürfen. Man muss sich bei der Wahl des Versicherers bewusst bleiben, dass in Angelegenheiten von einer gewissen Tragweite der Entscheid, wie ein Schaden erledigt werden soll, letztlich immer am Hauptsitz der Gesellschaft, d. h. im Ausland getroffen wird.

8. Anhang

8.1 Allgemeine Vertragsbedingungen: Berufshaftpflichtversicherung für Rechtsanwälte etc. 1.333.311–0.194 (AVB)[38]

Abschnitt A
Bestimmungen über den Versicherungsumfang

1. Versicherte Haftpflicht

[1]Versicherungsschutz besteht für Schadenersatzansprüche aus Vermögensschäden, die kraft gesetzlicher Haftpflichtbestimmungen gegen eine versicherte Person (gemäss Art. 2) in ihrer Eigenschaft oder Funktion als Organ erhoben werden.

[2]Vermögensschäden sind in Geld messbare Schäden, die nicht die Folge einer Gesundheitsschädigung von Personen (Personenschäden) oder einer Zerstörung, Beschädigung oder eines Verlustes von Sachen (Sachschäden) sind.

2. Versicherte Personen

Als versicherte Personen gelten alle ehemaligen, gegenwärtigen und zukünftigen Mitglieder

- der Verwaltungs- und Aufsichtsräte
- der Geschäftsleitungen
- der internen Revisionsstellen

in ihrer Eigenschaft oder Funktion als Organe

a) des Versicherungsnehmers sowie
b) dessen vorwiegend im vereinbarten Geschäftsbereich tätigen Tochtergesellschaften, solange sich diese stimmrechtmässig direkt oder indirekt zu
   - mindestens 50 % im Eigentum des Versicherungsnehmers befinden
   - weniger als 50 %, jedoch mehr als 20 % im Eigentum des Versicherungsnehmers befinden, sofern dieser nachweisbar einen beherrschenden Einfluss auf die Geschäftsführung ausübt.

Falls eine versicherte Person stirbt, wird der Versicherungsschutz auch für Ansprüche gewährt, die gegen die Erben oder gegen den Nachlass der versicherten Person wegen Pflichtverletzungen der versicherten Person gemacht werden.

3. Vorsorgedeckung

Juristische Personen, die während der Versicherungsdauer vom Versicherungsnehmer erworben werden, sind vorsorglich mitversichert. Von dieser Vorsorgedeckung ausgenommen sind Gesellschaften, deren Bilanzsumme mehr als 10 % der konsolidierten Bilanzsumme des Versicherungsnehmers beträgt sowie neue oder erworbene Gesellschaften in den USA und Kanada.

4. Ausdehnung der Versicherung auf den Versicherungsnehmer oder dessen Tochtergesellschaften bei Schadloshaltung (Company Reimbursement)

Hat die versicherte Person aus Arbeits- oder Mandatsvertrag Anspruch auf Schadloshaltung durch den Versicherungsnehmer oder dessen Tochtergesellschaften, so erstreckt sich der Versicherungsschutz auch auf den Versicherungsnehmer und dessen in Art. 2, lit. b umschriebenen Tochtergesellschaften. Im übrigen gelten die Vertragsbestimmungen sinngemäss.

5. Strafrechtsschutz

Die „Winterthur“ übernimmt im Rahmen der versicherten Garantiesumme bis zu einem Betrag von CHF 500'000.– (Sublimite) auch die Kosten für den Strafrechtsschutz. Dabei gilt folgendes:

[1]Wird in einem Strafverfahren wegen eines Ereignisses, das einen versicherten Anspruch zur Folge haben kann, die Bestellung eines Verteidigers vom Versicherten gewünscht, so übernimmt die „Winterthur“ die dem Versicherten daraus entstehenden Aufwendungen (z. B. Anwaltshonorare, Gerichts- und Expertisenkosten, Parteientschädigungen an Privatkläger) sowie die dem Versicherten im Verfahren auferlegten Kosten.

[2]Nicht versichert sind Verpflichtungen, die Straf- oder strafähnlichen Charakter haben (z. B. Bussen).

[3]Bei einem Rekurs in Bussenangelegenheiten oder bei der Weiterziehung eines erstinstanzli-

38 Abdruck mit freundlicher Genehmigung der Winterthur Versicherungen.

chen Entscheides kann die „Winterthur" Leistungen ablehnen, wenn ihr aufgrund der amtlichen Akten ein Erfolg als unwahrscheinlich erscheint.

[4]Dem Versicherten zugesprochene Prozess- und Parteientschädigungen verfallen der „Winterthur" im Umfang ihrer Leistungen, soweit sie nicht Ersatzleistungen für persönliche Bemühungen und Aufwendungen des Versicherten darstellen.

[5]Der Versicherte hat der „Winterthur" unverzüglich alle Mitteilungen und Verfügungen über das Verfahren zur Kenntnis zu bringen und die Anordnungen der „Winterthur" zu befolgen. Trifft der Versicherte von sich aus oder entgegen den Anordnungen der „Winterthur" Massnahmen, so erbringt die „Winterthur" nur Leistungen, wenn dadurch nachweisbar ein wesentlich günstigeres Ergebnis erzielt worden ist.

6. Versicherte Leistungen

[1]Der Versicherer entschädigt die versicherten Personen für den Schadenersatz, zu dem sie verpflichtet werden. Er übernimmt ausserdem die Abwehr unberechtigter Ansprüche.

[2]Die Ersatzleistung ist pro Anspruchserhebung und für alle im gleichen Versicherungsjahr gegen sämtliche versicherten Personen zusammen geltend gemachten Ansprüche insgesamt auf die vereinbarte Versicherungssumme begrenzt (Einmalgarantie).

Darin sind Nebenkosten, wie allfällige Schadenzinsen, Schadenverhütungs- und Schadenminderungskosten, Abwehr-, Expertise-, Anwalts- und Gerichtskosten sowie Parteientschädigungen inbegriffen.

[3]Die Leistungspflicht und die Begrenzung der Ersatzleistung richten sich nach denjenigen vertraglichen Bestimmungen, die im Zeitpunkt der erstmaligen Anspruchserhebung eines Geschädigten gemäss Art. 8, Abs. 1 in Kraft waren.

[4]Die Gesamtheit aller während der Versicherungsdauer geltend gemachten Ansprüche aus der gleichen Ursache (z. B. durch mehrere Handlungen oder Unterlassungen einer oder mehrerer versicherter Personen in derselben Angelegenheit bewirkte Ansprüche oder durch die gleiche Handlung oder Unterlassung in verschiedenen Angelegenheiten bewirkte Ansprüche) gilt ohne Rücksicht auf die Zahl der Geschädigten als eine Anspruchserhebung. Als Zeitpunkt der daraus abgeleiteten Ansprüche gilt derjenige, in welchem der erste Anspruch gemäss Art. 8, Abs. 1 geltend gemacht wird.

7. Selbstbehalt

Bei jeder Anspruchserhebung wird der in der Übersicht vereinbarte Selbstbehalt in Abzug gebracht. Er gilt für geleistete Schadenersatzansprüche wie auch für die Abwehr unberechtigter Ansprüche sowie sonstige Nebenkosten.

8. Zeitliche Geltung

[1]Versichert sind Haftpflichtansprüche, die innerhalb der Vertragsdauer gegen eine versicherte Person erhoben werden.

[2]Ansprüche für Schäden aus Handlungen und Unterlassungen, die vor Vertragsbeginn begangen wurden, sind nur versichert, wenn die versicherte Person bei Vertragsbeginn von keiner Handlung oder Unterlassung, die ihre Haftpflicht begründen könnte, Kenntnis hatte oder nach den Umständen hätte haben müssen.

Ansprüche für Schäden aus Handlungen oder Unterlassungen, die vor Einschluss einer Gesellschaft in den vorliegenden Vertrag begangen wurden, sind von der Versicherung ausgeschlossen.

[3]Als massgebender Zeitpunkt für die Anspruchserhebung gilt derjenige, in welchem

- eine versicherte Person erstmals von einem Geschädigten mündlich oder schriftlich die Mitteilung erhält, dass dieser gegen sie einen unter diese Versicherung fallenden Schadenersatzanspruch stellen werde, oder
- eine versicherte Person von Umständen Kenntnis erhält, nach welchen sie damit rechnen muss, dass gegen sie solche Ansprüche erhoben werden.

[4]Die Leistungen und die Begrenzung der Ersatzleistungen richten sich nach denjenigen vertraglichen Bestimmungen, die im Zeitpunkt der erstmaligen Anspruchserhebung eines Geschädigten gültig waren.

[5]Im Falle wesentlicher Vertragsänderungen, wie Erhöhung der Versicherungssumme, Reduktion des Selbstbehaltes, Einschluss zusätzlicher Versicherter und/oder Änderung des versicherten Risikos gilt in bezug auf die Änderung als retroaktives Datum der Zeitpunkt ihres versicherungsvertraglichen Wirksamwerdens.

9. Einschränkungen des Versicherungsumfanges

[1]Der Versicherungsschutz erstreckt sich nicht auf Ansprüche

a) aus Personen- und Sachschäden;

b) aus einer Tätigkeit der versicherten Personen in einer anderen als der unter diesem Vertrag versicherten Eigenschaft (z. B. Berufshaftpflicht);

c) aus vorsätzlicher Verletzung von gesetzlichen Bestimmungen und behördlichen Verfügungen oder wissentlich begangenen Pflichtverletzungen. Dabei ist es unerheblich, ob die Ansprüche erhoben werden gegen den Täter selbst oder gegen versicherte Personen. Haben aber letztere für Handlungen und Unterlassungen des Täters einzustehen, so übernimmt die „Winterthur" die Kosten für den Rechtsschutz;

d) aus Schäden durch Verstösse bei der Auszahlung oder Empfangnahme von Geldern, durch Fehlbeträge bei der Kassenführung, durch Zerstörung oder Abhandenkommen von Geld, Wertpapieren und Wertsachen;

e) aus finanziellen Leistungen mit Strafcharakter (wie Bussen, Geld- oder Vertragsstrafen, punitive oder exemplary damages usw.);

f) aus Umweltbeeinträchtigungen oder Einwirkungen von ionisierenden Strahlen irgendwelcher Art. In solchen Fällen übernimmt die „Winterthur" jedoch die Kosten für den Rechtsschutz (z. B. Anwaltshonorare, Gerichts- und Expertisenkosten, Parteientschädigungen an Privatkläger) bis zu einem Betrag von CHF 500'000.– (Sublimite) innerhalb der versicherten Garantiesumme;

g) aus der Verwaltung von Personalvorsorgestiftungen;

h) von versicherten Personen untereinander, gleichgültig, ob die Ansprüche durch diese selbst, auf deren Veranlassung oder Weisung geltend gemacht werden;

i) von Aktionären, die am Aktienkapital zu mehr als 15 % stimmrechtmässig beteiligt sind.

[2]Bezüglich der USA/Kanada-Deckung gelten zusätzlich folgende Einschränkungen:

Der Versicherungsschutz erstreckt sich nicht auf Ansprüche, die in den USA oder Kanada erhoben werden oder nach bundes- oder gliedstaatlichem Recht der USA oder Kanada beurteilt werden

a) aus der Verletzung von Obliegenheiten, Verordnungen oder Bestimmungen gemäss dem amerikanischen „Employee Retirement Income Security Act of 1974" sowie allen bestehenden und zukünftigen Ergänzungen dazu oder ähnlichen anderen gesetzlichen oder bundesstaatlichen Bestimmungen;

b) aus der Verletzung von irgendwelchen Obliegenheiten, Verordnungen oder Bestimmungen gemäss dem „Securities Exchange Act of 1934, Section 16 b" (short swing profits) sowie allen bestehenden und zukünftigen Ergänzungen dazu oder ähnlichen anderen gesetzlichen oder bundesstaatlichen Bestimmungen;

c) aus Verletzungen von Vorschriften des amerikanischen Antitrustgesetzes;

d) welche erhoben werden vom Versicherungsnehmer oder von einer seiner Tochtergesellschaften.

Abschnitt B
Allgemeine Bestimmungen

10. Vertragsdauer

[1]Der Vertrag wird für ein Jahr abgeschlossen. Für jede Verlängerung des Vertrages bedarf es einer neuen Vereinbarung.

[2]Falls jedoch der Versicherer diesen Vertrag kündigt oder es ablehnt, den Vertrag zu erneuern, sind gegen eine Zusatzprämie von 25 % der letzten vollen Jahresprämie auch Schadenersatzansprüche versichert, welche innerhalb von 12 Monaten nach Vertragsablauf geltend gemacht werden. Dies gilt jedoch nur für Ansprüche, bei denen sich das schadenverursachende Verhalten während der Versicherungsdauer ereignet hat und der Versicherungsnehmer diese Erstreckung des Versicherungsschutzes vor Vertragsablauf verlangt.

11. Kündigung im Schadenfall

[1]Nach dem Eintritt eines ersatzpflichtigen Schadenfalles kann der Versicherer spätestens bei Auszahlung der Entschädigung und der Versicherungsnehmer spätestens 30 Tage, nachdem er von der Auszahlung Kenntnis erhalten hat, vom Vertrag zurücktreten.

[2]Kündigt der Versicherer, so erlischt der Vertrag 30 Tage nach dem Eintreffen der Kündigung beim Versicherungsnehmer.

[3]Kündigt der Versicherungsnehmer, so erlischt der Vertrag mit dem Eintreffen der Kündigung beim Versicherer.

12. Pflichten während der Vertragsdauer

[1]Jede Änderung einer für die Beurteilung des versicherten Risikos erheblichen Tatsache, deren Umfang die Parteien bei Vertragsabschluss oder

nachher festgestellt haben, wie eine Änderung in der Zusammensetzung des Kreises der versicherten Personen, Änderung des Gesellschaftszwecks, Erweiterung des Geschäftsbereichs oder Erwerb von stimmrechtmässiger direkter oder indirekter Beteiligungen von mindestens 50 % an einer Gesellschaft, hat der Versicherungsnehmer dem Versicherer sobald als möglich schriftlich zu melden.

Wird die Mitteilung unterlassen, so entfällt der Versicherungsschutz, sofern das Schadenereignis auf die erhöhte Gefahr zurückzuführen ist.

Ist die Mitteilung erfolgt, so erstreckt sich der Versicherungsschutz automatisch auch auf die erhöhte Gefahr, falls

- der in der Übersicht genannte versicherte Geschäftsbereich den der erhöhten Gefahr vollständig umfasst, und
- die konsolidierte Bilanzsumme des Versicherungsnehmers bei Berücksichtigung der erhöhten Gefahr um weniger als 10 % wächst.

Andernfalls besteht nur Deckung für die erhöhte Gefahr, wenn dies in einem Nachtrag zu diesem Vertrag dokumentiert wird.

[2]Bei Gefahrerhöhung ist der Versicherer für den Rest der Vertragsdauer berechtigt, eine entsprechende Mehrprämie zu fordern oder den Vertrag innert 30 Tagen nach Empfang der Mitteilung auf 60 Tage zu kündigen. Das gleiche Kündigungsrecht steht dem Versicherungsnehmer zu, wenn über die Prämienerhöhung keine Einigung erzielt wird. In beiden Fällen hat der Versicherer Anspruch auf die risikogemässe Prämienerhöhung vom Zeitpunkt der Gefahrerhöhung an bis zum Erlöschen des Vertrages.

Bei Gefahrverminderung reduziert der Versicherer von der schriftlichen Mitteilung des Versicherungsnehmers an die Prämie entsprechend.

[3]Der Versicherungsnehmer hält die versicherten Personen dazu an, sich den Bestimmungen des Vertrages entsprechend zu verhalten.

13. Anzeigepflicht im Schadenfall

[1]Der Versicherungsnehmer hat den Versicherer so rasch als möglich schriftlich zu benachrichtigen,

a) wenn gegen eine versicherte Person ein Haftpflichtanspruch geltend gemacht wird oder
b) wenn ein Anspruchsteller mitteilt, dass er an eine versicherte Person einen unter diese Versicherung fallenden Schadenersatzanspruch stellen werde oder könne.

[2]Wenn infolge eines Ereignisses, das die Versicherung betreffen kann, gegen einen Versicherten ein Polizei- oder Strafverfahren eingeleitet wird, ist der Versicherte verpflichtet, den Versicherer sofort zu benachrichtigen. Der Versicherer behält sich vor, auf seine Kosten dem Versicherten einen Strafverteidiger zu stellen.

14. Schadenbehandlung

[1]Der Versicherer übernimmt die Schadenbehandlung insoweit, als die Ansprüche den vereinbarten Selbstbehalt übersteigen. Er führt auf seine Kosten die Verhandlungen mit dem Geschädigten. Er ist in dieser Hinsicht Vertreter der versicherten Person, und seine Erledigung der Ansprüche des Geschädigten ist für die versicherte Person verbindlich.

[2]Der Versicherungsnehmer, die Tochtergesellschaften oder die versicherten Personen sind verpflichtet, direkte Verhandlungen mit dem Geschädigten oder dessen Vertreter über Ersatzansprüche, jede Anerkennung einer Forderung, den Abschluss eines Vergleichs und die Leistung von Entschädigungen zu unterlassen, sofern nicht der Versicherer hierzu seine Zustimmung gibt. Sie sind ohne vorgängige Zustimmung des Versicherers auch nicht berechtigt, Ansprüche aus dieser Versicherung an Geschädigte oder an Dritte abzutreten.

Überdies ist dem Versicherer unaufgefordert jede weitere Auskunft über den Fall und die vom Geschädigten unternommenen Schritte zu erteilen, ihm sämtliche, die Angelegenheit betreffenden Beweisgegenstände und Schriftstücke (dazu gehören vor allem auch gerichtliche Dokumente wie Vorladungen, Rechtsschriften, Urteile usw.) ungesäumt auszuhändigen und ihm auch anderweitig bei der Behandlung des Schadens nach Möglichkeit zu unterstützen (Vertragstreue).

[3]Der Versicherer bezahlt die Entschädigung in der Regel direkt an den Geschädigten. Sofern er den Selbstbehalt nicht in Abzug bringt, hat ihm die versicherte Person den Selbstbehalt unter Verzicht auf Einwendungen zurückzuerstatten.

[4]Kann eine Verständigung mit dem Geschädigten nicht erzielt werden und beschreitet dieser den Prozessweg, so führt der Versicherer den Prozess auf seine Kosten. Eine allfällige der versicherten Person zugesprochene Prozessentschädigung steht dem Versicherer zu, soweit sie nicht zur Deckung persönlicher Auslagen der versicherten Person bestimmt ist.

5Im Prozessfall bestimmt der Versicherer in Absprache mit dem Versicherungsnehmer einen Anwalt. Die versicherte Person ist nicht befugt, ohne Ermächtigung durch die „Winterthur“ einem Anwalt ein Mandat zu erteilen.

15. Folgen bei vertragswidrigem Verhalten

1Bei schuldhafter Verletzung der Pflichten aus diesem Vertrag durch den Versicherungsnehmer, die Tochtergesellschaften oder eine versicherte Person hat der pflichtwidrig Handelnde alle darauf zurückzuführenden Folgen selbst zu tragen, wenn er nicht beweist, dass diese Folgen auch bei pflichtgemässem Verhalten eingetreten wären.

2Bei allen gegen die Vertragstreue verstossenden Handlungen einer versicherten Person, insbesondere bei Verschleierung des Sachverhaltes oder bei Anerkennung von Haftpflichtansprüchen ohne Ermächtigung durch den Versicherer, entfällt ihr gegenüber dessen Leistungspflicht, es sei denn, die versicherte Person beweise, dass der Verstoss auf das Schadenmass keinen Einfluss hat.

16. Ersatzansprüche gegenüber Dritten

Der Ersatzanspruch, welcher der versicherten Person gegenüber Dritten zusteht, geht auf den Versicherer über, soweit dieser Leistungen erbracht hat. Die versicherte Person haftet für jede Handlung oder Unterlassung, welche die Rückgriffsrechte beeinträchtigen könnten. Werden ohne Zustimmung des Versicherers Dritte von der Haftung befreit, so fällt jeder Entschädigungsanspruch dahin.

17. Anderweitige Versicherung

Ist der geltend gemachte Schaden auch unter einem anderen Versicherungsvertrag gedeckt, so geht der anderweitige Versicherungsvertrag diesem vor. Eine Leistungspflicht aus diesem Vertrag besteht nur, wenn und insoweit der Schaden unter dem anderweitigen Versicherungsvertrag nicht gedeckt ist.

18. Mitteilungen an den Versicherer

Alle Mitteilungen sind der Generaldirektion der „Winterthur“ in Winterthur zuzustellen.

19. Gerichtsstand

Als Gerichtsstand stehen dem Versicherungsnehmer, den Tochtergesellschaften oder den versicherten Personen wahlweise der Gerichtsstand am schweizerischen Hauptsitz des Versicherers oder an ihrem schweizerischen Wohnsitz oder schweizerischen Sitz zur Verfügung.

20. Anwendbares Recht

Auf den vorliegenden Versicherungsvertrag findet, auch soweit er sich auf versicherte Personen mit (Wohn-)Sitz im Ausland erstreckt, ausschliesslich schweizerisches Recht Anwendung. Dies gilt nicht für die Beurteilung der Haftung einer versicherten Person gegenüber Anspruchstellern oder Geschädigten.

8.2 AVB: Organhaftpflichtversicherung 10.2000 (für D & O)[39]

A Bestimmungen über den Versicherungsumfang

Art. 1

Versicherte Haftpflicht

1Die „Winterthur“ bietet aufgrund des Antrags Versicherungsschutz gegen Schadenersatzansprüche, die gegen die versicherten Personen erhoben werden aufgrund

a) gesetzlicher Haftpflichtbestimmungen wegen
   - Tötung, Körperverletzung oder anderer Gesundheitsschädigung von Personen (**Personenschäden**) sowie
   - Zerstörung, Beschädigung oder Verlusts von Sachen (**Sachschäden**);

b) schweizerischer gesetzlicher Haftpflichtbestimmungen wegen
   - **Vermögensschäden**, d. h. in Geld messbaren Schäden, die weder auf einen Personenschaden noch auf einen Sachschaden zurückzuführen sind.

2**Ohne besondere Vereinbarung** versichert ist im Rahmen von Abs. 1 a auch die Haftpflicht

a) als Eigentümer (nicht jedoch als Stockwerkeigentümer), Mieter oder Pächter von Grundstücken, Gebäuden, Räumlichkeiten und Anlagen, die ganz oder teilweise dem versi-

39 Abdruck mit freundlicher Genehmigung der Winterthur Versicherungen.

cherten Betrieb dienen, sowie als Mieter anderer Räumlichkeiten;

b) aus der Verwendung von Fahrrädern und ihnen hinsichtlich Haftpflicht und Versicherung gleichgestellten Motorfahrzeugen, soweit es sich um Fahrten für den versicherten Betrieb (unter Ausschluss von Fahrten zu und von der Arbeit) handelt, gemäss Art. 23 AVB;

c) für Schäden im Zusammenhang mit Umweltbeeinträchtigungen gemäss Art. 24 AVB, verursacht durch betriebseigene Anlagen.

[3]**Nur aufgrund besonderer Vereinbarung** versichert ist die Haftpflicht

a) als Eigentümer, Mieter oder Pächter von Grundstücken, Gebäuden und Anlagen, die weder ganz noch teilweise dem versicherten Betrieb dienen (wie Mietshäuser ohne Betriebsräumlichkeiten);

b) für Schäden an gemieteten, geleasten oder gepachteten Büroräumlichkeiten gemäss Art. 22 AVB.

Kommt nach Vertragsabschluss ein Risiko im Sinne von vorstehender lit. a neu hinzu, erstreckt sich die Versicherung im Rahmen der übrigen Vertragsbedingungen ohne weiteres auch darauf (**Vorsorgeversicherung**). Der Versicherungsnehmer ist jedoch verpflichtet, rückwirkend ab Beginn des Risikos die dem Tarif entsprechende Prämie zu entrichten. Die „Winterthur" ist berechtigt, jederzeit zu prüfen, ob solche Risiken vorhanden sind.

[4]**Nur aufgrund besonderer Vereinbarung** versichert ist die Haftpflicht für **Vermögensschäden** aus der Tätigkeit

a) als Verwaltungs- oder Stiftungsrat gemäss Art. 20 AVB;

b) als Pensionsversicherungsexperte gemäss Art. 21 AVB;

c) als Revisor von Banken, Sparkassen und bankähnlichen Finanzgesellschaften;

d) eines Rechtsanwalts oder Notars als Revisor oder Revisionsstelle von Unternehmungen und Stiftungen; als Treuhänder und/oder „Protector" in ausländischen Treuhänderschaften und „Trusts" und als „Officer" („Treasurer", „Secretary") in ausländischen juristischen Personen;

e) eines Rechtsanwalts oder Notars als Liquidator von Unternehmungen, sofern nicht bereits Versicherungsschutz gemäss Art. 20 AVB für die zu liquidierende Unternehmung besteht.

Art. 2

Versicherte Personen

[1]Versichert ist die Haftpflicht

a) des Versicherungsnehmers in den Eigenschaften, die sich aus Antrag und Police ergeben (versichertes Risiko).

   Ist eine Personengesellschaft oder eine Gemeinschaft zu gesamter Hand Versicherungsnehmer oder wurde der Vertrag für Rechnung Dritter abgeschlossen, so sind die Gesellschafter, die Angehörigen der Gemeinschaft zu gesamter Hand oder die Personen, auf welche der Vertrag lautet, dem Versicherungsnehmer in Rechten und Pflichten gleichgestellt;

b) der Vertreter des Versicherungsnehmers und der mit der Leitung oder Beaufsichtigung des Betriebs betrauten Personen aus ihren dienstlichen Verrichtungen für den versicherten Betrieb;

c) der übrigen Arbeitnehmer und Hilfspersonen des Versicherungsnehmers aus ihren dienstlichen Verrichtungen für den versicherten Betrieb und aus ihrer Tätigkeit im Zusammenhang mit den versicherten Grundstücken, Gebäuden, Räumlichkeiten und Anlagen. Ausgenommen sind jedoch Regress- und Ausgleichsansprüche Dritter für Leistungen, die sie den Geschädigten ausgerichtet haben;

d) der nach Art. 405 Abs. 2 OR anstelle des Versicherungsnehmers tätigen Personen und deren Angestellte;

e) des Grundstückseigentümers, wenn der Versicherungsnehmer nur Eigentümer des Gebäudes, nicht aber des Grundstücks ist (Baurecht).

Kommen nach Vertragsabschluss zusätzliche Personen im Sinne von lit. a–c neu hinzu, erstreckt sich die Versicherung auch auf diese (**Vorsorgeversicherung**). Sofern nicht Stichtagsabrechnung vereinbart ist (Art. 16 Abs.1 AVB), ist der Versicherungsnehmer jedoch verpflichtet, solche Personen der „Winterthur" spätestens bis zum nächsten Prämienverfall zu melden und rückwirkend ab Beginn des Risikos die dem Tarif entsprechende Prämie zu entrichten. Die „Winterthur" ist berechtigt, jederzeit zu prüfen, ob solche Risiken vorhanden sind.

[2]Wird in der Police oder in den AVB vom Versicherungsnehmer gesprochen, sind damit stets die unter Abs. 1 a erwähnten Personen gemeint, während der Ausdruck Versicherte(r) alle unter Abs. 1 a–e genannten Personen umfasst.

[3]**Nicht versichert** sind selbständige Unternehmer und Berufsleute, deren sich der Versicherungsnehmer bedient. Hinsichtlich der Personen gemäss lit. d sind nicht versichert natürliche und juristische Personen oder Personengesellschaften, die selbständig gleichartige Geschäfte gewerbsmässig betreiben.

Art. 3

Versicherte Leistungen

[1]Die Leistungen der „Winterthur" bestehen in der Entschädigung begründeter Ansprüche und in der Abwehr unbegründeter Ansprüche (Rechtsschutz). Sie sind, einschliesslich Zinsen, Schadenminderungs-, Expertise-, Anwalts-, Gerichts-, Schiedsgerichts und Vermittlungskosten, Parteientschädigungen sowie mitversicherter Schadensverhütungskosten, pro Ereignis begrenzt auf die im Vertrag aufgeführte, um den vereinbarten Selbstbehalt reduzierte Garantiesumme.

[2]Die Gesamtheit aller versicherten Schäden und Schadenverhütungsmassnahmen in verschiedenen Angelegenheiten aus derselben Ursache sowie die Folge mehrerer Handlungen oder Unterlassungen in derselben Angelegenheit gilt als ein Schadenereignis. Dies gilt auch, wenn mehrere Versicherte verschiedene Mandate bei der gleichen Unternehmung oder Stiftung ausüben. Die Zahl der Geschädigten, Anspruchserhebenden oder Anspruchsberechtigten ist unerheblich.

[3]Die Leistungen der „Winterthur" und deren Begrenzung richten sich nach den versicherungsvertraglichen Bedingungen (einschliesslich derjenigen über Garantiesumme sowie Selbstbehalt), die im Zeitpunkt der erstmaligen Anspruchserhebung gemäss Art. 5 Abs. 2 AVB Gültigkeit hatten.

[4]Werden während der Vertragsdauer oder bei Vertragserneuerung die versicherungsvertraglichen Bedingungen geändert, so besteht für Ansprüche aus Schäden, die vor der Vertragsänderung verursacht worden sind, Versicherungsschutz gemäss den neuen Vereinbarungen, sofern der Versicherte vor Inkrafttreten der Vertragsänderungen von keiner seine Haftpflicht begründende Handlung oder Unterlassung Kenntnis hatte und nach den Umständen auch nicht hätte haben können.

[5]Für sämtliche während einer Frist von 5 vollen Versicherungsjahren oder während einer kürzeren Vertragsdauer gegen die Versicherten erhobenen Schadenersatzansprüche sowie Schadenverhütungskosten zusammen sind die Leistungen der „Winterthur" auf das Dreifache der pro Ereignis vereinbarten Garantiesumme begrenzt. Diese Frist beginnt mit dem in der Police festgesetzten Vertragsbeginn. Nach Ablauf der vereinbarten Vertragsdauer, bei Änderung der Garantiesumme oder bei Ersatz des bestehenden durch einen neuen Vertrag beginnt eine neue Frist, sofern nichts Gegenteiliges vereinbart wird.

Art. 4

Selbstbehalt

[1]Ist im Vertrag nichts anderes vereinbart, hat der Versicherte bei Sachschäden und Schadenverhütungskosten Fr. 100,– pro Ereignis selbst zu tragen.

[2]Bei Vermögensschäden hat der Versicherte den hierfür besonders vereinbarten Selbstbehalt pro Ereignis selbst zu tragen.

[3]Der Selbstbehalt bezieht sich auch auf die Kosten der Abwehr unberechtigter Ansprüche.

Art. 5

Örtliche und zeitliche Geltung

[1]Die Versicherung ist gültig für Schäden, die in der ganzen Welt (ausgenommen USA/Kanada) eintreten. Sie erstreckt sich dabei auf Ansprüche, die während der Wirksamkeit der Police (Vertragsdauer und Nachversicherungsdauer) gegen einen Versicherten erhoben werden.

[2]Als Zeitpunkt der Anspruchserhebung gilt derjenige, in welchem ein Versicherter erstmals von Umständen Kenntnis erhält oder hätte erhalten können, nach denen damit gerechnet werden muss, dass ein Anspruch gegen ihn oder gegen einen anderen Versicherten erhoben werde, spätestens jedoch, wenn ein Anspruch mündlich oder schriftlich geltend gemacht wird.

[3]Sämtliche Ansprüche aus einem Schadenereignis gemäss Art. 3 Abs. 2 gelten als in dem Zeitpunkt erhoben, in welchem erstmals Ansprüche gemäss Abs. 2 hiervor erhoben wurden.

[4]Treten Partner oder Mitarbeiter während der Vertragsdauer aus dem Kreis der versicherten Personen aus oder werden während der Vertragsdauer Mandate aufgegeben, die aufgrund besonderer Vereinbarung (Art. 1 Abs. 4 AVB) ver-

sichert gewesen sind, so besteht noch längstens während der Wirksamkeit der Police Versicherungsschutz, soweit haftpflichtbegründende Handlungen oder Unterlassungen vor Austritt bzw. vor Beendigung des Mandatsverhältnisses begangen wurden.

[5] Nur aufgrund besonderer Vereinbarung versichert sind Ansprüche aus Schäden, welche vor Beginn des vorliegenden Vertrags verursacht worden sind. Dasselbe gilt für Ansprüche aus Schäden gemäss Art. 3 Abs. 2, wenn die Ursache eines Schadens vor Vertragsbeginn gesetzt worden ist. Ist eine solche besondere Vereinbarung getroffen worden, besteht Versicherungsschutz, wenn der Versicherte beweist, dass er bei Vertragsbeginn von keiner seine Haftpflicht begründende Handlung oder Unterlassung Kenntnis hatte und nach den Umständen auch nicht hätte haben können.

[6]Bei der Aufgabe der Praxis oder dem Tod des Versicherungsnehmers erstreckt sich der Versicherungsschutz auch auf Ansprüche aus Schäden, die während der Vertragsdauer verursacht wurden, aber erst nach Erlöschen der Versicherung und innerhalb der gesetzlichen Verjährungsfristen geltend gemacht werden (**Nachversicherung**). Ansprüche, die während der Dauer der Nachversicherung erhoben werden und die nicht zu einem Schadenereignis gemäss Art. 3 Abs. 2 gehören, gelten als am Tage des Vertragsendes erhoben.
Nicht versichert sind Ansprüche aus Schäden, die **nach** Vertragsende verursacht worden sind.

Art. 6
Einschränkungen des Versicherungsumfangs

[1]**Der Versicherungsschutz erstreckt sich nicht auf Ansprüche**

a) aus Schäden, die die Person des Versicherungsnehmers oder ihm gehörende Sachen betreffen (Eigenschäden);

b) von Familienangehörigen
   - des Versicherungsnehmers aus Schäden, die seine Person betreffen;
   - eines Versicherten diesem selbst gegenüber.

   Als Familienangehörige gelten der Ehegatte und die Verwandten in auf- und absteigender Linie sowie die mit dem Versicherungsnehmer oder einem Versicherten im gemeinsamen Haushalt lebenden Geschwister und Stiefkinder;

c) aus Personenschäden, von denen eine durch den Versicherungsnehmer aufgrund eines Arbeiter-Stellungsvertrags (Arbeitsmiete bzw. Dienstmiete) beschäftige Person in Ausübung ihrer arbeitsvertraglichen oder geschäftlichen Verrichtungen für den versicherten Betrieb betroffen wird. Der Ausschluss ist dabei auf den Teil des Schadens beschränkt, für den der Versicherungsnehmer nicht ersatzpflichtig wäre, wenn er die Prämie für die obligatorische Versicherung von Berufsunfällen und Berufskrankheiten selber bezahlt hätte;

d) aus der Haftpflicht des Täters für Personen- und Sachschäden, die anlässlich der vorsätzlichen Begehung von Verbrechen oder Vergehen verursacht werden;

e) aufgrund einer vertraglich übernommenen, über die gesetzlichen Vorschriften hinausgehenden Haftung oder wegen Nichterfüllung einer gesetzlichen oder vertraglichen Versicherungspflicht;

f) aus der Haftpflicht von Arbeitnehmern des Versicherungsnehmers, die von ihm einem Dritten aufgrund eines Arbeiter-Stellungsvertrags (Arbeitsmiete oder Dienstmiete) zur Verfügung gestellt werden, für Schäden an Sachen dieses Dritten;

g) aus Vermögensschäden, die auf einen nichtversicherten Personen- oder Sachschaden zurückzuführen sind;

h) auf Erfüllung von Verträgen oder an deren Stelle tretende Ansprüche auf Ersatzleistungen wegen Nichterfüllung oder nicht richtiger Erfüllung (Unternehmerrisiko) sowie Ansprüche aus Ertragsausfällen und Vermögenseinbussen als deren Folge. Vorbehalten bleibt Art. 6 Abs. 2 i AVB;

   Werden in Konkurrenz mit oder anstelle von vertraglichen Ansprüchen, die nach vorstehendem Absatz von der Versicherung ausgeschlossen sind, aufgrund desselben Sachverhalts ausservertragliche Ansprüche gegen irgendeinen Versicherten gestellt, entfällt der Versicherungsschutz dafür ebenfalls;

i) aus Schäden an Sachen, die zum Gebrauch, zur Bearbeitung, Verwahrung oder Beförderung oder aus anderen Gründen (z. B. in Kommission, zu Ausstellungszwecken) übernommen oder die gemietet oder gepachtet worden sind. Vorbehalten bleibt Art. 6 Abs. 2 e AVB;

k) aus Schäden, die an Sachen infolge Ausführung oder Unterlassung einer Tätigkeit an oder mit ihnen (z. B. Bearbeitung, Reparatur, Beladen oder Entladen eines Fahrzeugs) entstanden sind;

l) aus der Haftpflicht für Schäden im Zusammenhang mit Umweltbeeinträchtigungen, soweit diese Schäden nicht unter den Versicherungsschutz gemäss Art. 24 AVB fallen, sowie Ansprüche im Zusammenhang mit Altlasten;

m) aus der Haftpflicht als Stockwerkeigentümer und aus der Ausübung der damit verbundenen Rechte und Pflichten;

n) aus Schäden an Grundstücken, Gebäuden und anderen Werken durch Abbruch-, Erdbewegungs- oder Bauarbeiten, die gegen den Versicherungsnehmer in seiner Eigenschaft als Bauherr erhoben werden;

o) aus Schäden, deren Eintritt vom Versicherungsnehmer, seinem Vertreter oder von Personen, die mit der Leitung oder Beaufsichtigung des Betriebs betraut sind, mit hoher Wahrscheinlichkeit erwartet werden musste. Dasselbe gilt für Schäden, die im Hinblick auf die Wahl einer bestimmten Arbeitsweise, zwecks Senkung der Kosten oder Beschleunigung der Arbeit, in Kauf genommen wurden;

p) aus der entgeltlichen oder unentgeltlichen Abgabe von Patenten, Lizenzen, Forschungsergebnissen, Formeln, Rezepten, Software oder durch Computer verarbeitbaren Daten, Konstruktions-, Fabrikations- oder Bauplänen. Bei Treuhändern bleibt Art. 25 AVB vorbehalten;

q) aus Aufwendungen eines Versicherten zur Verhütung von Schäden (Schadenverhütungskosten). Vorbehalten bleibt Art. 24 Abs. 1 d AVB;

r) aus der Haftpflicht als Halter und aus dem Gebrauch von Schiffen;

s) aus der Haftpflicht als Halter und aus dem Gebrauch von Luftfahrzeugen jeder Art;

t) aus der Haftpflicht als Halter und aus dem Gebrauch anderer als nach Art. 1 Abs. 2 b AVB versicherter Motorfahrzeuge.

[2]**Der Versicherungsschutz für Vermögensschäden erstreckt sich in Ergänzung zu vorstehendem Absatz nicht auf Ansprüche**

a) aus Schäden, die der Versicherte der natürlichen oder juristischen Person in seiner Eigenschaft als deren Arbeitnehmer oder Organ zufügt.

   Ist die Haftpflicht als Verwaltungs- und Stiftungsrat, Revisor, Revisionsstelle oder Liquidator einer Unternehmung oder Stiftung mitversichert, so sind die Ansprüche aus Schäden, welche der Versicherte dieser zufügt, eingeschlossen;

b) aus Schäden, die ein den Anforderungen an besonders befähigte Revisoren nicht genügender Versicherter im Rahmen von Revisionstätigkeiten verursacht, welche gemäss gesetzlicher Bestimmungen durch besonders befähigte Revisoren ausgeübt werden müssen;

c) aus Schäden, die aus Beratung in Finanzgeschäften entstehen. Als Beratung gilt unter anderem Ratschlag/Empfehlung im Zusammenhang mit Investitionen bzw. Reinvestitionen, An- oder Verkauf sowie Vermittlung von Geld, Devisen, Aktien, Schuldscheinen, Wertpapieren aller Art, Immobilien oder von sonstigen Sach- und Vermögenswerten;

d) aus Schäden aus Bewertungen, Analysen und Expertisen, die nicht durch anerkannte Analysemethoden, Wertberechnungen, Fakten und Zeitfaktoren (z. B. Trendanalysen, Planerfolgsrechnungen, Risikoanalysen, Plausibilitätsprüfungen) im Zeitpunkt des Geschäftsabschlusses bestimmt werden, sondern auf Annahmen und Mutmaßungen beruhen;

e) aus Schäden, die der Versicherte durch Verstösse bei der Auszahlung oder Empfangnahme von Geldern verursacht hat oder wegen Fehlbeträgen bei der Kassenführung sowie wegen Zerstörung oder Abhandenkommen von Geld, Wertpapieren und Wertsachen.

   Für **Notare** hingegen erstreckt sich der Versicherungsschutz (in Abänderung von Art. 6 Abs. 1 h–k AVB) auch auf den Verlust von Dokumenten und Wertpapieren, soweit er im Zusammenhang mit deren Ausstellung oder mit Vornahmen anderer Handlungen an oder mit ihnen eintritt. Als Wertpapiere gelten alle Urkunden im Sinne von Art. 965 OR. Ausgeschlossen bleiben jedoch Ansprüche aus dem Verlust von Geld, Inhaberpapieren und blanko indossierten Ordrepapieren;

f) für Schäden aus der geschäftsführenden Tätigkeit (Direktor, faktisches Organ, Geschäftsführer, Sekretär usw.) in Unternehmungen sowie aus der Geschäftsführung von Vorsorgeeinrichtungen und Stiftungen;

g) für Schäden aus der Tätigkeit als Mitglied des Vorstands eines Vereins mit wirtschaftlichem Zweck;

h) aus Schäden, die anlässlich der vorsätzlichen Begehung von Verbrechen, Vergehen sowie der Übertretung von gesetzlichen und behördlichen Vorschriften verursacht werden. Dabei ist unerheblich, ob die Ansprüche erhoben werden
   - gegen den Täter selbst;
   - gegen Versicherte, welche für die Handlungen oder Unterlassungen des Täters einzustehen haben (z. B. leitende Angestellte, Mitglieder der Direktion oder der Geschäftsleitung);
   - gegen Mitglieder des Verwaltungs- bzw. Stiftungsrats, welche für die Handlungen oder Unterlassungen des Täters einzustehen haben. Ist aufgrund besonderer Vereinbarung die Haftpflicht als Verwaltungs- bzw. Stiftungsrat mitversichert, übernimmt die „Winterthur“ bezogen auf das entsprechende Mandat die Abwehr unberechtigter Ansprüche (Rechtsschutz).

   Werden Ansprüche gegen den Versicherungsnehmer in der Eigenschaft als Revisionsstelle bzw. gegen Versicherte als deren Mitarbeiter erhoben, gilt diese Bestimmung nur, sofern Versicherte zur Täterschaft gehören;

i) im Umfang des Betrags, welcher der Höhe des Honorars des Versicherten in derjenigen Angelegenheit entspricht, anlässlich welcher die haftpflichtbegründende Handlung oder Unterlassung erfolgt ist (in Abänderung von Abs. 1 h 1. Absatz);

k) die über den Ausgleich eines in Geld messbaren Schadens hinausgehen. Dazu gehören insbesondere Leistungen mit Strafcharakter oder pönalem Nebenzweck (wie z. B. punitive oder exemplary damages);

l) im Zusammenhang mit der Beratung in Versicherungsfragen sowie wegen Unterlassung des Abschlusses, der Änderung oder der Weiterführung von Versicherungen;

m) öffentlich rechtlicher Art (wie nicht abgeführte Steuern, Sozialversicherungsbeiträge usw.) sowie Ansprüche im Zusammenhang mit Konventionalstrafen;

n) der gemäss Art. 2 Abs. 1 lit. b–d AVB versicherten Personen aus Arbeitsvertrag;

o) die gegen einen Versicherten als Revisor einer Unternehmung oder Vorsorgeeinrichtung, für welche er selbst oder ihm gegenüber weisungsgebundene Personen die Buchhaltung besorgen, erhoben werden;

p) von Personengesellschaften/-gemeinschaften oder juristischen Personen, welche am Betrieb des Versicherungsnehmers finanziell beteiligt sind sowie Ansprüche von Personengesellschaften/-gemeinschaften oder juristischen Personen, welche ein Versicherter und/oder sein Ehegatte massgebend beeinflussen oder an welchen sie finanziell beteiligt sind.

   Diese Bestimmung findet keine Anwendung, wenn eine ausschliesslich finanzielle Beteiligung 25 % nicht übersteigt;

q) im Zusammenhang mit Umweltbeeinträchtigungen. Als solche gelten Sachverhalte im Sinne von Art. 24 Abs. 1 a AVB;

r) im Zusammenhang mit Produkten.

B Allgemeine Bestimmungen

Beginn und Ende des Vertrags

Art. 7
Vertragsdauer

[1]Beginn und Ende sind auf dem Antrag und der Police aufgeführt.

[2]Bis zur Aushändigung der Police oder einer definitiven Deckungszusage kann die „Winterthur“ den Antrag schriftlich ablehnen. Lehnt sie ab, erlischt der Versicherungsschutz 3 Tage nach dem Eintreffen der Mitteilung beim Versicherungsnehmer. Für die Dauer des Vertrags ist die Prämie anteilmäßig geschuldet.

[3]Beantragt der Versicherungsnehmer eine Ausdehnung des Vertrags, finden die vorstehenden Bestimmungen für das neu hinzukommende Risiko sinngemäss Anwendung.

[4]Am Ende verlängert sich der Vertrag jeweils um 1 Jahr, wenn nicht ein Vertragspartner spätestens 3 Monate vorher eine Kündigung erhalten hat. Ist der Vertrag für weniger als 1 Jahr abgeschlossen, erlischt er am aufgeführten Tag.

Art. 8
Kündigung im Schadenfall

[1]Nach dem Eintritt eines ersatzpflichtigen Schadenfalls kann die „Winterthur“ spätestens bei Auszahlung der Entschädigung und der Versicherungsnehmer spätestens 14 Tage, nachdem er von der Auszahlung Kenntnis erhalten hat, vom Vertrag zurücktreten.

²Kündigt die „Winterthur", erlischt der Vertrag 14 Tage nach dem Eintreffen der Kündigung beim Versicherungsnehmer.

³Kündigt der Versicherungsnehmer, erlischt der Vertrag mit dem Eintreffen der Kündigung bei der „Winterthur".

Obliegenheiten der Vesicherten

Art. 9

Gefahrserhöhung und -verminderung

¹Jede Änderung einer für die Beurteilung der Gefahr erheblichen Tatsache, deren Umfang die Parteien bei Vertragsabschluss festgestellt haben, ist der „Winterthur" sofort schriftlich anzuzeigen. Wird die Mitteilung unterlassen, entfällt der Versicherungsschutz für die erhöhte Gefahr.

²Bei Gefahrerhöhung kann die „Winterthur" für den Rest der Vertragsdauer die entsprechende Prämienerhöhung vornehmen oder den Vertrag innert 14 Tagen nach Empfang der Anzeige auf 2 Wochen kündigen. Das gleiche Kündigungsrecht steht dem Versicherungsnehmer zu, wenn über die Prämienerhöhung keine Einigung erzielt wird. In beiden Fällen hat die Winterthur" Anspruch auf die tarifgemässe Prämienerhöhung vom Zeitpunkt der Gefahrserhöhung an bis zum Erlöschen des Vertrags.

³Bei Gefahrsverminderung reduziert die „Winterthur" von der schriftlichen Mitteilung des Versicherungsnehmers an die Prämien entsprechend.

Art. 10

Beseitigung eines gefährlichen Zustands

Die Versicherten sind verpflichtet, einen gefährlichen Zustand, der zu einem Schaden führen könnte, auf eigene Kosten zu beseitigen. Wird ein solcher Zustand nicht innert angemessener Frist beseitigt, obwohl die „Winterthur" dazu aufgefordert hat, entfällt der Versicherungsschutz.

Art. 11

Verletzung von Obliegenheiten

Verletzt ein Versicherter die ihm durch diesen Vertrag (z. B. Art. 12, 13 Abs. 2, 20 Abs. 4, 21 Abs. 3, 25 Abs. 3 AVB) überbundenen Obliegenheiten, entfällt ihm gegenüber der Versicherungsschutz, es sei denn, der Versicherte beweise, dass die Verletzung nach den Umständen als unverschuldet erscheint oder dass der Schaden auch bei Erfüllung der Obliegenheit eingetreten wäre.

Schadenfall

Art. 12

Anzeigepflicht im Schadenfall

¹Den Eintritt eines Ereignisses, dessen voraussichtliche Folgen die Versicherung betreffen können, hat der Versicherungsnehmer der „Winterthur" unverzüglich anzuzeigen, spätestens aber wenn gegen einen Versicherten ein Anspruch erhoben worden ist. Von einem Todesfall ist die „Winterthur" so rechtzeitig zu benachrichtigen, dass sie erforderlichenfalls vor der Bestattung auf ihre Kosten eine Sektion veranlassen kann.

²Wenn infolge eines Ereignisses, das die Versicherung betreffen kann, gegen einen Versicherten ein Polizei- oder Strafverfahren eingeleitet wird, ist der Versicherte verpflichtet, die „Winterthur" sofort zu benachrichtigen. Sie behält sich vor, ihm auf ihre Kosten einen Strafverteidiger zu stellen.

Art. 13

Schadenbehandlung

¹Die „Winterthur" übernimmt die Schadenbehandlung insoweit, als die Ansprüche den vereinbarten Selbstbehalt übersteigen. Sie führt auf ihre Kosten die Verhandlungen mit dem Geschädigten. Sie ist in dieser Hinsicht Vertreterin des Versicherten, und ihre Erledigung der Ansprüche des Geschädigten ist für den Versicherten verbindlich.

²**Vertragstreue**

Der Versicherte ist verpflichtet, direkte Verhandlungen mit dem Geschädigten oder dessen Vertreter über Ersatzansprüche, jede Anerkennung einer Forderung, den Abschluss eines Vergleichs und die Leistung von Entschädigungen zu unterlassen, sofern nicht die „Winterthur" hierzu ihre Zustimmung gibt. Er ist ohne vorgängige Zustimmung der „Winterthur" auch nicht berechtigt, Ansprüche aus dieser Versicherung an Geschädigte oder an Dritte abzutreten. Überdies hat der Versicherte der „Winterthur" unaufgefordert jede weitere Auskunft über den Fall und die vom Geschädigten übernommenen Schritte zu erteilen, ihr sämtliche die Angelegenheit betreffenden Beweisgegenstände und Schriftstücke (dazu gehören vor allem auch gerichtliche Dokumente wie Vorladungen, Rechtsschriften, Urteile usw.) ungesäumt auszuhändigen und sie auch anderweitig bei der Behandlung des Schadens nach Möglichkeit zu unterstützen (Vertragstreue).

3Die „Winterthur“ bezahlt die Entschädigung in der Regel direkt an den Geschädigten; sofern sie den Selbstbehalt nicht abzieht, hat ihr der Versicherte diesen unter Verzicht auf Einwendungen zurückzuerstatten.

4Kann eine Verständigung mit dem Geschädigten nicht erzielt werden und beschreitet dieser den Prozessweg, führt die „Winterthur“ den Prozess auf ihre Kosten. Eine allfällige dem Versicherten zugesprochene Prozessentschädigung steht der „Winterthur“ zu, soweit sie nicht zur Deckung persönlicher Auslagen des Versicherten bestimmt ist.

Art. 14

Folgen bei vertragswidrigem Verhalten im Schadenfall

1Bei schuldhafter Verletzung der Anzeigepflicht hat der Versicherungsnehmer alle darauf zurückzuführenden Folgen selbst zu tragen, wenn er nicht beweist, dass diese Folgen auch bei pflichtgemässem Verhalten eingetreten wären.

2Bei allen gegen die Vertragstreue verstossenden Handlungen eines Versicherten, insbesondere bei Verschleierung des Sachverhalts oder bei Anerkennung von Haftpflichtansprüchen ohne Ermächtigung durch die „Winterthur“, entfällt ihm gegenüber deren Leistungspflicht, es sei denn, der Versicherte beweise, dass der Verstoss nach den Umständen als unverschuldet erscheint.

Art. 15

Rückgriff auf die Versicherten

Wenn Bestimmungen dieses Vertrags oder des Bundesgesetzes über den Versicherungsvertrag, welche den Versicherungsschutz einschränken oder aufheben, von Gesetzes wegen dem Geschädigten nicht entgegengehalten werden können, hat die „Winterthur“ insoweit, als sie ihre Leistungen kürzen oder ablehnen könnte, ein Rückgriffsrecht gegenüber den haftpflichtigen Versicherten.

Art. 16

Grundlagen der Prämienberechnung, Prämienzahlung und -abrechnung

1Die Art der Prämienberechnung ist im Vertrag festgelegt. Ist Stichtagsabrechnung vereinbart, berechnet sich die Prämie aufgrund der am Ende des Versicherungsjahrs für den Betrieb des Versicherungsnehmers tätigen, prämienpflichtigen Personen und gilt sodann für das darauffolgende Versicherungsjahr. Der Versicherungsnehmer hat hierzu der „Winterthur“ die Anzahl dieser Personen auf dem ihm zugesandten Formular zu melden.

2Die Prämie wird am ersten Tag jedes Versicherungsjahrs fällig; die erste Prämie an dem Tag, der auf dem Einzahlungsschein eingetragen ist. Ist Ratenzahlung vereinbart, gelten die im Verlauf des Versicherungsjahrs fällig werdenden Raten als gestundet. Die „Winterthur“ kann für jede Rate einen Zuschlag erheben.

3Wird der Vertrag aus irgendeinem Grund vor Ablauf des Versicherungsjahres aufgehoben, erstattet die „Winterthur“ die bezahlte Prämie, welche auf die nicht abgelaufene Versicherungsperiode entfällt, zurück und fordert Raten, die später fällig werden, nicht mehr ein. Die Bestimmungen über die Prämienabrechnung bleiben vorbehalten.

Die Regelung des vorstehenden Absatzes gilt nicht,

- wenn der Versicherungsnehmer den Vertrag im Schadenfall kündigt;
- wenn der Vertrag im Zeitpunkt des Erlöschens weniger als 1 Jahr in Kraft war und auf Veranlassung des Versicherungsnehmers aufgehoben wird;
- wenn der Versicherte Obliegenheiten gegenüber der „Winterthur“ zum Zweck der Täuschung verletzt hat.

Art. 17

Änderung des Prämientarifs

1Ändern während der Vertragsdauer die Prämien oder die Selbstbehaltsregelung des Tarifs, kann die „Winterthur“ die Anpassung des Vertrags vom folgenden Versicherungsjahr an verlangen. Zu diesem Zweck hat sie dem Versicherungsnehmer die neue Prämie spätestens 25 Tage vor deren Fälligkeit bekanntzugeben.

2Der Versicherungsnehmer hat hierauf das Recht, den Vertrag auf Ende des laufenden Versicherungsjahrs zu kündigen. Die Kündigung muss, um gültig zu sein, spätestens am letzten Tag des Versicherungsjahrs bei der „Winterthur“ eintreffen.

3Unterlässt der Versicherungsnehmer die Kündigung, gilt dies als Zustimmung zur Anpassung des Vertrags.

Verschiedenes

Art. 18
Handänderung

[1]Wechseln die zum versicherten Betrieb gehörenden Sachen den Eigentümer, gehen Rechte und Pflichten aus dem Vertrag auf den Erwerber über, sofern dieser nicht binnen 14 Tagen nach der Handänderung den Übergang der Versicherung ablehnt.

[2]Hat der Erwerber erst nach Ablauf dieser Frist vom Bestehen der Versicherung Kenntnis erhalten, kann er innert 30 Tagen vom Datum der Kenntnisnahme an gerechnet die Versicherung kündigen. Der Vertrag erlischt dann mit dem Eintreffen der Kündigung bei der „Winterthur".

Art. 19
Verjährung, Gerichtsstand und Rechtsanwendung

[1]Die auf einem Schadenfall beruhenden Ansprüche eines Versicherten aus diesem Vertrag verjähren nach Ablauf von 2 Jahren nach dem Abschluss eines aussergerichtlichen oder gerichtlichen Vergleichs oder dem Vorliegen eines rechtskräftigen Urteils.

[2]Als Gerichtsstand stehen dem Versicherten wahlweise der ordentliche Gerichtsstand und sein schweizerischer Wohnort bzw. Sitz zur Verfügung.

[3]In Ergänzung zu diesen Bestimmungen gilt das schweizerische Bundesgesetz über den Versicherungsvertrag (VVG).

C Besonderheiten

Art. 20
Haftpflicht als Verwaltungsrat von Aktiengesellschaften und Genossenschaften sowie als Stiftungsrat

[1]Sofern besonders vereinbart, erstreckt sich der Versicherungsschutz auch auf die Haftpflicht der im Vertrag namentlich bezeichneten Personen für Vermögensschäden aus ihrer Tätigkeit als nicht geschäftsführendes Mitglied einer Verwaltung von Aktiengesellschaften und Genossenschaften (Art. 620 ff. und 828 ff. OR) sowie als Stiftungsrat (Art. 80 ff. ZGB), nachfolgend Verwaltungsratsmandate genannt.

a) Als nicht geschäftsführend gilt die Tätigkeit als
   - Mitglied eines mehrköpfigen Verwaltungsrats, das weder Präsident noch Delegierter ist;
   - Präsident, sofern ein anderes Mitglied des Verwaltungsrats als Delegierter mit der Geschäftsführung beauftragt ist (z. B. für die AG im Rahmen eines Organisationsreglements gemäss Art. 716 b OR).

b) Ebenfalls als nicht geschäftsführende Tätigkeit gilt das Verwaltungsratsmandat als
   - Präsident, wenn kein anderes Mitglied des Verwaltungsrats als Delegierter mit der Geschäftsführung beauftragt ist,
   - einziger Verwaltungsrat,

   sofern eine separate, nicht dem Verwaltungsrat angehörende Geschäftsleitung (Direktion) mit der Geschäftsführung beauftragt ist (z. B. für die AG im Rahmen eines Organisationsreglements gemäss Art. 716 b OR);
   - Verwaltungsrat einer Sitz- oder Domizilgesellschaft, sofern es im Auftrag und nach Instruktionen des Klienten ausgeübt wird und die Obliegenheit gemäss Abs. 4 b erfüllt ist.

c) Alle übrigen Mitglieder der Verwaltung oder des Stiftungsrats, die nicht unter lit. a–b fallen, gelten als geschäftsführende Mitglieder und sind somit nicht versichert.

[2]Versichert sind auch Ansprüche aus Schäden

- die der Versicherte der juristischen Person zufügt, deren Organ er ist.

  Die Entschädigung reduziert sich um denjenigen Prozentsatz, den der Anteil des haftpflichtigen Versicherten oder seiner Familienangehörigen im Zeitpunkt der Verursachung des Schadens am Kapital der juristischen Person ausmacht. Als Familienangehörige des Versicherten gelten sein Ehegatte und seine Verwandten in auf- und absteigender Linie sowie Stiefkinder;
- bei Beratung in und Besorgung von Finanzgeschäften (z. B. Immobilien-, Geld- und Wertpapiergeschäfte). **Ausgeschlossen** sind Ansprüche aus Schäden, die auf äussere Einflüsse wie Wertschwankungen oder Kursverluste, auf schlechte Rendite oder auf aleatorische Geschäfte zurückzuführen sind.

[3]Bei Überschuldung gemäss Art. 725 Abs. 2 und Art. 903 OR, sofern nicht Gesellschaftsgläubiger

im Ausmass der Unterdeckung im Rang hinter alle anderen Gesellschaftsgläubiger zurücktreten (Rangrücktrittserklärung), gilt folgendes:

a) Ist im Zeitpunkt der Anmeldung des Verwaltungsratsmandats bei der „Winterthur“ oder bei Übernahme eines neuen Mandats während der Vertragsdauer die Aktiengesellschaft, Genossenschaft oder Stiftung bereits überschuldet oder hat sie bereits ein Gesuch um Nachlassstundung eingegeben, besteht kein Versicherungsschutz.

b) Tritt im Laufe der Vertragsdauer die Überschuldung ein oder wird ein Stundungsgesuch eingereicht, so erlischt der Versicherungsschutz für Ansprüche aus dem versicherten Verwaltungsratsmandat, soweit haftpflichtbegründende Handlungen oder Unterlassungen nach dem Bekanntwerden der Überschuldung oder nach der Einreichung des Stundungsgesuchs begangen wurden.

[4]**Besondere Obliegenheiten**

a) **Kenntnis des Geschäftsverlaufs:** Der Mandatar ist verpflichtet, sich regelmässig über den Geschäftsgang der durch ihn vertretenen Gesellschaft zu orientieren (mindestens einmal pro Semester). Dies ist protokollarisch oder in anderer Form festzuhalten.

b) **Mandatsvertrag**: Ist der Versicherte Verwaltungsrat von Sitz- oder Domizilgesellschaften, hat der Versicherungsschutz nur Gültigkeit, sofern die Tätigkeit als Verwaltungsrat gestützt auf einen **Mandatsvertrag** ausgeübt wird, der sinngemäss nachstehende Bestimmungen enthält:

   - Der Mandatar verpflichtet sich, das Verwaltungsmandat nach den im Mandatsvertrag festgelegten Instruktionen oder schriftlich protokollierter Anweisungen des Auftraggebers oder eines von letzterem bezeichneten Vertrauensmanns in den Schranken der Rechtsordnung zu führen;
   - Die Auftraggeber haben den Mandatar von jeglichen Haftpflichtansprüchen, die gegen ihn in seiner Eigenschaft als Gründer, Aktionär, Verwaltungsrat und Liquidator erhoben werden, schadlos zu halten, es sei denn, der Mandatar habe den Schaden absichtlich oder grobfahrlässig herbeigeführt.

[5]**Anmeldepflicht**

a) Will sich ein Versicherter in seiner Eigenschaft als Verwaltungsrat versichern, so sind der „Winterthur“ seine sämtlichen schweizerischen Verwaltungsratsmandate zu melden.

b) Die Meldepflicht gilt auch für während der Vertragsdauer neu übernommene Verwaltungsratsmandate.

   Wird ein während der Vertragsdauer neu übernommenes Verwaltungsratsmandat der „Winterthur“ nicht gemeldet, so besteht nur für die Zeit von der Übernahme bis zum nächsten Prämienverfall Versicherungsschutz (**Vorsorgeversicherung**). Der Prämienanspruch bleibt der „Winterthur“ gewahrt.

   Von dieser Vorsorgeversicherung ausgenommen sind Verwaltungsratsmandate als geschäftsführender Verwaltungsrat (Abs. 1 c), Verwaltungsratsmandate von Banken, Sparkassen, bankähnlichen Finanzgesellschaften, Anlagefonds, Immobilien-Handelsgesellschaften sowie Verwaltungsratsmandate mit Vorbehalten im Revisionsstellenbericht (ohne diejenigen bei überschuldeten Aktiengesellschaften, Genossenschaften und Stiftungen mit Rangrücktrittserklärung).

c) Die „Winterthur“ ist berechtigt, einzelne Mandate ohne Begründung abzulehnen. Die versicherten Verwaltungsratsmandate sind im Vertrag aufgeführt.

d) Verletzt ein Versicherter die Anmeldepflicht gemäss lit. a–b, kürzt die „Winterthur“ ihre Leistungen im Verhältnis der Anzahl (im Zeitpunkt der Anspruchserhebung) versicherter Verwaltungsratsmandate zur Anzahl seiner tatsächlich ausgeübten und versicherbaren Verwaltungsratsmandate.

Art. 21

Haftpflicht als Pensionsversicherungsexperte

[1]Sofern besonders vereinbart, erstreckt sich der Versicherungsschutz auch auf die Haftpflicht für Vermögensschäden aus der Tätigkeit als Experte für berufliche Vorsorge gemäss Bundesgesetz über die berufliche Alters-, Hinterlassenen- und Invalidenvorsorge (BVG).

[2]Versichert sind auch Ansprüche für Schäden

- die der kontrollierten Vorsorgeeinrichtung zugefügt werden;
- bei Beratung in und Besorgung von Finanzgeschäften (z. B. Immobilien-, Geld- und Wertpapiergeschäfte).

  Ausgeschlossen sind Ansprüche für Schäden, die auf äussere Einflüsse wie Wertschwankungen oder Kursverluste, auf schlechte Rendite oder auf aleatorische Geschäfte zurückzuführen sind.

[3]**Besondere Obliegenheiten**

Der Versicherte hat bei der Ausübung seiner Tätigkeit die Grundsätze und Richtlinien der Vereinigung Schweizerischer Versicherungsmathematiker bzw. der Kammer der Pensionskassenexperten zu beachten.

[4]Dieser Versicherungsschutz gilt nur, solange der Versicherungsnehmer oder einer seiner Mitarbeiter das eidgenössische Diplom als Pensionsversicherungsexperte besitzt oder vom Bundesamt für Sozialversicherung als solcher anerkannt ist.

Art. 22
Schäden an gemieteten, geleasten oder gepachteten Büroräumlichkeiten

[1]Sofern besonders vereinbart, erstreckt sich der Versicherungsschutz in teilweiser Abänderung von Art. 6 Abs. 1 i und k AVB oder einer an dessen Stelle tretenden Regelung auch auf Ansprüche

a) aus Schäden an gemieteten, geleasten oder gepachteten Büroräumlichkeiten, die ganz oder teilweise dem versicherten Betrieb dienen;
b) aus Schäden an gemeinsam mit anderen Mietern, Leasingnehmern, Pächtern oder mit dem Eigentümer benutzten Gebäudeteilen und Räumlichkeiten (wie Eingangshallen, Treppenhäusern, Fahrzeugeinstellplätzen). Ausgeschlossen bleiben jedoch Schäden an Gewerbe-, Fabrikations- und Lagerräumlichkeiten;
c) aus Schäden an Heizungs- und Warmwasserversorgungsanlagen, an Rolltreppen, Personen- und Warenaufzügen sowie Klima-, Lüftungs- und Sanitäranlagen, die ausschliesslich den in Abs. 1 a und b hiervor aufgeführten Räumlichkeiten und Gebäudeteilen dienen.

[2]In Abänderung von Art. 6 Abs. 1 e AVB ist der Versicherungsschutz bei Schäden, deren Verursacher nicht ermittelt werden kann, beschränkt auf den Teil des Schadens, für welchen der Versicherte aufgrund des Miet-, Leasing- oder Pachtvertrags aufzukommen hat.

[3]**Nicht versichert** sind in Ergänzung von Art. 6 AVB Ansprüche aus

a) Schäden
   - verursacht durch Brand, Blitzschlag, Explosion, Hochwasser, Überschwemmung, Sturm, Hagel, Lawine, Schneedruck, Felssturz, Steinschlag und Erdrutsch;
   - verursacht durch Regen-, Schnee- und Schmelzwasser im Innern des Gebäudes, sofern das Wasser durch das Dach, aus Dachrinnen oder Aussenablaufrohren ins Gebäude eingedrungen ist;
   - verursacht durch Leitungswasser, durch Rückstau aus der Kanalisation sowie durch Grundwasser;
   - an Glas (wie Fenster, Schaufenster, Glasböden, -dächer, -türen und -wände).

   Dieser Ausschluss ist jedoch beschränkt auf Schäden an den gemieteten, geleasten oder gepachteten Objekten selbst und gilt in Abänderung von Art. 6 Abs. 1 g AVB nicht für Ertragsausfälle oder andere Vermögenseinbussen als Folge solcher Schäden;
b) Schäden durch allmähliche Einwirkung von Feuchtigkeit sowie Schäden, die nach und nach entstehen (Abnützungsschäden, Tapeten- und Farbschäden und dergleichen);
c) Aufwendungen zur Wiederherstellung des ursprünglichen Zustands einer Sache nach willentlicher Veränderung derselben durch einen Versicherten oder auf seine Veranlassung hin;
d) aus Schäden an Mobiliar sowie an Maschinen und Apparaten, selbst wenn diese mit den Gebäudeteilen und Räumlichkeiten fest verbunden sind. Vorbehalten bleibt Abs. 1 c hiervor.

Art. 23
Zusätzliche Bestimmungen für die Fahrradhaftpflicht

[1]Der Versicherungsschutz erstreckt sich auch auf die Haftpflicht aus der Verwendung von Fahrrädern und gleichgestellten Motorfahrzeugen im Sinne von Art. 1 Abs. 2 b AVB.

a) Der Versicherungsschutz ist auf den Teil der Entschädigung beschränkt, der die Garantiesumme derjenigen Versicherung übersteigt, aufgrund welcher das Kennzeichen bzw. Kontrollschild abgegeben wurde (Zusatzversicherung). Diese Zusatzversicherung entfällt, wenn die gesetzlich vorgeschriebene Haftpflichtversicherung für das verwendete Fahrzeug nicht besteht.

   Werden solche Fahrzeuge in Übereinstimmung mit der Strassenverkehrsgesetzgebung ohne Kennzeichen bzw. Kontrollschild verwendet, entfällt diese Einschränkung.

b) **Nicht versichert** ist die Haftpflicht von Personen, die das Fahrzeug zu Fahrten verwendet haben, die behördlich nicht bewilligt sind oder zu denen sie aufgrund der Strassenverkehrsgesetzgebung oder aus anderen Gründen nicht berechtigt waren, die Haftpflicht der für diese Fahrzeugbenützer verantwortlichen Personen sowie die Haftpflicht von Personen, in deren Auftrag oder mit deren Wissen solche Fahrten ausgeführt wurden.

c) Für Schadenereignisse, für die nach schweizerischer Strassenverkehrsgesetzgebung eine Versicherungspflicht besteht, sind ausserdem in Ergänzung von lit. b und anstelle der Einschränkungen des Versicherungsschutzes gemäss Art. 6 AVB von der Versicherung **ausgeschlossen:**
   - Ansprüche des Versicherungsnehmers sowie die Haftpflicht des Fahrzeugbenützers für Sachschäden seines Ehegatten, seiner Verwandten in auf- und absteigender Linie sowie seiner mit ihm im gemeinsamen Haushalt lebenden Geschwister; ferner Ansprüche wegen Verletzung oder Tötung von Mitfahrenden;
   - Ansprüche aus Schäden am benützten Fahrzeug, Anhänger sowie mitgeführten Sachen.

[2]Im übrigen gelten die Bestimmungen der schweizerischen Strassenverkehrsgesetzgebung, soweit deren Anwendung zwingend vorgeschrieben ist.

Art. 24
Zusätzliche Bestimmungen für Schäden im Zusammenhang mit Umweltbeeinträchtigungen

[1]Der Versicherungsschutz erstreckt sich auch auf Schäden im Zusammenhang mit Umweltbeeinträchtigungen im Sinne von Art. 1 Abs. 2 c AVB.

a) Als Umweltbeeinträchtigung gilt die nachhaltige Störung des natürlichen Zustands von Luft, Gewässern (auch Grundwasser), Boden, Flora oder Fauna durch Immissionen, sofern als Folge dieser Störung schädliche oder sonstige Einwirkungen auf die menschliche Gesundheit, auf Sachwerte oder auf Ökosysteme entstehen können oder entstanden sind.

   Ebenfalls als Umweltbeeinträchtigung gilt ein Sachverhalt, der vom Gesetzgeber als „Umweltschaden“ bezeichnet wird.

b) Versichert sind – vorbehältlich Art. 6 AVB – Schäden im Zusammenhang mit einer Umweltbeeinträchtigung nur dann, wenn diese die Folge eines einzelnen, plötzlich eingetretenen, unvorhergesehen Ereignisses ist, das zudem sofortige Massnahmen erfordert, wie Meldung an die zuständige Behörde, Alarmierung der Bevölkerung, Einleitung von Schadenverhütungs- oder Schadenminderungsmassnahmen.

   Kein Versicherungsschutz besteht, wenn nur mehrere in der Wirkung gleichartige Ereignisse zusammen (z. B. gelegentliches tropfenweises Eindringen schädlicher Stoffe in den Boden, wiederholtes Verschütten von Flüssigkeiten aus mobilen Behältern) Massnahmen im vorstehenden Sinne auslösen, die bei einzelnen Ereignissen dieser Art nicht notwendig sind.

c) Von der Versicherung ausgeschlossen sind Ansprüche im Zusammenhang mit Umweltbeeinträchtigungen durch Anlagen zur Lagerung, Aufbereitung oder Beseitigung von Abfällen oder sonstigen Abfallprodukten. Hingegen besteht Versicherungsschutz für betriebseigene Anlagen zur
   - Kompostierung oder kurzfristigen Zwischenlagerung von Abfällen oder sonstigen Abfallprodukten;
   - Klärung oder Vorbehandlung von Abwässern.

d) Steht im Zusammenhang mit einer Umweltbeeinträchtigung der Eintritt eines versicherten Schadens unmittelbar bevor, übernimmt die „Winterthur“ auch die von Gesetzes wegen zu Lasten des Versicherten gehenden Kosten, welche durch angemessene Massnahmen zur Abwendung dieser Gefahr verursacht werden (Schadenverhütungskosten).

[2]**Nicht versichert** sind

- Schadenverhütungsmassnahmen, die in einer zur richtigen Vertragserfüllung gehörenden Tätigkeit bestehen, wie Behebung von Mängeln und Schäden an hergestellten oder gelieferten Sachen oder geleisteten Arbeiten;
- Schadenverhütungskosten aus Ereignissen, die durch Kernanlagen, Motor-, Wasser- und Luftfahrzeuge sowie durch deren Teile oder Zubehör verursacht werden;
- die Kosten für den Rückruf oder die Rücknahme von Sachen;
- die Kosten für die Beseitigung eines gefährlichen Zustands im Sinne von Art. 10 AVB;

- Aufwendungen für die Feststellung von Lekken, Funktionsstörungen und Schadenursachen, das Entleeren und Wiederauffüllen von Anlagen, Behältern und Leitungen sowie Kosten für Reparaturen und Änderungen daran (z. B. Sanierungskosten).

[3]**Besondere Obliegenheiten**

Der Versicherte ist verpflichtet, dafür besorgt zu sein, dass

- die Produktion, Verarbeitung, Sammlung, Lagerung, Reinigung und Beseitigung von umweltgefährdenden Stoffen unter Einhaltung gesetzlicher und behördlicher Bestimmungen erfolgt;
- die für die vorstehenden Tätigkeiten verwendeten Einrichtungen, einschliesslich der Sicherheits- und Alarmanlagen, unter Einhaltung von technischen, gesetzlichen sowie behördlichen Vorschriften fachmännisch gewartet und in Betrieb gehalten werden;
- den behördlich erlassenen Verfügungen für Sanierungen und ähnliche Massnahmen innert den vorgeschriebenen Fristen nachgekommen wird.

Art. 25
Haftpflicht als Treuhänder im Zusammenhang mit Informatikdienstleistungen

[1]In teilweiser Abänderung von Art. 6 Abs. 1 p AVB erstreckt sich der Versicherungsschutz für **Treuhänder** auch auf Ansprüche aus Schäden infolge Beratung, Schulung, Projektbegleitung im Zusammenhang mit Informatik sowie auf die allfällige Wiederherstellung von Daten, welche übernommen worden sind.

[2]**Nicht versichert** sind in Ergänzung von Art. 6 AVB Ansprüche aus

a) Herstellung und Abgabe von Soft- und Hardware;

b) Betrieb eines Rechenzentrums für Dritte;

c) Abnützung von Hardware:

d) Computer-Kriminalität (Computerspionage, -sabotage, -manipulation, Software- und sog. „Zeitdiebstahl" usw.) sowie wegen Computerviren.

[3]**Obliegenheiten**

Der Versicherte ist verpflichtet

a) die in der EDV-Branche üblichen Vorkehrungen zur Datensicherung zu treffen (wöchentlich mind. zweimal);

b) bei Datenübernahmen deren Vollständigkeit in einem Übernahmejournal bestätigen zu lassen;

c) die Grundsätze der Datenintegrität (Schutz vor unbefugtem Ändern, Löschen, Ergänzen oder Weitergeben von Daten) und des Datenschutzes einzuhalten.

Bei Verletzung dieser Obliegenheiten oder anerkannter Regeln des Software-Engineerings (wie Verbandsvorschriften SWICO, GES) entfällt die Leistungspflicht der „Winterthur" im Rahmen von Art. 11 AVB.

Die Verantwortlichkeit der geschäftsführenden Organe bei der Schweizerischen Aktiengesellschaft

Dr. Reto Thomas Ruoss
Rechtsanwalt, Zürich

Inhaltsübersicht

1. Pflichten der geschäftsführenden Organe
   1.1 Allgemeine Sorgfaltspflicht
   1.2 Allgemeine Treuepflicht
   1.3 Besondere Pflichten bei Kapitalverlust und Überschuldung
2. Beschränkung der Pflichten auf drei curen bei zulässiger Delegation der Geschäftsführung (Art. 754 Abs. 2 OR)
   2.1 cura in eligendo
   2.2 cura in instruendo
   2.3 cura in custiodiendo

Frage 4: Kann der Geschädigte einen Anspruch geltend machen (Aktivlegitimation)?

1. Herkömmliche Abgrenzung zwischen den verschiedenen Schäden
   1.1 Unmittelbarer Schaden der Gesellschaft, Reflexschaden von Aktionären und Gläubigern
   1.2 Unmittelbarer Schaden von Aktionären und Gläubigern
2. Geltendmachung der Ersatzansprüche
   2.1 Geltendmachung des Gesellschaftsschadens ausser Konkurs
   2.2 Geltendmachung des Gesellschaftsschadens im Konkurs

Frage 5: Dient die missachtete Norm dem Schutz des geschädigten Vermögens vor solchen Schäden?

1. Notwendigkeit einer Schutznormverletzung
2. Neue Abgrenzung zwischen unmittelbarem und mittelbarem Gläubigerschaden

Frage 6: Ist die Pflichtwidrigkeit ausgeschlossen oder wurde auf die Haftung verzichtet?

1. Einwilligung des Verletzten
2. Entlastungsbeschluss

Frage 7: War das pflichtwidrige Verhalten nach der Erfahrung des Lebens und dem gewöhnlichen Lauf der Dinge geeignet, einen solchen Erfolg herbeizuführen?

1. Natürlicher Kausalzusammenhang
2. Adäquater Kausalzusammenhang
3. Einrede des rechtmässigen Alternativverhaltens
4. Unterbrechung des Kausalzusammenhangs

Frage 8: War das pflichtwidrige Verhalten auch schuldhaft?

Frage 9: Welchen Teil des Schadens hat der Verantwortliche zu ersetzen?

Frage 10: Wer hat welche Haftungsvoraussetzungen zu beweisen?

§ 1 Einführung und Eingrenzung des Themas

1. Einführung

Die Schweiz hat in der jüngeren Zeit verschiedene Fälle spektakulärer Fehlleistungen von Leitern börsenkotierter Unternehmen erlebt. Zu erinnern ist z. B. an das gescheiterte Projekt einer Online-Bank der Bank Vontobel AG. Dieses Debakel kostete das Unternehmen dreistellige Millionensummen und liess den Börsenkurs in den Keller fallen. Für die Aktionäre stellt sich in solchen Fällen die Frage, unter welchen Voraussetzungen die Manager solcher Unternehmen, welche durch ihr Verhalten derartige Verluste bewirkt haben, dafür *verantwortlich gemacht und persönlich zur Haftung gezogen werden können*. Aber auch in weniger aufsehenerregenden Fällen, bei denen die Unternehmen vielfach nicht überleben und in Konkurs gehen, wird häufig von *Gläubigerseite* die Frage nach der *Verantwortlichkeit der Manager* gestellt. Dieser persönlichen Haftung von Managern nach schweizerischem Recht ist daher nachzugehen.

2. Eingrenzung des Themas

Da Unternehmen von verschiedenen Trägern gehalten und Geschäfte in unterschiedlichen Rechtsformen betrieben werden können, welche alle von *Managern*, geführt werden, ist es angezeigt, das Thema meiner Ausführungen in verschiedener Hinsicht *einzugrenzen*:

Zum *ersten* werde ich nur die Haftung bei *Aktiengesellschaft* behandeln. Dies rechtfertigt sich aus schweizerischer Sicht, weil der Anteil von Aktiengesellschaften am Wirtschaftsleben überwiegt und neben börsenkotierten Gross- auch kleine und kleinste Unternehmen in dieser Rechtsform betrieben werden.

Zum *zweiten* behandle ich nur die Haftung der *geschäftsführenden* Organe. Damit sind zwei Bereiche ausgeschlossen:

- einerseits die Haftung der *Revisionsstelle*[1] und
- andererseits die *Gründungs- und die Prospekthaftung*[2].

Zum *dritten* beschränke ich mich auf die *zivilrechtlichen* Haftungsnormen des schweizerischen Rechts, welche sich für die geschäftsführenden Organe im wesentlichen in Art. 754 ff. OR finden[3]. Ein Eingehen auf die

1 Art. 755 OR.

2 Art. 752 und Art. 753 OR.

3 Möglich ist auch eine Haftung gestützt auf Art. 41 OR oder auf culpa in contrahendo (vgl. dazu BGE 4C.344/1998 vom 24.11.2000) oder die Vertrauenshaftung.

praktisch sehr bedeutsame Haftung im *Sozialversicherungsrecht*[4] oder für *Steuerforderungen*[5] würde den Rahmen dieser Ausführungen sprengen.

3. Darstellung des weiteren Vorgehens

In einem ersten Schritt werde ich in § 2 die besondere Ordnung der Verwaltung und Geschäftsführung bei der Aktiengesellschaft darstellen. Anschliessend werde ich in § 3 die besondere Haftungsordnung bei den Aktiengesellschaften erläutern. In § 4 werde ich sodann *zehn* grundlegende Fragen im Zusammenhang mit der Haftung von geschäftsführenden Organen stellen und zu beantworten suchen, nämlich:

Frage 1: Ist ein Schaden eingetreten?

Frage 2: Gehört die schädigende Person zum Kreis der von der Haftungsnorm erfassten Personen?

Frage 3: Aufgrund welcher Gebots- oder Verbotsnorm war das Verhalten des Schädigers pflichtwidrig?

Frage 4: Kann der Geschädigte einen Anspruch geltend machen (Aktivlegitimation)?

Frage 5: Dient die missachtete Norm dem Schutz des geschädigten Vermögens vor solchen Schäden?

Frage 6: Ist die Pflichtwidrigkeit ausgeschlossen oder wurde auf die Haftung verzichtet?

Frage 7: War das pflichtwidrige Verhalten nach der Erfahrung des Lebens und dem gewöhnlichen Lauf der Dinge geeignet, einen solchen Erfolg herbeizuführen?

Frage 8: War das pflichtwidrige Verhalten auch schuldhaft?

Frage 9: Welchen Teil des Schadens hat der Verantwortliche zu ersetzen?

Frage 10: Wer hat welche Haftungsvoraussetzungen zu beweisen?

---

4 Art. 52 AHVG.

5 Z. B. auf Bundesebene Art. 55 DBG; Art. 15 Abs. 1 lit. a und b VstG; Art. 32 lit. c und d MwStG.

§ 2 Besondere Ordnung der Verwaltung und Geschäftsführung bei Aktiengesellschaften

1. Drittorganschaft und monistisches Konzept der Verwaltung, Geschäftsführung und Vertretung

Von der gesetzlichen Konzeption her sind die Gesellschafter der Aktiengesellschaft, die *Aktionäre*, von der Verwaltung und Geschäftsführung ihrer Gesellschaft *ausgeschlossen*. Diese Aufgaben und damit verbundenen Kompetenzen werden von dafür besonders bestimmten Personen wahrgenommen[6]. Entsprechend dem *monistischen* Konzept des schweizerischen Aktienrechts wird die *Verwaltung*[7], die *Geschäftsführung*[8] und die *Vertretung nach aussen* von Gesetzes wegen einem *einzigen* Organ, dem *Verwaltungsrat*[9], übertragen. Dieser wird in der Generalversammlung von den Aktionären gewählt.

2. Formelle Anforderungen an den Verwaltungsrat und seine Mitglieder

Bezüglich der *Anzahl* der Verwaltungsratsmitglieder macht das Gesetz keine Vorschriften. In kleineren Verhältnissen, insbesondere bei sog. „Einmann-Aktiengesellschaften", besteht der Verwaltungsrat häufig nur aus einem Mitglied, dem einzigen Aktionär. Vielfach sind auch Gremien von drei Mitgliedern anzutreffen. In grossen, börsenkotierten Gesellschaften umfasst der Verwaltungsrat häufig sieben und mehr Mitglieder.

Mitglieder des Verwaltungsrats müssen gemäss Art. 707 Abs. 1 OR *Aktionäre* ihrer Gesellschaft sein. Diese Anforderung wird indessen lediglich anlässlich der Eintragung der neu gegründeten Gesellschaft ins Handelsregister überprüft und später – sanktionslos – vielfach missach-

6 Bei der Aktiengesellschaft herrscht nicht Selbst-, sondern Drittorganschaft: vgl. *Forstmoser/Meier-Hyoz/Nobel*, Schweizerisches Aktienrecht, Bern 1996, § 1 N 29.

7 Aufgaben, welche die Gesellschaft in ihrer Gesamtheit betreffen, ihre Existenz mitbestimmen oder aber zumindest ein einwandfreies Funktionieren der inneren Organisation der Gesellschaft garantieren.

8 Bereich der kommerziellen und technischen Leitung mit selbständigen Entscheidungsbefugnissen.

9 Gemäss diesem monistischen System wird die Verwaltung und Geschäftsführung vom gleichen Organ vorgenommen.

tet. Des weiteren muss die Mehrheit der Verwaltungsräte Schweizer Bürger mit Wohnsitz in der Schweiz sein[10]. Wenigstens ein zur Vertretung der Gesellschaft befugtes Mitglied muss in der Schweiz wohnen[11].

3. Gesamtverwaltung und -geschäftsführung und ihre Delegation durch den Verwaltungsrat

Besteht der Verwaltungsrat aus mehreren Mitgliedern, steht diesen das Recht und die Pflicht zur Verwaltung und Geschäftsführung *gesamthaft* zu[12]. Dabei trifft der mehrköpfige Verwaltungsrat seine Entscheidungen auf dem Weg der Beschlussfassung[13].

Der Verwaltungsrat ist berechtigt, aber nicht verpflichtet, die Geschäftsführung zu delegieren[14]. Dabei kann er eine Delegation an einzelne seiner Mitglieder als *Delegierte* oder *Ausschüsse* vornehmen oder Dritte als *Geschäftsführer* oder *Direktoren* einsetzen. Er kann aber auch ein eigentliches Geschäftsführungsorgan, eine Geschäfts- oder Konzernleitung schaffen. In grosser Flexibilität hat er daher die Möglichkeit, ein der deutschen Regelung des *Aufsichtsrats* ähnliches Modell, ein *Präsidialsystem* oder ein *Board-System* zu schaffen. Vorbehalten und nicht delegierbar bleiben jedoch in jedem Fall die in Art. 716a OR aufgeführten, unentziehbaren und unübertragbaren Pflichten.

Will der Verwaltungsrat von seiner Delegationskompetenz Gebrauch machen, müssen die *Statuten* dies zulassen und die Delegation muss in einem *schriftlichen Organisationsreglement* festgehalten werden. Zudem ist er verpflichtet, Aktionäre und Gläubiger auf Anfrage über die Organisation zu orientieren[15].

---

10 Art. 708 Abs. 1 OR. Für Holdinggesellschaften kann der Bundesrat Ausnahmen von dieser Regelung bewilligen, wenn sich die Mehrheit der Tochtergesellschaften bzw. Unternehmen im Ausland befindet.

11 Art. 708 Abs. 2 OR.

12 Art. 716 Abs. 2 und 716b Abs. 3 OR.

13 Bei einer Mehrheit von Verwaltungsratsmitgliedern gilt grundsätzlich das relative Mehrheitssystem.

14 Art. 716 Abs. 2 und 716b OR. Bei Bankaktiengesellschaften besteht gemäss Art. 3 Abs. 2 lit. a BankG und Art. 8 Abs. 2 BankV eine Pflicht zur Delegation: Der Verwaltungsrat ist nur Aufsichts- bzw. Kontrollorgan und nicht mit der Geschäftsführung befasst.

15 Art. 716b OR.

4. Vertretung der Gesellschaft durch den Verwaltungsrat und ihre Delegation

Der Verwaltungsrat ist das *einzige vom Gesetz vorgesehene Exekutivorgan* der Aktiengesellschaft und daher zu ihrer *Vertretung nach aussen* berechtigt und verpflichtet. Dabei gilt nach dem gesetzlichen Konzept das Recht zur *Einzelvertretung*[16]. Wie die Geschäftsführung kann auch das Recht zur Vertretung innerhalb oder ausserhalb des Verwaltungsrats delegiert werden[17].

Der *Umfang* der gesetzlichen Vertretungsmacht des Verwaltungsrats bzw. der mit Vertretungsmacht ausgestatteten Personen ist gegenüber *gutgläubigen Dritten* sehr weit gefasst und typisiert. Von der Vertretungsmacht gedeckt ist alles, was durch den Zweck nicht geradezu ausgeschlossen ist[18]. Im internen Verhältnis kann die Vertretungsbefugnis hingegen beschränkt werden.

§ 3 Besondere Haftungsordnung bei Aktiengesellschaften

1. Haftung der Aktiengesellschaft gegenüber Dritten nur mit dem Aktienkapital

Die Aktiengesellschaft ist als Gesellschaft mit einem *festen Aktienkapital ohne persönliche Haftung der Aktionäre* konzipiert. Nach vollständiger Liberierung der von ihnen gezeichneten Aktien haben sie *keine weiteren Verpflichtungen* gegenüber der Gesellschaft mehr. Insbesondere besteht *keine Nachschusspflicht*[19]. Das Aktienkapital stellt eine minimale Kapitaldecke, eine Sperrziffer dar, in deren Umfang das Gesellschaftsvermögen nicht *freiwillig* vermindert werden darf. Auf diese Weise soll sichergestellt werden, dass den Gesellschaftsgläubigern ein beschränktes Haftungssubstrat immer zur Verfügung steht[20].

---

16 Art. 718 Abs. 1 OR, BGE 127 III 334.

17 Art. 718 Abs. 2 OR.

18 BGE 111 II 289. Dabei genügt für die Annahme der Bösgläubigkeit nur konkretes Wissen, nicht jedoch Wissenmüssen: BGE 119 II 26 f.

19 Art. 680 Abs. 1 OR.

20 *Forstmoser/Meier-Hyoz/Nobel*, a.a.O., § 1 N 41 ff.

2. Schutz des Aktienkapitals und besondere Haftungsordnung für geschäftsführende Organe

2.1 Schutz des Aktienkapitals; Rückerstattungsklage

Dieses Konzept verlangt, dass durch entsprechende Massnahmen die *Aufbringung und Erhaltung* dieses Aktienkapitals mittels Kapitalschutzbestimmungen anlässlich der Gründung und Kapitalerhöhung und mittels Verboten des Kapitalentzugs gesichert wird[21].

Diesem Schutz vor unberechtigtem Kapitalentzug dient die in der Praxis bisher kaum anzutreffende *Rückerstattungsklage* gemäss Art. 678 und Art. 679 OR[22]. In Art. 678 OR werden Mitglieder des Verwaltungsrates sowie diesen nahe stehende Personen, die ungerechtfertigt und in bösem Glauben Tantiemen oder andere Gewinnanteile bezogen haben, zur Rückerstattung verpflichtet[23]. Zur Rückleistung anderer Leistungen der Gesellschaft sind sie verpflichtet, soweit diese in einem offensichtlichen Missverhältnis zur Gegenleistung und zur wirtschaftlichen Lage der Gesellschaft stehen. *Im Konkurs* der Gesellschaft bezieht sich der Rückerstattungsanspruch auf alle Tantiemen, welche die Mitglieder des Verwaltungsrats in den letzten drei Jahren vor der Konkurseröffnung erhalten haben, sofern sie nicht nachweisen, dass die Voraussetzungen nach Gesetz und Statuten für die Ausrichtung erfüllt waren, insbesondere dass die Ausrichtung aufgrund vorsichtiger Bilanzierung erfolgte.

Der Anspruch auf Rückerstattung steht ausser Konkurs der *Gesellschaft* und dem *Aktionär* zu, wobei seine Klage auf Leistung an die Gesellschaft geht. Im Konkurs wird der Gesellschaftsanspruch von der Konkursverwaltung geltend gemacht. Verzichtet diese und die Gläubigergesamtheit darauf, kann jeder Gläubiger die Abtretung des Anspruchs gemäss Art. 260 SchKG verlangen.

---

21 Vgl. z. B. Art. 629 Abs. 12 Ziff. 1, 630, 675, 677, 680 Abs. 2 OR.

22 *Beat Spörri*, Die aktienrechtliche Rückerstattungspflicht, Zürich 1996. Soweit ersichtlich, fehlen publizierte Entscheide des Bundesgerichts. Vgl. jedoch SGGVP 1998, Nr. 48 und SGGVP 1998, Nr. 4.

23 Es handelt sich um einen Spezialfall der Bereicherungsklage: Ausgeglichen werden soll nicht der Schaden bei der Gesellschaft, sondern es soll der Vorteil des Begünstigten abgeschöpft werden: *Beat Spörri*, a.a.O., S. 15.

2.2 Besondere Haftungsordnung für die geschäftsführenden Organe

Als weitere Massnahme im Zusammenhang mit der auf das Aktienkapital beschränkten Haftung für Gesellschaftsschulden hat der Gesetzgeber in den Art. 754 ff. OR eine *besondere Haftungsordnung* der mit der Verwaltung und Geschäftsführung der Aktiengesellschaft befassten Personen geschaffen. Diese geht in verschiedener Hinsicht über die sonst anwendbaren Haftungsbestimmungen des Vertrags- und des allgemeinen Deliktsrechts hinaus.

2.2.1 Geltendmachung von Gesellschaftsschaden durch Aktionäre und Gläubiger (indirekter Ersatz von Reflexschäden)

Kernstück des aktienrechtlichen Verantwortlichkeitsrechts ist die Zulassung von Aktionären und Gläubigern zur *Geltendmachung eines der Gesellschaft zugefügten Schadens*. Mit dieser Regelung werden die durch eine Schädigung des Gesellschaftsvermögens nur mittelbar, gleichsam als *Reflexwirkung*, geschädigten Aktionäre und Gläubiger in die Lage versetzt, selbständig und unabhängig von der Gesellschaft[24] Ersatz dieses Gesellschaftsschadens zu verlangen[25]. Ohne die aktienrechtlichen Spezialbestimmungen wäre es ihnen als lediglich *Reflexgeschädigte* nicht möglich, Ersatz für diese Schäden zu beanspruchen[26]. Ein *eigener* Anspruch stünde ihnen nicht zu, da Reflexschäden im schweizerischen Haftpflichtrecht nicht ersetzt werden[27] und zur Geltendmachung des *der Gesellschaft zugefügten Schadens* wären sie nicht legitimiert.

2.2.2 Reduktion des Kostenrisikos

Nach dem Grundsatz „mittelbarer Schaden wird mittelbar ersetzt“ geht der Anspruch des *Aktionärs* auf *Leistung an die Gesellschaft*[28]. Will er für seinen mittelbaren Schaden vollumfänglich entschädigt werden, muss der *Gesamtschaden* der Gesellschaft geltend gemacht werden. Um

24 Die Qualifikation dieses Rechts ist kontrovers.

25 *Pierre Tercier*, La réparation du préjudice réfléchi en droit suisse de la résponsabilité civile, in: Gedächtnisschrift Peter Jäggi, Freiburg 1977, S. 243 f.

26 Vgl. BGE 4C.292/1999 vom 26.9.2000, S. 2 mit weiteren Hinweisen.

27 BGE 112 II 118.

28 Art. 756 Abs. 1 OR.

das Kostenrisiko zu mildern, welches die Geltendmachung des *gesamten* Gesellschaftsschadens für einen einzelnen, allenfalls nur geringfügig beteiligten Aktionär mit sich bringt, ist in Art. 756 Abs. 2 OR vorgesehen, der Richter könne die Kosten, soweit sie nicht vom Beklagten, d. h. vom haftpflichtigen Organ, zu tragen sind, nach seinem Ermessen auf den Aktionär und die *Gesellschaft* verteilen.

2.2.3 Besondere Verjährungsordnung

Die gestützt auf Art. 754 OR geltend gemachten Verantwortlichkeitsansprüche unterstehen einer besonderen, gegenüber dem allgemeinen Deliktsrecht[29] *günstigeren* Verjährungsordnung mit einer relativen Verjährungsfrist von 5 Jahren seit Kenntnis des Schadens und des Schädigers[30] und einer absoluten Verjährungsfrist von 10 Jahren seit der schädigenden Handlung[31]. Das Bundesgericht[32] und die wohl herrschende Lehre wollen Art. 760 OR als lex specialis auch dann zur Anwendung bringen, wenn geschäftsführende Organe von Aktiengesellschaften *aufgrund anderer Haftungsbestimmungen* wie z. B. Art. 41 OR oder der Haftung aus „culpa in contrahendo" in Anspruch genommen werden[33]. Aus meiner Sicht ist dies nicht zutreffend, da mit dem Rückgriff auf allgemeine Haftungsnormen gerade zum Ausdruck gebracht wird, dass *kein Zusammenhang mit dem Aktienrecht* und seinen Verantwortlichkeitsbestimmungen besteht. Wird z. B. eine Haftung nach Art. 41 OR aufgrund des allgemeinen Täuschungsverbots bejaht[34], ist der Umstand, dass eine Person den Dritten *als Verwaltungsrat* und nicht als *Geschäftsführer einer Kollektivgesellschaft* täuscht, für die persönliche Haftung dieser Person irrelevant. Die Anwendung der aktienrechtlichen Verjährungsordnung im einen, nicht aber im anderen Fall ist daher willkürlich und sachlich nicht zu begründen.

---

29 Art. 60 OR.

30 Bei Gläubigern wird diese Kenntnis in der Regel mit der Auflage des Kollokationsplans angenommen. Aktionäre ihrerseits haben die den Beginn der Verjährung auslösende Kenntnis erst mit der Auflegung der Verteilungsliste: BGE 4C.298/2000 vom 21.12.2000, S. 8.

31 Art. 760 OR.

32 Vgl. neuestens BGE 4C.343/1999 vom 3.2.2000, S. 4.

33 Vgl. BGE 4C.298/2000 vom 21.12.2000, S. 5.

34 Vgl. für einen solchen Fall BGE 4C.344/1998 vom 24.11.2000.

2.2.4 Besondere Regelung der Solidarität und des Rückgriffs

Aufgrund einer lange herrschenden Rechtsprechung des Bundesgerichts[35] konnte ein auf Schadenersatz belangter Verwaltungsrat nur dann Herabsetzungsgründe gemäss Art. 43 und 44 OR wie z. B. leichtes Verschulden vorbringen, wenn er allein ins Recht gefasst wurde. Sobald er aber mit anderen Organen zusammen einzustehen hatte, haftete er *ohne Möglichkeit dieser persönlichen Einreden* im vollen Umfang solidarisch.

Diese Auslegung wurde immer wieder als ungerecht kritisiert und anlässlich der Revision des Aktienrechts ausser Kraft gesetzt[36]. Gemäss Art. 759 Abs. 1 OR haften die für einen Schaden verantwortlichen Personen nur in dem Umfang solidarisch, in welchem der Schaden ihnen *aufgrund ihres persönlichen Verschuldens und der Umstände zurechenbar* ist. Eine Solidarität besteht daher nur für *denselben* Schaden und nur für *denjenigen Betrag*, der vom Verantwortlichen persönlich zu ersetzen ist. Da es denkbar ist, dass die Gesellschaft von verschiedenen Personen auf verschiedene Weise geschädigt wird, ist es daher notwendig, *für jeden einzelnen Schaden die betragsmässige Ersatzpflicht jedes Verantwortlichen* festzustellen. Auf Verlangen legt der Richter im Verantwortlichkeitsprozess, in welchem mehrere für den Gesamtschaden eingeklagt sind, die Ersatzpflicht der einzelnen fest[37]. In diesem Umfang haftet er dann gegenüber dem Geschädigten solidarisch.

Von dieser Solidarhaftung im Aussenverhältnis ist das *Innenverhältnis* unter den Verantwortlichen zu unterscheiden. In welchem Ausmass ein Verantwortlicher nach Erfüllung seiner Ersatzpflicht auf andere Mitverantwortliche Rückgriff nehmen kann, entscheidet der Richter in Würdigung aller Umstände[38].

---

35 Vgl. die Nachweise in BGE vom 11.6.1996, teilweise wiedergegeben in SZW 1996, S. 234.

36 Gestützt darauf hat das Bundesgericht seine Rechtsprechung auch für altrechtliche Fälle geändert. Vgl. z. B. BGE 127 III 455.

37 Art. 759 Abs. 2 OR.

38 Art. 759 Abs. 3 OR.

2.2.5 Besonderer Gerichtsstand

Schliesslich besteht für auf Art. 754 OR gestützte Verantwortlichkeitsansprüche ein *besonderer Gerichtsstand* am Sitz der Gesellschaft. Die frühere Bestimmung von Art. 761 OR wurde mit Wirkung vom 1. Januar 2001 durch Art. 29 GestG abgelöst. Danach kann die Verantwortlichkeitsklage wie bisher am Wohnsitz oder Sitz der beklagten Partei oder am Sitz der Gesellschaft angehoben werden. Eine Erweiterung der Zuständigkeiten ergibt sich jedoch aufgrund von Art. 7 Abs. 1 GestG. Danach kann die Klage gegen mehrere Streitgenossen an dem *für einen* zuständigen Gerichtsstand angehoben werden. Damit erschliessen sich gegenüber Art. 761 OR in Verantwortlichkeitsprozessen weitere Zuständigkeiten, indem jeder Verwaltungsrat am Wohnsitz jedes anderen eingeklagt werden kann. Der Kläger hat daher die Wahl, alle am *Gesellschaftssitz* oder am *Wohnsitz eines Verantwortlichen* ins Recht zu fassen[39].

Bereits bei Art. 761 OR war die Tendenz auszumachen, ihn möglichst umfassend[40] und auch auf andere Haftungsnormen als Art. 754 OR zur Anwendung zu bringen[41]. Es ist davon auszugehen, dass diese Tendenz auch bezüglich Art. 29 GestG anhalten wird. Die im Zusammenhang mit Art. 760 OR bereits vorgetragene Kritik an dieser Ausdehnung des Anwendungsbereichs aktienrechtlicher Normen auf Haftungsnormen *ausserhalb des Verantwortlichkeitsrechts* gilt hier entsprechend.

§ 4 Zehn grundlegende Fragen im Zusammenhang mit der Haftung von geschäftsführenden Organen

Im schweizerischen Haftpflichtrecht müssen für die Gutheissung eines Ersatzanspruchs *vier Haftungsvoraussetzungen* vorliegen:

- Widerrechtlichkeit,
- Schaden,
- adäquater Kausalzusammenhang und
- Verschulden.

---

39 *Spühler/Vock*, Gerichtsstandsgesetz, Zürich 2000, N 1 zu GestG 7.

40 Auch für Rechtsnachfolger der Verantwortlichen: BGE 123 III 94.

41 Vgl. die Ausführungen in BGE 4C.343/1999 vom 3.2.2000, S. 4.

Auch bei der Anwendung von Art. 754 OR als besonderer Haftungsnorm für die geschäftsführenden Organe gelten diese Haftungsvoraussetzungen entsprechend, wobei die Widerrechtlichkeit durch die *Pflichtwidrigkeit* ersetzt wird.

Anstatt nachfolgend diesen Haftungsvoraussetzungen in der klassischen Reihenfolge nachzugehen, werde ich versuchen, anhand zehn sich bei einem Haftungsfall stellenden Fragen die wesentlichen Aspekte herauszuschälen. Dabei soll mit der Vermögensverminderung, dem Schaden, begonnen werden, welche wohl regelmässig der Auslöser dafür ist, sich mit der Frage nach der Verantwortlichkeit überhaupt zu beschäftigen.

Frage 1: Ist ein Schaden eingetreten?

1. Schaden als unfreiwillige Vermögensverminderung

Nach herrschender Lehre und Rechtsprechung ist Schaden eine *unfreiwillige* Vermögensverminderung. Nur wenn die Vermögensverminderung ohne bzw. gegen den Willen des Vermögensträgers erfolgt, liegt ein Schaden im Rechtssinne vor[42].

Ermittelt wird der Schaden nach der *Differenztheorie*, d. h. es werden der Stand des Vermögens *mit* und derjenige *ohne* das schädigende Verhalten miteinander verglichen. Dabei ist nicht nur eine *effektive Vermögensverminderung* im Sinne des „damnum emergens", sondern auch *entgangener Gewinn* als „lucrum cessans" zu berücksichtigen. Nicht notwendig ist eine Verminderung des Barvermögens, d. h. ein Aktivenabfluss. Vielmehr genügt auch eine Beeinträchtigung des Bilanzvermögens. Zudem tritt ein Schaden bereits mit der Entstehung einer Verbindlichkeit und nicht erst mit deren Erfüllung ein[43].

Die Schadensberechnung wird grundsätzlich auf den Zeitpunkt des Urteils der letzten Instanz vorgenommen, vor der noch Tatsachen vorgebracht werden können[44]. Der Schaden ist vom Geschädigten in seiner Zusammensetzung und seinem Ausmass konkret und substanziiert zu behaupten. Ist

42 BGE 104 II 198 f.

43 BGE 116 II 444 f.

44 *Roland Brehm*, a.a.O., N 7 zu OR 42. In BGE 109 II 474 ff. hat das Bundesgericht dem Geschädigten die Wahl zwischen diesem Zeitpunkt und dem Zeitpunkt des Eintritts des Schadens gelassen.

dies nicht möglich oder dem Geschädigten nicht zumutbar, kann der Richter den Schaden gemäss Art. 42 Abs. 2 OR schätzen. Diese Bestimmung entbindet den Geschädigten aber nicht davon, alle Umstände, die für den Eintritt eines Schadens sprechen und dessen Abschätzung erlauben, soweit möglich und zumutbar zu behaupten und zu beweisen[45].

Von grosser, aber immer wieder verkannter Tragweite ist, dass der zu ersetzende Schaden regelmässig *nicht* mit dem *Verlust der Gläubiger im Konkurs* der Gesellschaft gleichzusetzen bzw. dieser allein durch einen Hinweis auf die Summe der zugelassenen Forderungen nicht zu beweisen ist. Während aufgrund früherer Rechtsprechung des Bundesgerichts zumindest unklar war, ob der Haftpflichtige die im Konkurs rechtskräftig zugelassenen Forderungen der Gläubiger im Haftpflichtprozess bestreiten und damit per Konkurseröffnung einen geringeren Passivenstand geltend machen kann[46], ist dies neuerdings entschieden: „Der Kollokationsplan gibt Auskunft, wie die von den Gläubigern geltend gemachten Forderungen bestandes-, betrags- und rangmässig im Konkurs der Gemeinschuldnerin zu behandeln sind. Eine über das konkrete Konkursverfahren hinausgehende materiellrechtliche Bedeutung kommt der Kollokation nicht zu“[47]. Im Fall der Bestreitung durch den Verantwortlichen müssen daher die Gläubigerforderungen im Verantwortlichkeitsprozess in *Bestand und Umfang* nachgewiesen werden[48].

2. Regelmässig reiner Vermögensschaden

Schäden können in *Personen-, Sach-* und *übrige Vermögensschäden* eingeteilt werden. Von geschäftsführenden Organen verursachter Schaden ist in aller Regel *reiner Vermögensschaden*, welcher sich nicht aus der Verletzung oder Tötung einer Person oder der Beschädigung oder Zerstörung einer Sache ableitet. Diese Unterscheidung ist deshalb von Bedeu-

45 BGE 4C.275/2000 vom 24.4.2001, S. 3.
46 BGE 111 II 81.
47 BGE 4C.275/2000 vom 24.4.2001, S. 3; BGE 122 III 195.
48 BGE 4C.212/2000 vom 4.10.2000, in welchem es um die Frage ging, ob die Aufnahme eines Darlehens durch die Gesellschaft und die Weitergabe der Mittel an einen Dritten im Falle der Nichtrückzahlung einen Schaden der Gesellschaft darstelle. Dabei war entscheidend, ob für die Gesellschaft eine Verpflichtung gegenüber dem Darlehensgeber bestand oder ob das Darlehen nur simuliert war, was schliesslich angenommen wurde.

tung, weil reine Vermögensschäden nur ersetzt werden, wenn das geschädigte Vermögen in den *Schutzbereich der verletzten Norm* gehört. Darauf ist zurück zu kommen.

Frage 2: Gehört die schädigende Person zum Kreis der von der Haftungsnorm erfassten Personen?

Ist ein Schaden entstanden, stellt sich die Frage, ob der *Schädiger* zum Kreis der von der Haftungsnorm erfassten Personen gehört, ob er mit anderen Worten *passivlegitimiert* ist. Art. 754 OR ordnet die Haftung der *Mitglieder des Verwaltungsrates* und aller mit der Geschäftsführung *befassten* Personen für von ihnen verursachte Schäden an. Daraus ergibt sich eine *persönliche Haftung* der angesprochenen Personen und nicht eine Haftung des Verwaltungsrats als Gesamtgremium.

Von der Haftung nach Art. 754 OR erfasst werden nach unbestrittener Auffassung

- erstens die formellen Organe;
- zweitens die materiellen Organe;
- drittens die faktischen Organe
- und viertens die Organe infolge Kundgabe.

Dazu folgendes:

1. Formelles Organ

Formelles Organ ist das von der Generalversammlung gewählte *Mitglied des Verwaltungsrats*, welches im Handelsregister einzutragen ist. Der Eintrag im Handelsregister hat lediglich *deklaratorische* Wirkung, weshalb auch ein sog. stiller, d. h. zwar gewählter, aber nicht im Handelsregister eingetragener Verwaltungsrat, als formelles Organ passivlegitimiert ist. Unbeachtlich für die Frage der Passivlegitimation ist, ob der Verwaltungsrat sein Amt nur treuhänderisch für einen Dritten ausübt, dessen Willen er als Verwaltungsrat vollzieht[49]. Die Haftung des formellen Organs knüpft an seine *formale* Stellung als Verwaltungsrat an.

---

49 BGE 4C.397/1998 vom 15.6.1999, S. 5. Die Zulässigkeit der Tätigkeit sog. fiduziarischer Verwaltungsräte ist grundsätzlich anerkannt, wobei hinsichtlich der Weisungsabhängigkeit Einschränkungen bestehen.

Das Mandat als Verwaltungsrat beginnt mit der *Annahme* der Wahl durch den Verwaltungsrat und dauert bis zum ordentlichen *Ablauf der Amtsdauer*. Diese verlängert sich allenfalls bis zu derjenigen Generalversammlung, welche über das letzte Geschäftsjahr Beschluss fasst, für das die Wahl erfolgte.

Vor Ablauf der Amtsdauer kann das Mandat durch Abwahl, welche jederzeit ohne Grundangabe möglich ist[50], bzw. durch Rücktritt seitens des Verwaltungsrats beendet werden. Die Abwahl oder der Rücktritt sind ohne Einfluss auf allfällige Entschädigungsansprüche der Abberufenen bzw. Zurücktretenden[51]. Massgebend für die Beendigung des Mandats ist der Zeitpunkt des Zugangs der Rücktrittserklärung, wobei diese als Gestaltungserklärung *bedingungsfeindlich* ist[52].

Art. 711 Abs. 1 OR verpflichtet die Gesellschaft, ein ausgeschiedenes Mitglied des Verwaltungsrats unverzüglich *zur Löschung* im Handelsregister anzumelden. Unterbleibt diese, hat der Verwaltungsrat selber die Möglichkeit, die Löschung zu veranlassen[53]. Daran hat er ein Interesse, da er sonst gegenüber Dritten allenfalls bis zur Löschung als Organ infolge Kundgabe haftbar werden kann.

Das durch die Wahl und Annahme zwischen dem Verwaltungsratsmitglied und der Gesellschaft begründete Rechtsverhältnis wird als *auftragsähnlicher Innominatkontrakt* aufgefasst. Sofern das Mitglied bei der Gesellschaft in einem Anstellungsverhältnis steht, ist eine *Kombination mit einem Arbeitsvertrag* möglich.

2. Materielles Organ

Zu den materiellen Organen werden häufig auch die faktischen Organe gezählt. Eine *Unterscheidung* zwischen materiellen und faktischen Organen ist jedoch aus meiner Sicht notwendig:

---

50 Art. 705 Abs. 1 OR. BGE 80 II 121 f. Die Abwahl muss ordnungsgemäss traktandiert sein, andernfalls darüber – ausgenommen in einer Universalversammlung nach Art. 701 OR – nicht Beschluss gefasst werden kann: vgl. *Böckli/Bodmer*, Abwahl eines VR während der Amtszeit, Neue Zürcher Zeitung vom 14.8.2001, S. 23.

51 Art. 705 Abs. 2 OR.

52 BGE 112 V 5; 111 II 483.

53 Art. 711 Abs. 2 OR.

- Als *materielles* Organ bezeichne ich eine Person, welche vom Verwaltungsrat aufgrund seiner Delegationsbefugnis mit Verwaltungs- und/oder Geschäftsführungsaufgaben betraut wurde.
- Als *faktisches* Organ ist indessen eine Person anzusehen, welche *ohne* entsprechende Wahl oder Einsetzung Verwaltungs- und/oder Geschäftsführungsaufgaben *tatsächlich* wahrnimmt.

Zu den materiellen Organen gehören die Geschäftsführer und Direktoren, sofern ihnen vom Verwaltungsrat Verwaltungs- oder Geschäftsführungsaufgaben zur selbständigen Erledigung *übertragen* wurden. Ihre Verantwortlichkeit beginnt mit dem Antritt ihrer Funktion und endet mit ihrem Ausscheiden. Sie machen sich nicht nur durch aktives Handeln verantwortlich, sondern haften ohne weiteres auch *für Unterlassungen von Pflichten, die ihnen übertragen worden sind.*

3. Faktisches Organ

Zu den faktischen Organen gehören alle Personen, welche ohne dazu besonders eingesetzt worden zu sein, Aufgaben der Geschäftsführung und Verwaltung *tatsächlich wahrnehmen.*

Damit diese Personen unter die Haftungsnorm von Art. 754 OR fallen, müssen sie den *Organen vorbehaltene Entscheide* treffen oder die eigentliche Geschäftsführung besorgen und so die Willensbildung der Gesellschaft massgebend mitbestimmen[54]. Zu den faktischen Organen gehört indessen nur die oberste Leitung der Gesellschaft, die oberste Schicht der Hierarchie[55]. Für sich allein keine faktische Organstellung zu bewirken vermögen die Erteilung der Zeichnungsberechtigung oder der Eintrag im Handelsregister, anders denn als Mitglied des Verwaltungsrats.

Zu den faktischen Organen zu zählen ist z. B. der nicht dem Verwaltungsrat angehörende Allein- oder Mehrheitsaktionär, der sich *organschaftliche Befugnisse anmasst.* Ebenfalls zu den faktischen Organen gehören kann der Auftraggeber von fiduziarischen Verwaltungsräten, der mit seinen Weisungen die Geschicke der Gesellschaft tatsächlich lenkt. Nicht dazu gehören hingegen in der Regel Kreditgeber und Berater, selbst wenn sie an der Entscheidfindung durch die Erarbeitung von

54 BGE 128 III 30; 117 II 571 f. Vgl. auch BGE 107 II 353 f., 122 III 227.
55 BGE 117 II 571 f.

Grundlagen mitwirken. Problematisch wird es hingegen, wenn sie – wie z. B. Banken im Rahmen von Sanierungen – den Organen rechtlich oder faktisch verbindliche Vorgaben machen und damit die Entscheidungsfreiheit der Organe praktisch beseitigen.

Die Verantwortlichkeit des faktischen Organs beschränkt sich aus meiner Sicht *zeitlich und sachlich* auf diejenigen Bereiche bzw. Entscheide, an denen es tatsächlich mitgewirkt hat. Ein Nichthandeln bzw. Unterlassen kann hingegen wohl nur dann zu einer Haftung führen, wenn sich aus *vorangegangenem Tun als faktisches Organ eine Handlungspflicht ergeben* hat, wenn ihm m. a. W. eine *Garantenstellung* zukommt. So hat das Bundesgericht z. B. entschieden, faktische Organe könnten nicht für die verspätete Benachrichtigung des Richters zur Rechenschaft gezogen werden, es sei denn, sie hätten den Verwaltungsrat von der Benachrichtigung abgehalten oder ihn über das Bestehen der Überschuldung zu informieren unterlassen[56].

4. Organ infolge Kundgabe

Als Organ infolge Kundgabe werden Personen bezeichnet, welche Organfunktionen nicht oder nicht mehr wahrnehmen, auf eine solche Funktion bzw. Stellung nach dem Vertrauensgrundsatz aber aus den äusseren Umständen geschlossen werden kann[57]. Da die Gesellschaft regelmässig die wahre Rechtslage kennt, kann sie selber sich nicht auf den falschen Rechtsschein berufen. Eine Haftung könnte sich daher lediglich gegenüber Aktionären und Gläubigern ergeben, welche auf die Kundgabe vertrauten und gestützt darauf sie schädigende Dispositionen trafen. Die praktische Bedeutung dieser Art der Organstellung für die aktienrechtliche Haftung ist indessen gering.

Frage 3: Aufgrund welcher Gebots- oder Verbotsnorm war das Verhalten des Schädigers pflichtwidrig?

Art. 754 OR ordnet als Haftungsnorm lediglich die Haftung an, indem sie dafür auf die *Pflichtwidrigkeit* abstellt. *Worin* diese Pflichtwidrigkeit besteht, sagt sie indessen nicht. Ist eine Person als möglicher Schädiger

56 BGE 4C.366/2000 vom 19.6.2001, S. 7.
57 BGE 117 II 570 ff.

lokalisiert, so stellt sich daher die Frage, aufgrund welcher Gebots- oder Verbotsnorm ihr Verhalten pflichtwidrig war. Damit ist die Frage nach den *Pflichten der geschäftsführenden Organe* gestellt.

1. Pflichten der geschäftsführenden Organe

Die Pflichten der geschäftsführenden Organe ergeben sich in erster Linie aus den *Gesellschaftsstatuten*. Diese enthalten aber in der Regel keine über die gesetzlichen Anforderungen hinausgehende Pflichtenkataloge. Das Gesetz seinerseits statuiert in Art. 717 Abs. 1 OR eine allgemeine Sorgfalts- und Treuepflicht des Verwaltungsrats. Daneben finden sich sowohl im Aktienrecht als auch ausserhalb desselben weitere Organpflichten[58]. Irrelevant ist, ob der Verwaltungsrat auf Weisungen eines Dritten handelt, sofern er durch die Ausführung der Weisungen seine Sorgfalts- oder Treuepflicht gegenüber der Gesellschaft verletzt, handelt er pflichtwidrig.

1.1 Allgemeine Sorgfaltspflicht

Die Sorgfalt beginnt bei der *Mandatsannahme*. Wer nicht über die notwendigen Kenntnisse und Erfahrungen für ein bestimmtes Verwaltungsratsmandat verfügt oder nicht in der Lage ist, die notwendige Zeit dafür einzusetzen oder sich unabhängig von Dritteinflüssen im Gesellschaftsinteresse zu verhalten, handelt bei Annahme des Mandats unsorgfältig im Sinne eines *Übernahmeverschuldens*.

Im Normalverlauf der Gesellschaft ergeben sich einige wesentliche Sorgfaltspflichten aus dem Gesetz und konkret aus Art. 716a OR, welcher die *unübertragbaren Aufgaben* des Verwaltungsrats regelt. Dazu gehören:

- gemäss Ziff. 1: Die Oberleitung der Gesellschaft mit der Festlegung der Unternehmensziele, der Unternehmenspolitik und der Pflicht zur Weisungserteilung an die Geschäftsleitung;
- gemäss Ziff. 2: Die Organisationsverantwortung mit der Pflicht zur Regelung der Aufbau- und Ablauforganisation sowie der Berichterstattung;

58 Die Verantwortlichkeit setzt voraus, dass das Organ ihm von den Statuten oder dem Gesetz auferlegte Pflichten missachtet: BGE 110 II 391 ff.

- gemäss Ziff. 3: Die Finanzverantwortung mit der Einrichtung und Überwachung des Rechnungswesen und der Gewährleistung des finanziellen Gleichgewichts des Unternehmens;
- gemäss Ziff. 4: Die Wahl des Geschäftsführungssystems und die personelle Besetzung der Geschäftsleistung im Fall der Delegation;
- gemäss Ziff. 5: Die Oberaufsicht mit der Möglichkeit der Delegation der Aufsicht, wobei diese organisiert sein muss;
- gemäss Ziff. 6: Die Erstellung des Geschäftsberichts und die Vorbereitung der Generalversammlung.

Wesentlich ist sodann die Pflicht, der Gesellschaft ohne entsprechende Gegenleistung kein Vermögen zu entziehen oder ihr vorzuenthalten[59].

Schliesslich darf der Verwaltungsrat *keine unverantwortbaren Risiken* eingehen. Da das Eingehen von Risiken zu jeder geschäftlichen Tätigkeit gehört und sich der Verwaltungsrat haftpflichtig machen würde, wenn er zur Vermeidung von Risiken überhaupt untätig bliebe, kann der Umstand, dass sich ein Risiko – auch infolge eines Fehlentscheids des geschäftsführenden Organs – verwirklicht hat, keinen Anlass für Schadenersatzansprüche bilden. Um den Richter davon zu entbinden, im Nachhinein über die Angemessenheit und Zweckmässigkeit von geschäftlichen Entscheidungen urteilen zu müssen, wird in der neueren Lehre die Übernahme der im amerikanischen Recht angewandten sog. „Business Judgement Rule“ propagiert[60].

Angewendet werden soll die „Business Judgement Rule“ auf *Geschäftsentscheidungen*, wobei darunter jede bewusste Entscheidung in Gesellschaftsbelangen verstanden wird. Damit der Richter von der Hinterfragung dieser Geschäftsentscheidung entbunden ist, muss der sie treffende Verwaltungsrat *unbefangen* und *unabhängig* sein, was konkret bedeutet, dass er keine eigenen Interessen verfolgt und nicht von irgendwelchen Dritten abhängig ist, sondern sich ausschliesslich am Interesse der Gesellschaft ausrichtet. Verlangt wird sodann eine durch ein *bestimmtes Verfahren legitimierte Entscheidfindung*. So muss der Verwaltungsrat aufgrund *genügender Information* entscheiden und sich für die Entschei-

59 Vgl. BGE 4C.252/2000 vom 5.12.2000, S. 4.
60 *Andrea Grass*, Business Judgement Rule, Zürich 1998, passim.

dung ausreichend (Diskussions-)*Zeit nehmen* und bei Bedarf Fachpersonen beiziehen. Weiter wird verlangt, dass er in gutem Glauben handelte, was einerseits *offensichtlich unvernünftige Entscheide* ausschliesst und nur ein *Handeln nach Treu und Glauben* schützt. Schliesslich kann ein Entscheid dann nicht mehr von der Business Judgement Rule profitieren, wenn er gegen *zwingende gesetzliche Bestimmungen verstösst* oder *ausserhalb des Gesellschaftszwecks* liegt.

1.2 Allgemeine Treuepflicht

Neben der Sorgfalts- trifft den Verwaltungsrat auch eine *allgemeine Treuepflicht*. Dies kann sich bereits bei der Mandatsannahme zeigen, indem er unter Umständen ein Verwaltungsratsmandat nicht annehmen darf, weil er bereits an einem *Konkurrenzunternehmen* beteiligt oder dort leitend tätig ist.

Im Normalverlauf hat der Verwaltungsrat stets die Interessen der Gesellschaft zu wahren und seinen eigenen Interessen oder den Interessen von Dritten voranzustellen. Ihm ist daher ein Selbstkontrahieren oder eine Doppelvertretung grundsätzlich verboten[61]. Bei Geschäften, an denen er ein eigenes Interesse hat, muss er den Grundsatz des „dealing at arms length“ beachten.

Diese Interessenwahrungspflicht gilt grundsätzlich auch im *Konzernverhältnis*. Es ist einem Verwaltungsrat einer Tochtergesellschaft nicht erlaubt, in Verletzung der Interessen seiner Gesellschaft die Interessen der Muttergesellschaft vorzuziehen[62]. Die Durchsetzung und Befolgung von Konzernweisungen findet ihre Schranke an den Interessen der Tochtergesellschaft und ihrer Gläubiger.

Schliesslich ist Ausfluss der Treuepflicht auch eine *Schweigepflicht*.

1.3 Besondere Pflichten bei Kapitalverlust und Überschuldung

Im Hinblick auf den Schutz der Gläubiger vor Verlusten von zentraler Bedeutung sind die in Art. 716a Ziff. 7 OR als undelegierbar bezeichne-

61 Insichgeschäft: vgl. 126 III 361. Gemäss BGE 127 III 332 ff. genügt bei einem mehrköpfigen Verwaltungsrat die Genehmigung des Insichgeschäfts durch einen daran nicht direkt beteiligten, zeichnungsberechtigten Verwaltungsrat.

62 BGE 4C.252/2000 vom 5.12.2000, S. 4; BGE 108 Ib 28 ff.

ten Pflichten des Verwaltungsrats bei *Kapitalverlust und Überschuldung*. Die Verletzung der in den Art. 725f. OR aufgestellten Bestimmungen dürfte in der Praxis denn auch einer der häufigsten Gründe für Verantwortlichkeitsansprüche gegen die Mitglieder des Verwaltungsrats sein.

1.3.1 Sanierungsversammlung bei Kapitalverlust

Art 725 OR auferlegt dem Verwaltungsrat *Anzeigepflichten*. So hat er gemäss Abs. 1 dieser Bestimmung im Falle, da die letzte Jahresbilanz einen Kapitalverlust, d. h. den *Verlust der Hälfte des Aktienkapitals und der gesetzlichen Reserven* ausweist, unverzüglich eine Generalversammlung einzuberufen und ihr Sanierungsmassnahmen vorzuschlagen.

1.3.2 Zwischenbilanz bei Besorgnis der Überschuldung

Besteht begründete Besorgnis, dass das gesamte Aktienkapital und die Reserven aufgezehrt sind und die Gesellschaft *überschuldet* ist, hat der Verwaltungsrat gemäss Art. 725 Abs. 2 OR eine Zwischenbilanz zu erstellen und der Revisionsstelle zur Prüfung zu unterbreiten.

1.3.3 Pflichten bei Überschuldung

a) Benachrichtigung des Richters

Ergibt diese Zwischenbilanz, dass die Forderung der Gesellschaftsgläubiger weder zu Fortführungs- noch zu Liquidationswerten gedeckt sind, hat der Verwaltungsrat den Richter zu benachrichtigen[63]. Besteht Aussicht auf Sanierung, können der Verwaltungsrat und jeder Gläubiger dem Richter den Antrag auf Gewährung eines Konkursaufschubs stellen. Andernfalls hat der Richter den Konkurs über die Gesellschaft zu eröffnen[64].

b) Verzicht auf Benachrichtigung des Richters in besonderen Fällen

Unter den nachfolgenden Voraussetzungen soll der Verwaltungsrat darauf verzichten dürfen, den Richter zu benachrichtigen:

– Gläubiger treten im Ausmass der Unterdeckung mit ihren Forderungen im Rang hinter alle anderen Gläubiger zurück;

63 Art. 725 Abs. 2 OR.
64 Art. 725a Abs. 1 OR.

- eine Sanierung erscheint innert kurzer Frist möglich;
- es wird ein Gesuch um Nachlassstundung eingereicht.

Dazu im einzelnen folgendes:

aa) Rangrücktritte von Gläubigern

Rangrücktritte sind insbesondere in kleineren Verhältnissen sehr häufig, da dort die Aktionäre vielfach gleichzeitig Gläubiger ihrer Gesellschaft sind. Aus steuerlichen Gründen wird das notwendige Betriebskapital nur zum Teil als Aktienkapital eingebracht und der Rest als Aktionärsdarlehen gewährt[65]. Zu beachten ist, dass die Gesellschaft durch den Rangrückritt von Gläubigern nicht saniert ist, bleiben ihre Forderungen doch weiterhin nominal erhalten, sondern dass damit lediglich der Verwaltungsrat seiner Pflicht enthoben ist, den Richter anzurufen[66].

bb) Unverzügliche Sanierung durch den Verwaltungsrat

Bestehen realistische Aussichten auf Sanierung der Gesellschaft und führt der Verwaltungsrat die Sanierung unverzüglich durch, hat er den Richter nicht zu benachrichtigen. Das Risiko, diesbezüglich einen Fehlentscheid zu treffen, ist indessen relativ hoch. Gemäss neuester Rechtsprechung müssen für die Zulässigkeit einer aussergerichtlichen Sanierung die Voraussetzungen dafür vorliegen, dass ein Richter gemäss Art. 725a Abs. 1 OR *einen Konkursaufschub bewilligen würde*[67]. Ob die diesbezügliche Einschätzung des Verwaltungsrats im nachfolgenden Verantwortlichkeitsprozess durch den Richter geteilt wird, ist fraglich, insbesondere, wenn die Sanierung dann doch nicht zustande gekommen oder gescheitert ist.

cc) Gesuch um Nachlassstundung

Häufig wird behauptet, die Eingabe eines Nachlassstundungsgesuchs gemäss Art. 293 SchKG ersetze die Benachrichtigung des Richters. Dies ist aus meiner Sicht nicht ohne Einschränkungen richtig. Soweit die Vor-

65 Damit besteht die Möglichkeit, diesen mit Aktionärsdarlehen finanzierten Teil des Betriebskapitals erfolgswirksam zu verzinsen.

66 *Forstmoser/Meier-Hayoz/Nobel*, a.a.O., § 50 N 215 ff.

67 BGE 4C.366/2000 vom 19.6.2001, S. 5.

aussetzungen für einen Konkursaufschub durch den Richter nicht gegeben sind, hat der Verwaltungsrat den Richter zu benachrichtigen und den *Konkurs über die Gesellschaft herbeizuführen.* Anders als die Benachrichtigung des Richters kann das Gesuch um Nachlassstundung vom Verwaltungsrat jederzeit zurückgezogen oder das Verfahren durch Nichtleistung von Kostenvorschüssen hinfällig gemacht werden. Daraus können sich erhebliche Verzögerungen bis zur Konkurseröffnung ergeben. Dieses Risiko ist nur dann in Kauf zu nehmen, wenn Aussicht auf Sanierung und damit die *Voraussetzungen für die Gewährung eines Konkursaufschubs* vorliegen. Die Einreichung eines Gesuchs um Nachlassstundung ist daher meiner Meinung nach nur dann eine zulässige Alternative zur Benachrichtigung des Richters, wenn der Verwaltungsrat auch eine private Sanierung durchführen dürfte.

b) Weitere Pflicht bei Überschuldung

Eine in der Praxis sehr einschneidende Pflicht für den Verwaltungsrat hat das Bundesgericht in einem neuen unveröffentlichten Entscheid[68] geschaffen:

Aus der Pflicht des Verwaltungsrats auf Benachrichtigung des Richters und dem Anspruch der Gläubiger auf Gleichbehandlung im Konkurs gemäss Art. 219 SchKG schliesst es, der Verwaltungsrat dürfe nach Eintritt der Überschuldung *keine Zahlungen an einzelne Gläubiger* mehr leisten, denn jede bevorzugte Befriedigung eines Gläubigers stelle eine Pflichtverletzung gegenüber den (übrigen) Gläubigern dar. Tue er es trotzdem, so habe er der Konkursmasse den entsprechenden, in Erfüllung der Gläubigerforderung geleisteten Betrag zu ersetzen. Damit wird die Haftungssituation des Verwaltungsrats *massiv verschärft*, indem ab dem Zeitpunkt, in welchem im allenfalls Jahre später geführten Verantwortlichkeitsprozess die Überschuldung der Gesellschaft, seine Kenntnis davon oder mindestens sein Kennensollen angenommen wird, er für alle in Erfüllung von Gesellschaftsschulden erfolgten Mittelabflüsse haftbar wird. Dieser Haftung kann er nur entgehen, wenn er rechtzeitig einen *vollständigen Zahlungsstopp* verfügt. Auf diesen Bundesgerichtsentscheid ist zurück zu kommen.

68 BGE 4.C/29/2000 vom 19.6.2000, S. 6, 8.

2. Beschränkung der Pflichten auf drei curen bei zulässiger Delegation der Geschäftsführung (Art. 754 Abs. 2 OR)

Wird die Geschäftsführung befugterweise delegiert, wird der bezügliche *Pflichtenkreis* des Verwaltungsrats *eingeschränkt*. Der Verwaltungsrat kann sich bei erlaubter Delegation von jeder Haftung für Pflichtverletzungen durch den Geschäftsführer entlasten, wenn er nachweist, dass er alle Sorgfalt bei der Auswahl, der Instruktion und der Überwachung ausgeübt hat:

2.1 cura in eligendo

Der Verwaltungsrat hat für die in Frage stehende, delegierte Aufgabe bzw. Kompetenz taugliche, d. h. entsprechend *ausgebildete und erfahrene Personen* auszuwählen. Daneben hat er aber auch die charakterlichen Eigenschaften und insbesondere die Vertrauenswürdigkeit abzuklären. Genügt eine mit Geschäftsführungsaufgaben betraute Person den an sie gestellten Anforderungen nicht mehr, hat der Verwaltungsrat die rechtzeitige Entfernung aus der Position zu beschliessen und zu vollziehen[69].

2.2 cura in instruendo

Den mit der Geschäftsführung betrauten Personen hat der Verwaltungsrat die notwendigen Weisungen zu erteilen. Dies kann zu Beginn der Tätigkeit durch entsprechende Pflichtenhefte und Dienstanweisungen geschehen. Soweit notwendig sind diese im Laufe der Zeit zu konkretisieren oder allenfalls auch zu ändern. Damit der Verwaltungsrat die notwendigen Weisungen erteilen kann, muss er über den Geschäftsgang orientiert sein. Der weisungsmässige *Aufbau des Berichtswesens* gehört daher mit zur cura in instruendo.

2.3 cura in custiodiendo

Die Überwachung erfolgt auf der Grundlage der dem Verwaltungsrat zukommenden Informationen. Dabei muss der Verwaltungsrat nicht jedes einzelne von der Geschäftsleitung abgeschlossene Geschäft prüfen. Aber

69 BGE 122 III 199.

er hat *sich laufend über den Geschäftsgang zu orientieren* und zu diesem Zweck die ihm unterbreiteten Berichte aufmerksam zu lesen, nötigenfalls ergänzende Auskünfte einzuholen. Ergeben sich Anzeichen dafür, dass die Geschäftsführung nicht mehr gesetzes-, statuten- oder weisungskonform erfolgt, hat der Verwaltungsrat die notwendigen Abklärungen, allenfalls mittels Beizugs von Fachleuten, vorzunehmen und bei erhärtetem Verdacht auf Unregelmässigkeiten umgehend zu handeln.

Frage 4: Kann der Geschädigte einen Anspruch geltend machen (Aktivlegitimation)?

Zum Kreis der anspruchsberechtigten Personen gemäss Art. 754 OR gehören grundsätzlich die *Gesellschaft*, die *Aktionäre* und *Gläubiger*. Ebenfalls zu diesem Kreis gehören die Partizipanten[70]. Im einzelnen ist indessen je nach geltend gemachtem Schaden die Möglichkeit der Anspruchserhebung, d. h. die *Aktivlegitimation* dieser Personen eingeschränkt. Darauf ist nachfolgend einzugehen:

1. Herkömmliche Abgrenzung zwischen den verschiedenen Schäden

1.1 Unmittelbarer Schaden der Gesellschaft, Reflexschaden von Aktionären und Gläubigern

Wird die Gesellschaft geschädigt, sind immer auch die *Aktionäre* mitbetroffen. Sie erleiden einen *Reflexschaden* entsprechend ihrer Beteiligung am Gesellschaftsvermögen.

Führt die Pflichtverletzung nicht nur zur vollständigen Vernichtung des Eigenkapitals, sondern sogar zur Überschuldung der Gesellschaft oder wird die Überschuldung vergrössert bzw. nicht vermindert, erleiden auch *Gläubiger* einen Reflexschaden im Umfang, in welchem ihre Forderungen nicht mehr gedeckt sind.

Nach wohl noch immer herrschender Ansicht in der Literatur[71] und früherer Ansicht des Bundesgerichts[72] erleiden in diesen Fällen die Aktionäre und Gläubiger einen *mittelbaren* Schaden. Der in ihrem Vermögen

70 Art. 656a OR.

71 *Forstmoser*, Die aktienrechtliche Verantwortlichkeit, 2.A., Zürich 1987, S. 80, RZ 188

72 BGE 110 II 391.

eintretende Schaden leitet sich aus dem Schaden im Vermögen der Gesellschaft ab, er hat unabhängig davon keinen Bestand: Entzieht der Verwaltungsrat der Gesellschaft Mittel, ohne eine adäquate Gegenleistung dafür zu verlangen, ist *primär die Gesellschaft geschädigt* und der bei den Aktionären und allenfalls Gläubiger eintretende Schaden ist lediglich eine Reflexwirkung davon.

1.2 Unmittelbarer Schaden von Aktionären und Gläubigern

Daneben ist es denkbar, dass Gläubiger oder Aktionäre geschädigt werden, *ohne dass die Gesellschaft selber einen Schaden erleidet*. Die Schädigung des Aktionärs oder Gläubigers tritt *unabhängig* von einer Schädigung der Gesellschaft ein. In diesem Fall wurde bislang von einem *unmittelbaren* Schaden der Aktionäre und Gläubiger gesprochen. Schulbeispiele solch unmittelbarer Schädigungen von Aktionären und Gläubigern waren:

- *Für den Aktionär:*
  Der Erwerb von Aktien auf der Grundlage pflichtwidrig erstellter, unrichtiger Bilanzen, womit der Neuaktionär im Umfang des Minderwerts der Aktien einen Schaden erleidet[73]. Die Gesellschaft ist davon nicht betroffen. Für sie findet lediglich ein Aktionärswechsel statt[74]. Beteiligt sich der Neuaktionär an einer Kapitalerhöhung, so profitiert die Gesellschaft sogar davon[75].
- *Für den Gläubiger:*
  Die Erbringung einer Leistung an eine überschuldete Gesellschaft, bei welcher der Verwaltungsrat in Missachtung der Pflicht zur Benachrichtigung des Richters die Inanspruchnahme von Kredit beim Gläubiger zulässt. Der Gläubiger, welcher der Gesellschaft Kredit einräumt, erleidet einen Schaden, indem seine Forderung gegen die Gesellschaft nicht bzw. nicht voll werthaltig ist. Im Umfang dieser fehlenden Werthaltigkeit muss er in seiner Bilanz eine Wertberichtigung vornehmen. In deren Umfang ist er geschädigt. Keinen Schaden erleidet hingegen

73 BGE 4C.198/2000 vom 28.9.2000; BGE vom 19.12.1997, publiziert in Praxis 1998 Nr. 121, S. 680 ff.

74 Denkbar wäre, dass die Gesellschaft in einem solchen Fall aufgrund von Art. 718 Abs. 3 OR mit dem fehlbaren Organ mithaftet und daher ebenfalls betroffen ist.

75 BGE 4C.198/2000 vom 28.9.2000, S. 5.

die Gesellschaft, indem sie der Forderung des Gläubigers seine bereits erlangte Gegenleistung gegenüberstellen kann[76].

Wie bereits angedeutet, soll diese Abgrenzung zwischen dem unmittelbaren und dem mittelbaren Schaden nicht mehr gelten. Auf die neue Rechtsprechung des Bundesgerichts werde ich gleich zurückkommen.

2. Geltendmachung der Ersatzansprüche

Für die Geltendmachung der Ansprüche ist von entscheidender Bedeutung, ob sich die Gesellschaft *im Konkurs* befindet. Dem Konkurs wird der Nachlassvertrag mit Vermögensabtretung gleichgestellt, sofern die Verantwortlichkeitsansprüche zum abgetretenen Vermögen gehören[77]. Wenn ich nachfolgend vom Konkurs spreche, ist immer auch der Nachlassvertrag mit Vermögensabtretung gemäss Art. 317 ff. SchKG mitgemeint.

Das Gesetz äussert sich in Art. 754 ff. OR nicht zu denjenigen Schäden, welche den Aktionären und Gläubigern *unmittelbar* zugefügt werden. Sie können daher unabhängig von der Gesellschaft bzw. der Konkursverwaltung und *auch schon vor der Konkurseröffnung* geltend gemacht werden[78]. Hingegen schränkt Art. 757 OR die Geltendmachung des Gesellschaftsschadens und damit *mittelbarer* Schäden von Aktionären und Gläubigern in verschiedener Hinsicht ein.

2.1 Geltendmachung des Gesellschaftsschadens ausser Konkurs

Ausserhalb Konkurs kann der Gesellschaftsschaden von der Gesellschaft und von *Aktionären im eigenen Namen* geltend gemacht werden. Sie klagen indessen nicht auf Leistung an sich selber, sondern an die Gesellschaft. Wird der Schaden voll gedeckt, ist auch ihr anteiliger Reflexschaden beseitigt.

Nicht zur Klage legitimiert sind hingegen die Gläubiger. Der Gesetzgeber geht idealtypisch davon aus, solange die Gesellschaft aufrecht stehe, würden die Aktiven die Passiven decken, weshalb die Gläubiger gar

76 *Forstmoser*, Den Letzten beissen die Hunde, in: Wirtschaft und Strafrecht, FS für Niklaus Schmid, Zürich 2001, S. 493, Fn. 43.

77 BGE 122 III 166 ff.

78 BGE 122 III 190.

nicht geschädigt seien. Dass dies in vielen Fällen Fiktion ist, beweist der Umstand, dass vom Eintritt der Überschuldung bis zur Konkurseröffnung häufig Monate, ja Jahre vergehen.

2.2 Geltendmachung des Gesellschaftsschadens im Konkurs

Im Konkurs wird der Gesellschaftsschaden zuerst durch die *Konkursverwaltung* für die Gesamtheit der Gläubiger geltend gemacht. Dabei geht das Bundesgericht davon aus, mit der Konkurseröffnung wandle sich der Gesellschaftsschaden in einen Schaden eben dieser Gläubigergesamtheit, was insbesondere hinsichtlich der Einreden des Verantwortlichen erhebliche Einschränkungen mit sich bringt[79].

Verzichtet die Konkursverwaltung bzw. die Gläubigergesamtheit auf die Geltendmachung, kann *jeder Gläubiger und jeder Aktionär* diesen Anspruch der Gläubigergesamtheit im eigenen Namen in Prozessstandschaft geltend machen[80]. Dabei haben die Abtretungsgläubiger in unechter notwendiger Streitgenossenschaft vorzugehen[81].

Nicht vollends geklärt ist, ob der Verzicht der Konkursverwaltung als solcher ausreicht oder ob eine *Abtretung* des Anspruchs durch die Konkursverwaltung oder die Nachlassliquidatoren gemäss Art. 260 SchKG notwendig ist. Hinsichtlich der Aktionäre ist dies wohl zu verneinen, da sie am Konkursverfahren nicht teilnehmen.

Art. 757 Abs. 2 OR legt fest, das von den Aktionären und Gläubigern erstrittene Ergebnis diene vorab zur Befriedigung der klagenden Gläubiger für ihre zugelassenen Konkursforderungen in der vollstreckungsrechtlichen Rangordnung. Aus dem Überschuss sollten die klagenden Aktionäre entsprechend dem Ausmass ihrer Beteiligung an der Gesellschaft befriedigt werden und der Rest falle in die Konkursmasse.

---

79 BGE 117 II 432 ff.; 122 III 189 ff.

80 Umstritten ist, ob auch im Fall der Einstellung des Konkurses der Anspruch der Gläubigergesamtheit geltend gemacht werden kann, da diesfalls kein Verzicht vorliegt: BGE 4C.344/1998 vom 24.11.2000, S. 3.

81 BGE 121 III 488 ff.

Frage 5: Dient die missachtete Norm dem Schutz des geschädigten Vermögens vor solchen Schäden?

1. Notwendigkeit einer Schutznormverletzung

Nach einem allgemeinen Grundsatz des Haftpflichtrechts muss bei Geltendmachung eines reinen Vermögensschadens die als verletzt angerufene Norm dem *Schutz des geschädigten Vermögens vor solchen Schäden dienen*. Damit genügt zur Begründung der Widerrechtlichkeit nicht jede Verletzung einer Norm, sondern nur diejenige einer *Schutznorm*[82].

Diese Grundsätze gelten auch im aktienrechtlichen Verantwortlichkeitsrecht, indem zur Begründung der Pflichtwidrigkeit nur Normen angerufen werden können, welche für das *geschädigte Vermögen Schutznormcharakter* haben. Da die meisten im Aktienrecht aufgestellten Pflichten den Schutz des Gesellschaftsvermögens bezwecken, spielte die Frage nach dem Vorliegen einer Schutznorm bisher vor allem bei *unmittelbaren* Gläubigerschäden eine Rolle[83]. Fehlt der Schutzzweck der Norm für das geschädigte Vermögen, ist in dessen Hinsicht die Widerrechtlichkeit bzw. Pflichtwidrigkeit nicht gegeben und eine Haftung entfällt[84].

2. Neue Abgrenzung zwischen unmittelbarem und mittelbarem Gläubigerschaden

Wie bereits angedeutet, gilt die klassische Unterscheidung zwischen unmittelbarem und mittelbarem Gläubigerschaden nach dem *von der Schädigung betroffenen Vermögen* nicht mehr. Angeblich als Konsequenz der neueren Rechtsprechung zum Schaden der Gläubigergesamtheit nimmt das Bundesgericht die Unterscheidung zwischen mittelbarem und unmittelbarem Gläubigerschaden neu nun *nach der verletzten Norm und ihrem Schutzzweck vor*[85]. Danach soll – jedenfalls wenn sich die Gesellschaft im Konkurs befindet – ein *mittelbarer* Schaden vorliegen, wenn die verletzte Norm sowohl dem Schutz der Gesellschaft als auch dem Schutz des Gläubigers

82 BGE 122 III 176; 119 II 127.

83 BGE 110 II 390.

84 Vgl. BGE 112 II 125, wo die Schutznorm über die Abgrenzung zwischen direktem Schaden und Reflexschaden und damit über das Vorliegen der Widerrechtlichkeit entscheidet.

85 BGE 122 III 175 f.

dient. Ein *unmittelbarer* Schaden ist somit nur noch anzunehmen, wenn das Organ Pflichten verletzt, welche diesem gegenüber dem betreffenden Gläubiger persönlich obliegen. Mit anderen Worten muss eine Norm verletzt sein, welche *ausschliesslich* dem Schutz des Gläubigervermögens dient. Dies soll in aller Regel ein widerrechtliches Verhalten im Sinne von Art. 41 OR, allenfalls ein Tatbestand der culpa in contrahendo sein[86].

Dabei wird indessen meines Erachtens verkannt, dass es sich bei Art. 41 OR wie bei Art. 754 OR um eine Haftungs- und nicht um eine Schutznorm handelt. Grundsätzlich würde daher nichts dagegen sprechen, für die Haftungsvoraussetzung der Widerrechtlichkeit gemäss Art. 41 OR *aktienrechtliche* Bestimmungen anzurufen, sofern diese Schutznormcharakter für das geschädigte Vermögen haben und damit die Widerrechtlichkeit zu begründen vermögen.

Diese neue Theorie für die Abgrenzung der Gläubigerschäden hat verschiedene bedeutsame Auswirkungen:

- Zum *ersten* werden dadurch die Fälle *unmittelbarer* Gläubigerschäden *wesentlich reduziert.* Es fallen alle Schäden weg, welche sich auf die Verletzung von Schutznormen stützen, die *auch* das Gesellschaftsvermögen schützen. Wie bereits gesehen, ist das im Aktienrecht die Mehrzahl.

  Mangels Widerrechtlichkeit soll z. B. ein Verwaltungsrat *nicht* haften, der es in Kenntnis oder – was gleich zu behandeln wäre – bei Kennen-Sollen der Überschuldung zulässt, dass die Gesellschaft weiterhin Gelder von Dritten entgegennimmt. Dies hat das Bundesgericht sogar in einem Fall angenommen, da der Verwaltungsrat zwar nicht direkt mit den zu Verlust gekommenen Anlegern verhandelte, immerhin aber die ihm zugesandten Anlageverträge unterzeichnete[87].

- Zum *zweiten* sind die Auswirkungen dieser neuen Abgrenzung *nicht auf den Konkursfall beschränkt*, es sei denn, ausser Konkurs gelte diese Schutznormtheorie zur Abgrenzung nicht. Wird ein Gläubigerschaden in Anwendung dieser Schutznormtheorie nämlich als *mittelbar* qualifiziert, ist der Gläubiger aufgrund von Art. 757 Abs. 1 OR auch *ausser Konkurs* nicht klageberechtigt. Im Konkurs ist er es ohne-

86 Vgl. BGE 4C.344/1998 vom 24.11.2000.
87 BGE 125 III 86 ff.

hin erst, wenn die Konkursverwaltung bzw. die Gläubigergesamtheit auf die Geltendmachung des Ersatzanspruchs verzichtet hat.

– Zum *dritten* wendet das Bundesgericht diese Abgrenzung auch dann an, wenn die Haftung *nicht auf eine aktienrechtliche Haftungsnorm wie Art. 754 OR* gestützt wird und daher die aktienrechtliche Ordnung von Art. 756 und 757 OR bezüglich der Geltendmachung des Gesellschafts- bzw. Reflexschadens durch die Aktionäre und Gläubiger gar nicht zur Diskussion steht.

So hat es in zwei neuesten Entscheiden auf die Haftung des Staates für das Verhalten des Konkursrichters gestützte Gläubigerklagen abgewiesen[88]. In beiden Fällen wurde argumentiert, die Pflicht des Konkursrichters, gemäss Art. 725a OR den Konkurs zu eröffnen, schütze sowohl die Gesellschaft als auch den Gläubiger[89], weshalb *kein unmittelbarer Schaden vorliege* und der Gläubiger zu dessen Geltendmachung nicht aktivlegitimiert sei. Eine solche Beschränkung der Aktivlegitimation ist aber den angerufenen Haftungsnormen der betroffenen Kantone Bern und Luzern *nicht* zu entnehmen. Sie findet sich ausschliesslich im *aktienrechtlichen Verantwortlichkeitsrecht* bei Anrufung der Haftungsnormen von Art. 752 bis 755 OR[90].

Während im „Berner Fall" wohl davon auszugehen ist, dass der Gläubiger nur einen *Reflexschaden* erlitten hatte, indem seine Forderung infolge abnehmenden Gesellschaftsvermögens nur noch reduziert befriedigt wurde[91], hätte es sich im Luzerner Fall nach der klassischen Abgrenzung um einen unmittelbaren Gläubigerschaden gehandelt, indem der Gläubiger der Gesellschaft in einem Zeitpunkt Mittel zur Verfügung stellte, in dem über sie bereits hätte der Konkurs eröffnet

88 BGE 5C.124/1999 vom 29.6.2000 und BGE 127 III 374 ff.

89 BGE 127 III 374 ff.

90 Das Bundesgericht hat diesen Einwand mit dem Argument beiseite geschoben, die Unterscheidung zwischen mittelbarem und unmittelbarem Schaden knüpfe nicht an die Person oder Stellung des Schädigers an, sondern an die Rechtsgrundlage und die durch sie geschützten Interessen. Dabei hat es aber ausser Acht gelassen, dass sich die Frage der Aktivlegitimation aus der angerufenen Haftungsnorm und nicht aus der Schutznorm ergibt, auf welche sich die bundesgerichtliche Argumentation stützt.

91 BGE 5C.124/1999 vom 29.6.2000, S. 5.

sein müssen. Aus meiner Sicht hätte daher der Berner Fall unter Berufung auf den allgemeinen Grundsatz, wonach Reflexschäden nicht ersetzt werden[92], mangels Widerrechtlichkeit abgewiesen werden können[93]. Der Luzerner Entscheid hätte hingegen wohl gutgeheissen werden müssen, da der Gläubiger einen von der Gesellschaft unabhängigen Schaden erlitten hatte und daher nicht nur reflexweise geschädigt war.

– Und zum *vierten* können nun gewisse Schäden überhaupt nicht mehr geltend gemacht werden. Ein Beispiel soll dies zeigen:

  Die Gesellschaft ist mit 1.000 überschuldet, indem Passiven von 1.000 Aktiven von 0 gegenüber stehen. Der Verwaltungsrat benachrichtigt den Richter nicht. Ein Gläubiger gewährt der Gesellschaft ein Darlehen von 500. In der Folge gelingt es dem Verwaltungsrat, mit dem Darlehen weitere 250 zu erwirtschaften, dann kommt es zum Konkurs. Im Konkurs sind nun Passiven von 1.500 und Aktiven von 750 vorhanden, somit eine Überschuldung von 750.

  Die Gesellschaft ist durch die Fortführung nach der Überschuldung offensichtlich *nicht geschädigt*, sondern sie hat davon sogar profitiert. Ihre Überschuldung reduzierte sich um 250. Der Gläubiger hingegen erleidet einen Schaden von 250: Er hat 500 hingegeben und erhält im Konkurs als Dividende 250 (750/1500 = 50 %). Dieser Schaden wird jedoch nicht mehr ersetzt:

  Da die Pflichten des Verwaltungsrats im Zusammenhang mit dem Kapitalverlust und der Überschuldung auch dem Schutz der Gesellschaft dienen, kann er sich nicht auf eine ausschliesslich sein Vermögen schützende Norm berufen[94]. Damit liegt aber *kein unmittelbarer Schaden* vor und er ist nicht aktivlegitimiert. Ein Gesellschaftsschaden und damit ein mittelbarer Schaden besteht aber ebenfalls nicht, da die Pflichtverletzung des Verwaltungsrates bei der Gesellschaft keine Vermögensverminderung bewirkte.

92 BGE 4C.292/1999 vom 26.9.2000, S. 2 mit weiteren Hinweisen.

93 Das Bundesgericht verfolgt dann auch einen Moment lang diesen Ansatz, wenn es ausführt, beim geltend gemachten Schaden handle es sich um einen mittelbaren (Gläubiger-)Schaden, der dem Gläubiger keinen eigenen Schadenersatzanspruch verschaffe (*Roland Brehm*, a.a.O., N 20 zu Art. 41 OR m.w.H.)

94 BGE 122 III 193.

Diese Unzulänglichkeit seiner neuen Rechtsprechung hat das Bundesgericht in einem unveröffentlichten Entscheid vom 31. Dezember 1998[95] offenbar auch erkannt und zu korrigieren versucht. Damals wurde in einem Verantwortlichkeitsprozess gegen die Revisionsstelle festgestellt, die Überschuldung habe sich wie im vorstehenden Beispiel reduziert, womit der *Gesellschaft* aus der Weiterführung im Zustand der Überschuldung *kein Schaden* entstand. Um die Klage auf Ersatz des von der Konkursverwaltung in Millionenhöhe geltendgemachten Schadens der Gläubigergesamtheit nicht einfach abweisen zu müssen, stellte das Bundesgericht fest, der Schaden der Gläubigergesamtheit bestehe darin, dass die Gesellschaft im Zustand der Überschuldung *neue Verbindlichkeiten* eingegangen sei. Im *Umfang dieser neuen Verbindlichkeiten sei die Gesellschaft geschädigt*.

Diese Argumentation überzeugt nicht: Soweit der Gesellschaft im Zusammenhang mit der Eingehung von neuen Verbindlichkeiten eine gleichwertige Leistung erbracht wurde, ist sie *nicht geschädigt* und die Klage auf Ersatz des *Gesellschaftsschadens* bzw. des Schadens der Gläubigergesamtheit hätte abgewiesen werden müssen. Wenn die Klage dennoch geschützt wurde, so hat das Bundesgericht – ohne es zu sagen – der Gläubigergesamtheit die Aktivlegitimation zur Geltendmachung von Schäden *einzelner Gläubiger* zugesprochen. Dabei war aber der Ersatz nicht an diese einzelnen Gläubiger, sondern *an die Konkursmasse* zu leisten. Der Konkursmasse die Aktivlegitimation zur Geltendmachung solcher nicht zu ihr gehörender Ersatzansprüche für Schäden von einzelnen Gläubigern zuzusprechen, stellt indessen die Prinzipien der aktienrechtlichen Verantwortlichkeit auf den Kopf[96]. Zudem hat das Bundesgericht in einem früheren Entscheid ein Vorgehen, bei dem diese Einräumung der Aktivlegitimation an die Nachlassliquidatoren auf dem Weg der Abtretung von Ersatzansprüchen einzelner Gläubiger bewirkt werden sollte, ausdrücklich als *unzulässig* bezeichnet[97].

Offenbar in gleicher Weise *ergebnisorientiert* war der bereits zitierte Entscheid bezüglich der Pflicht des Verwaltungsrats im Fall der Überschul-

95 BGE 4C.256/1997.

96 Anerkannt war bis anhin, dass mittelbare Schäden mittelbar ersetzt werden. Neu wäre hingegen, wenn unmittelbare Schäden mittelbar ersetzt würden.

97 BGE 123 III 60.

dung keine Schulden mehr zu begleichen, da sonst das Gebot der Gleichbehandlung der Gläubiger verletzt werde[98]. Unter Berufung auf die Verletzung dieser Pflicht verurteilte das Bundesgericht einen von der Konkursverwaltung eingeklagten Verwaltungsrat zur Ersatzleistung an die Konkursmasse für die von der Gesellschaft einem Gläubiger auf seine Forderung erbrachte Zahlung. Den meines Erachtens berechtigten Einwand des Verantwortlichen, durch die Erfüllung einer bestehenden Schuld der Gesellschaft sei diese gar nicht geschädigt worden, da im Umfang des Aktivenabflusses auch Passiven weggefallen seien, hielt das Bundesgericht nicht für überzeugend[99]. Die Schädigung der (anderen) Gläubiger bestehe darin, dass durch die vollumfängliche Tilgung einer einzelnen Schuld und der damit einhergehenden Verminderung des Verwertungssubstrats die Werthaltigkeit ihrer Forderungen beeinträchtigt sei.

Auch in diesem Fall handelt es sich *mangels eines Gesellschaftsschadens* um die Geltendmachung von Schäden durch die Konkursmasse, welche allein *den nicht befriedigten Gläubigern durch die Bevorzugung eines einzelnen* entstanden sind. Konsequenz der bundesgerichtlichen Vorgehensweise ist indessen, dass die geschädigten Gläubiger nicht nur den ihnen durch die Ungleichbehandlung verursachten Schaden ersetzt erhalten, sondern *zulasten des Verwaltungsrats sogar bereichert werden*. Ein einfaches Beispiel zeigt dies:

Eine Gesellschaft ist überschuldet und zwei Gläubiger fordern je 500. Die Aktiven betragen 500. Im Fall des Konkurses erhielten diese Gläubiger eine Dividende von 50 %, d. h. je 250. Werden nun die Aktiven von 500 einem der beiden Gläubiger überlassen, erlischt seine Forderung infolge Tilgung und wird *im Konkurs nicht mehr berücksichtigt*. Gemäss Bundesgericht hat nun der Verwaltungsrat 500 als Schadenersatz in die Konkursmasse zu leisten. Damit stehen aber der einzigen Forderung von 500 nun Aktiven von ebenfalls 500 gegenüber, weshalb der geschädigte Gläubiger eine Dividende von 100% und nicht nur von 50 % erhält.

Dieses stossende Ergebnis hätte vermieden werden können, wenn der Ersatzanspruch nicht auf die Bestimmungen über die aktienrechtliche Verantwortlichkeit gestützt, sondern an die vollstreckungsrechtlichen

98 BGE 5C.29/2000 vom 19.9.2000.

99 Anders entschieden hat das BGer kurz zuvor in BGE 4C.17/2000 vom 17.4.2000, S. 5.

Anfechtungstatbestände der Pauliana angeknüpft worden wäre[100]. Die Tilgung von Schulden im Fall der Überschuldung kann ein Fall der Delikts-Pauliana gemäss Art. 288 SchKG sein und für den Schuldner bzw. seine Organe zusätzlich die strafrechtliche Haftung von Art. 167 StGB bewirken[101]. Die paulianischen Ansprüche gehören zur Konkursmasse und werden von ihr geltend gemacht. Dies wäre auch im beurteilten Fall ohne weiteres möglich gewesen, weil der befriedigte Gläubiger ebenfalls auf Rückleistung eingeklagt worden war. Die solidarische Haftung des Verwaltungsrats mit dem befriedigten Gläubiger hätte daher damit begründet werden können, mit der Gutheissung der Deliktspauliana sei gleichzeitig ein *widerrechtliches Verhalten des Gläubigers* festgestellt. An diesem habe der Verwaltungsrat als Mittäter mitgewirkt, weshalb er gestützt auf Art. 50 OR solidarisch mithafte[102].

Bei Gutheissung einer Anfechtungsklage und Rückleistung des anfechtbar Empfangenen lebt die unzulässigerweise getilgte Forderung wieder auf und *nimmt am Konkursergebnis teil*[103]. Soweit auf die wiederauflebende Forderung eine Dividende entfällt, kann diese mit der Rückleistungsschuld verrechnet werden. In unserem Beispiel hätten sich daher *nach der Rückleistung von 500* die beiden Gläubiger mit Forderungen von je 500 die Konkursaktiven von 500 geteilt. Damit wäre der geschädigte Gläubiger nicht bereichert worden.

Diese folgenreichen Konsequenzen der neuen Rechtsprechung zeigen, dass sie in der Literatur zu Recht kritisiert wurde und es ist zu hoffen, dass sie bald zugunsten der früher geltenden Grundsätze zur Abgrenzung des mittelbaren vom unmittelbaren Gläubigerschaden wieder aufgegeben wird.

100 Art. 285 ff. SchKG.

101 BGE 117 IV 23.

102 Ein gangbarer Weg wäre allenfalls auch die analoge Anwendung von Art. 745 OR gewesen: vgl. dazu BGE 4C.17/2000 vom 17.4.2000.

103 Art. 291 Abs. 2 SchKG.

Frage 6: Ist die Pflichtwidrigkeit ausgeschlossen oder wurde auf die Haftung verzichtet?

1. Einwilligung des Verletzten

Selbst wenn durch ein geschäftsführendes Organ eine Norm verletzt wird, kann die Pflichtwidrigkeit ausgeschlossen sein. Dies ist insbesondere dann der Fall, wenn ausser Konkurs der Gesellschaftsschaden geltend gemacht wird, sei es von der Gesellschaft selber, sei es vom Aktionär gestützt auf Art. 756 Abs. 1 OR.

Die Pflichtwidrigkeit ist ausgeschlossen, wenn eine zulässige *Einwilligung des Verletzten* vorliegt. Es gilt der Grundsatz „volenti non fit iniuria".

- Dies ist einerseits anzunehmen, wenn die *Gesellschaft selber* dem pflichtwidrigen und schädigenden Verhalten zugestimmt hat, indem das geschäftsführende Organ aufgrund eines rechtmässigen oder unangefochten gebliebenen Generalversammlungsbeschlusses handelt[104].
- Anderseits gilt auch als Einwilligung des Verletzten, wenn das schädigende Verhalten mit Zustimmung *aller Aktionäre oder des Alleinaktionärs* erfolgte[105].

  Für die Frage, ob eine gültige Zustimmung des oder der Aktionäre vorliegt, kommt es nicht darauf an, wer wirtschaftlich an der Gesellschaft berechtigt ist, sondern es ist ausschliesslich darauf abzustellen, wer ihr gegenüber *rechtlich als Aktionär* gilt. Damit kann z. B. die Gesellschaft ihren Verwaltungsrat, der zugleich ihr einziger Aktionär ist, selbst dann nicht ins Recht fassen, wenn er die Aktien nur *treuhänderisch* im eigenen Namen, aber auf Rechnung seines Auftraggebers hält und er gegen die Weisungen oder das Interesse seines Auftraggebers gehandelt hat[106].

Nicht entgegengehalten werden kann hingegen die Einwilligung der Gesellschaft oder der Aktionäre einer Klage der Konkursverwaltung oder einzelnen Gläubigern, welche den Schaden der Gläubigergesamtheit geltend machen.

104 BGE 4C.397/1998 vom 15.6.1999, S. 6.
105 BGE 4C.397/1998 vom 15.6.1999, S. 6.
106 BGE 4C.397/1998 vom 15.6.1999, S. 8.

2. Entlastungsbeschluss

Ebenfalls hier zu behandeln ist die Wirkung der *Entlastung*, welche seitens der Generalversammlung erteilt wird. Sie stellt für bekannt gegebene Tatsachen und die dadurch verursachten Schäden eine negative Schuldanerkennung bzw. einen Anspruchsverzicht dar. Die *Gesellschaft* ist an diesen Beschluss gebunden, es sei denn, er sei nichtig oder werde rechtzeitig angefochten und vom Richter aufgehoben. Ebenfalls daran gebunden sind gemäss Art. 758 Abs. 1 OR die *Aktionäre*, die ihm zugestimmt oder welche die Aktien in Kenntnis des Beschlusses erworben haben. Gegenüber den Aktionären, welche dem Beschluss nicht zugestimmt haben, wirkt er indessen nur, wenn sie nicht innert sechs Monaten seit dem Beschluss Klage anheben[107].

Keine Wirkung hat die Entlastung gegenüber einer Klage der Gläubigergesamtheit, unabhängig davon, ob die Konkursverwaltung oder ein Gläubiger den Schaden geltend macht.

Frage 7: War das pflichtwidrige Verhalten nach der Erfahrung des Lebens und dem gewöhnlichen Lauf der Dinge geeignet, einen solchen Erfolg herbeizuführen?

1. Natürlicher Kausalzusammenhang

Wie im allgemeinen Haftpflichtrecht muss auch bei der aktienrechtlichen Verantwortlichkeit die Pflichtverletzung zumindest eine, wenn auch nicht die einzige *Ursache des Schadens* sein. Verlangt wird daher in erster Linie, dass ein *natürlicher Kausalzusammenhang* zwischen dem Verhalten und dem Schaden besteht. Die Pflichtverletzung muss „conditio sine qua non“ für die Schädigung sein[108].

107 Art. 758 Abs. 2 OR.

108 Soweit die Beurteilung des natürlichen Kausalzusammenhangs auf der Würdigung von tatsächlichen Verhältnissen beruht, entscheidet darüber die letzte kantonale Instanz abschliessend, eine Berufung an das Bundesgericht ist nicht möglich: BGE 4C.71/2001 vom 30.5.2001, S. 5. Dies gilt auch für die Beurteilung des hypothetischen Kausalzusammenhangs bei Unterlassungen. Anders ist es, wenn die kantonale Instanz allgemeine Erfahrungssätze heranzieht.

2. Adäquater Kausalzusammenhang

Der natürliche Kausalzusammenhang genügt jedoch für die Bejahung einer Haftung nicht. Vielmehr wird verlangt, dass der Kausalzusammenhang auch *adäquat* ist. Dies bedeutet, dass das pflichtwidrige Verhalten nach der Erfahrung des Lebens und dem gewöhnlichen Lauf der Dinge geeignet war, einen solchen Erfolg herbeizuführen. Der eingetretene Schaden muss daher nach *objektiven* Gesichtspunkten *vorhersehbar* gewesen sein, er darf nicht ausserhalb jeglicher Erwartung liegen.

Während das Bundesgericht in früheren Entscheiden die Adäquanz eines schädigenden Verhaltens regelmässig rasch bejahte, werden in jüngerer Zeit wesentlich *höhere Anforderungen* gestellt und detailliertere Abklärungen zum Kausalzusammenhang vorgenommen. Dies ist nicht zuletzt auch eine Konsequenz von Art. 759 Abs. 2 OR, welcher anordnet, jeder Haftpflichtige habe nur für denjenigen Schaden einzustehen, der ihm aufgrund seines Verschulden und der *Umstände persönlich zurechenbar sei*.

3. Einrede des rechtmässigen Alternativverhaltens

Im allgemeinen Haftpflichtrecht kann eine Haftung abgewendet werden, indem der Haftpflichtige geltend macht, selbst pflichtgemässes Verhalten hätte den eingetretenen Schaden nicht verhindert. Mit dieser Einrede des rechtmässigen Alternativverhaltens wird das *Fehlen des Kausal- bzw. des Rechtswidrigkeitszusammenhangs* eingeworfen. Ist die Einrede zu schützen, entfällt eine Haftung[109].

Besondere Relevanz hat diese Einrede regelmässig im Fall, da dem Organ eine pflichtwidrige *Unterlassung* vorgeworfen wird, weil sich dort der Kausalzusammenhang nur aufgrund einer Hypothese feststellen lässt. Es ist dann zu fragen, ob der Erfolg auch eingetreten wäre, wenn sich der Haftpflichtige pflichtgemäss verhalten bzw. wenn er gehandelt hätte. So hat das Bundesgericht in einem neueren Entscheid die Einrede der Revisionsstelle geschützt, der Verwaltungsrat und die Generalversammlung hätten sich auch von einem pflichtgemäss erstellten Revisionsbericht nicht beeinflussen lassen. Es hielt fest, dies sei anzunehmen,

109 Vgl. BGE 122 III 229.

wenn eine der kritisierten Personen Alleinaktionär der Gesellschaft sei[110].

4. Unterbrechung des Kausalzusammenhangs

Der Kausalzusammenhang kann grundsätzlich durch *grobes Selbst- oder Drittverschulden* und durch *höhere Gewalt* unterbrochen werden.

Der Unterbrechungsgrund der höheren Gewalt ist im aktienrechtlichen Verantwortlichkeitsrecht bisher ohne Bedeutung gewesen. Ebenfalls kaum je anerkannt wurde ein grobes Drittverschulden, weil insbesondere das Verschulden anderer Gesellschaftsorgane nicht berücksichtigt wird. Auch die Berufung auf grobes Selbstverschulden der Gesellschaft bei der Geltendmachung des Gesellschaftsschadens ist wenig aussichtsreich. Hingegen kann es bei Ansprüchen von Aktionären und Gläubigern aus unmittelbarer Schädigung eine Rolle spielen. Meist wird es indessen nicht die Intensität eines Unterbrechungsgrundes, sondern lediglich eines Herabsetzungsgrundes erreichen und daher nur – aber immerhin – für die Schadenersatzbemessung relevant sein.

Frage 8: War das pflichtwidrige Verhalten auch schuldhaft?

Für die Gutheissung einer auf Art. 754 OR gestützten Klage genügt jedes Verschulden, mithin auch leichte Fahrlässigkeit. Sind die übrigen Haftungsvoraussetzungen wie Schaden, Pflichtwidrigkeit und Kausalzusammenhang gegeben, ist meist auch das Verschulden zu bejahen:

- Zum einen ist die für den Verschuldensvorwurf notwendige *Urteilsfähigkeit* bei den haftpflichtigen Personen regelmässig gegeben.
- Zum anderen ist der Verschuldensmassstab *objektiviert.* Es kommt daher nicht auf die individuellen Fähigkeiten und Kenntnisse des Verantwortlichen an, sondern massgebend ist diejenige Sorgfalt, die ein *gewissenhafter und vernünftiger* Mensch desselben Verkehrskreises wie der Verantwortliche unter den gleichen Umständen als erforderlich ansehen würde. Damit ist die Berufung auf die Einhaltung der Sorgfalt „quam in suis", d. h. wie sie in eigenen Angelegenheiten gepflegt wird, ausgeschlossen. Je höher die fachliche Qualifikation

110 BGE 119 II 255 ff.

des Verantwortlichen ist und je höher die Anforderungen der von ihm wahrzunehmenden Aufgabe sind, desto strenger ist der an die Sorgfalt anzulegende Massstab.

Für den Fahrlässigkeitsvorwurf ist unter Anwendung dieses objektivierten Massstabs zu fragen, ob das schädigende Ereignis *für den Schädiger* voraussehbar war. Genügend ist, wenn er sich nach der ihm zuzumutenden Aufmerksamkeit und Überlegung hätte sagen sollen, es bestehe eine konkrete Gefahr der Schädigung.

Wird das Verschulden bejaht, gleichgültig in welcher Intensität, ist die Haftung gegeben. Das *Mass* des Verschuldens spielt dann im Rahmen der Schadenersatzbemessung eine Rolle.

Frage 9: Welchen Teil des Schadens hat der Verantwortliche zu ersetzen?

Der Betrag des zu leistenden Schadenersatzes entspricht grundsätzlich dem *gesamten* Betrag des Schadens. Bei der Bemessung des Schadenersatzes sind jedoch vom Richter allfällige Herabsetzungsgründe zu berücksichtigen.

Im Vordergrund steht dabei wohl der Einwand des *leichten Verschuldens* des Haftpflichtigen[111]. Da eine Haftung jedoch bereits bei leichter Fahrlässigkeit gegeben ist, wird geringes Verschulden in der Praxis nur in Ausnahmefällen angenommen[112].

Ein weiterer Grund für die Herabsetzung der Ersatzpflicht stellt gemäss Art. 44 Abs. 1 OR das *Selbstverschulden* des Geschädigten dar[113]. Hauptanwendungsfall dürfte auch hier wieder das Selbstverschulden von unmittelbar geschädigten Aktionären und Gläubigern sein.

111 Art. 43 Abs. 1 OR.

112 Im Fall eines groben Verschuldens ist eine Herabsetzung unzulässig: BGer in RJJ 2000, S. 143.

113 Vgl. für einen solchen Fall BGE 127 III 453 ff.

Frage 10: Wer hat welche Haftungsvoraussetzungen zu beweisen?

Die ersten drei Voraussetzungen *Pflichtwidrigkeit, Schaden* und *Kausalzusammenhang* sind in jedem Fall durch den Ansprecher zu behaupten und zu beweisen. Hinsichtlich der Beweislast für das *Verschulden* ist zu unterscheiden, ob die vertragliche oder ausservertragliche Natur des geltend gemachten Ersatzanspruchs angenommen wird. Im ersten Fall wird das Verschulden gemäss Art. 97 Abs. 1 OR *vermutet*, im zweiten ist es vom Ansprecher zu behaupten und zu beweisen.

Klagen *Gläubiger* auf Ersatz unmittelbarer Schäden wird überwiegend von einer ausservertraglichen Haftung ausgegangen. Anderseits wird eine vertragliche Haftung angenommen, wenn die *Gesellschaft* selber oder ein *Aktionär* den mittelbaren Schaden geltend macht. Kontrovers ist hingegen die rechtliche Einordnung der Klage der Gläubigergesamtheit. Nach meiner Ansicht ist die Einordnung als *ausservertraglicher* Anspruch nur konsequent, wenn man den Verantwortlichen Einreden entzieht, welche sie gegenüber ihrem Vertragspartner – der Gesellschaft – gehabt hätten. Angesichts der Objektivierung des Verschuldens sind die Auswirkungen jedoch in der Regel unbedeutend.